BASTEI
LÜBBE

Über den Autor:

Timm Flemming wurde 1985 geboren. Nach mehreren psychiatrischen Klinikaufenthalten erhielt er die Diagnose Borderline. 2003 gründete er eine Theatergruppe für sozial- und milieugeschädigte Kinder und Jugendliche. Er begann über seine Erfahrungen mit Borderline zu schreiben, startete ein Hörbuchprojekt und engagiert sich für die Borderline-Plattform (www.borderline-plattform.de). Heute lebt er mit seinem Lebensgefährten in Nordhessen. Weitere Informationen zu Timm Flemming gibt es auf der Internetseite des Autors: www.timm-flemming.de

Timm Flemming

Ich – mein größter Feind

Leben
mit dem Borderline-Syndrom

BASTEI
LÜBBE

BASTEI LÜBBE TASCHENBUCH
Band 61613

1. Auflage: Mai 2007

Das vorliegende Buch beruht auf Tatsachen.
Zum Schutz der Persönlichkeitsrechte
wurden Namen und Details verändert.

Bastei Lübbe Taschenbücher in der Verlagsgruppe Lübbe

Originalausgabe

Umschlaggestaltung: Marina Boda
Satz: Textverarbeitung Garbe, Köln
Druck und Verarbeitung: Ebner & Spiegel, Ulm
Printed in Germany
ISBN 978-3-404-61613-8

INHALT

Nach dem Diagnostischen und statistischen Handbuch psychischer Störungen (DSM-IV) *leiden ca. 2 % der Weltbevölkerung an der Borderline-Störung. Das entspricht, auf Deutschland bezogen, in etwa der Einwohnerzahl von Hamburg. 80 % aller Borderline-Patienten haben in ihrer Kindheit eine Form von Misshandlung erlebt.*

Einer repräsentativen deutschen Studie zufolge wurden 25 % aller Borderliner als Kind sexuell missbraucht. Frauen sind mit 72 % häufiger davon betroffen als Männer.

Insgesamt entspricht dies der Zahl von Menschen, die in Dresden leben. 100 % aller Borderliner mit depressiver Symptomatik denken an Selbstmord, versuchten sich das Leben zu nehmen oder sind chronisch suizidal. 10 % aller Borderliner überleben diese Störung nicht und entschließen sich zum Freitod.

Wenn man die Zahl auf Göttingen übertragen würde, dann hätte diese Stadt keine Einwohner mehr …

VORWORT

Eines Morgens wachst du auf und merkst, dass deine Welt plötzlich ganz anders ist. Du öffnest die Augen, streckst dich, gähnst ein, zwei Mal und drehst dich noch mal um, in der Hoffnung, dass du heute nicht aufstehen musst.

Dann geht die Tür auf und eine Stimme schreit: »Aufstehen und Wiegen!« – Nun ist dir klar, was anders ist, und wie unter Hypnose folgst du den Worten, fügst dich der Stimme und stehst auf. Du frierst, weil die Fenster des Zimmers über Nacht auf Kipp standen – und wenn wir schon bei Fenstern sind: Ein Blick darauf sagt dir, wo du dich befindest – du bist wieder einmal in der Psychiatrie.

Dem allmorgendlichen Wiegen folgt das Duschen. Der Misserfolg beim Ablesen der Waage steckt dir noch in den Knochen, während du versuchst, den Schmutz dieser Anstalt von dir abzuwaschen – doch du hast das Gefühl, dass auch das Wasser verschmutzt ist. Es ist Psychiatriewasser. Wie konntest du auch nur im Entferntesten glauben, dass es dich reinigt?

Beim Frühstück gehst du zu deinem Platz – dieser ist schon von weitem zu erkennen, denn dein Teller ist im Gegensatz zu den anderen gefüllt, weil man dich wegen deiner Magersucht zum Essen zwingen will. Zwei Brötchen, für jedes Brötchen zwanzig Gramm Butter. Es gibt Aufstrich nach Wahl – allerdings meist nach Wahl der Schwestern und Pfleger, die Spaß daran zu haben scheinen, dass sie dir mindestens einmal Wurst verpassen, selbst wenn du Vegetarier bist. Außerdem stehen Marmelade und Honig auf dem Tisch. Dann noch ein Getränk von 250 ml – nur kein Kaffee, denn der entzieht dem Körper Wasser. Gesüßt ist das Getränk mit Traubenzucker, damit du die geforderte Kalorienzahl erreichst.

Du würgst dir das Frühstück rein, trotzdem du sonst nie gefrühstückt hast, und fragst dich, was diese ganze Schmierenkomödie soll, denn eigentlich bist du nicht wegen Magersucht hier, sondern weil du dir mal wieder das Leben nehmen wolltest und man beschlossen hat, du seist einer von denen, die man Borderliner nennt.

Aber so sind die hier nun mal. Du bist ja nicht das erste Mal hier, hast deinen Stempel schon aufgedrückt bekommen und auch alle anderen Auffälligkeiten werden in diese Schublade gesteckt, selbst wenn es nur darum geht, dass dein Gewicht etwas unter der Norm liegt.

Nach dem Frühstück musst du wieder ins Bett – dein Selbstmordversuch und das Untergewicht habe dich zu sehr geschwächt, heißt es, aber in Wirklichkeit geht es nur darum, dass du keine Gelegenheit hast, Kalorien zu verbrennen.

Wenn die Welt dir auch noch so sonderbar erscheint – für die da draußen bist du es, der sonderbar ist. Und schon wird dein Leben von den Klischees der Klapsmühle und des Verrückten bestimmt. Du findest dich jedoch gar nicht sonderbar. Du bist keiner von diesen Verrückten aus den Witzen, die dreimal ihren Kaffee umrühren, den Löffel zur Seite legen und dann erst den Zucker hineintun. Du gehörst auch nicht zu denen, die Dinge sehen und Stimmen hören, die gar nicht da sind. Du hältst dich nicht für einen Außerirdischen und auch nicht für Harry Potter, denn dir ist klar, dass du nicht auf einem Besen von hier fortfliegen kannst und dass es nichts bringt, wenn du den Zauberstab schwingst.

Das Auto mit den viereckigen Rädern gibt es in deinem Leben ebenso wenig wie die Jacke, die man von hinten zuschnürt, oder die Gummizelle. All dies ist in den Köpfen zwar noch vorhanden – aber das gibt es so nicht mehr.

Mit dem Leben in der Anstalt musst du dich trotzdem zurechtfinden. Du musst mit dieser Welt hier drinnen klarkommen und rechtzeitig den Absprung nach draußen finden. Du musst verstehen, was mit dir und um dich herum passiert, und darfst es nicht einfach so hinnehmen, dass man dich in die Schublade des Verrückten stecken will. Kurz und gut, du musst mit dem Wahnsinn des Alltags in der Psychiatrie zurechtkommen.

Du hast dich dein Leben lang weder untergeordnet noch angepasst. Warum auch? Die Versuchung, es hier zu tun, ist groß, aber besser man wehrt sich und nimmt die Konsequenzen in Kauf, als dass man zur Marionette des Pflegepersonalteams wird.

Dies ist ein Bericht über das Leben. Mein Leben und seine mehr oder weniger tragischen Begleitumstände. Wobei ich betonen möchte, dass es keine Autobiografie ist. Dafür bin ich zu jung. Es ist eine Geschichte über das Scheitern, Hinfallen und Aufstehen. Sie ist für diejenigen, die sich Borderliner nennen, und für jene, die ihnen das Leben etwas leichter machen und die Hand reichen, wenn sie am Boden liegen.

In meinem Fall ist sie für Thomas W., weil du bist, was du bist, weil es uns gibt und weil ich dir vertraue. Für Ulrike G., weil du mich Weihnachten 2003 nicht stehen gelassen hast und zusammen mit Uwe K. versuchtest, mein Leben wieder in geordnete Bahnen zu bringen. Für Markus J. wegen des Aals und Hechtes und der wenigen Worte, die immer ausreichten. Für Stephan I. und Elke K. wegen des Lachses auf Fenchel, eurer Zeit und Freundschaft und für *Comptine d'un Autre Été* auf dem Klavier. Für Nick Z., weil du mich auf den Hosenboden setzt, mir in den Arsch trittst, mich mit tollen Menschen bekannt gemacht hast, den Mut hattest zu dir selbst zu stehen und weil das unter Kollegen einfach dazugehört.

Ganz besonders für Marie G., weil du ein wunderbarer Mensch und ein wundersames Wesen bist, das ich nie vergessen und immer in meinem Herzen tragen werde. Elisa S., Annemarie W. und Daniela A., weil ihr mich bewegt habt, da gewesen seid und bewiesen habt, dass kein Kind Angst haben muss, wenn die Eltern damit drohen, es in ein Kinderheim zu stecken. And last but not least für Swantje S., weil es ohne sie nicht möglich gewesen wäre. Danke.

KAPITEL 1

Der King des Kindergartens

Als Kind glaubt man, dass alles, was die Eltern tun, richtig sei, selbst wenn es sich in der Seele anders anfühlt. Man liebt seine Eltern, sie sind Vorbilder und eines der ersten anstrebenswerten Ideale in der Kindheit. Auch bei mir war das so.

Geboren wurde ich 1985 in einer kleinen Stadt, die ganz tief im Osten der damaligen Deutschen Demokratischen Republik lag. Heute liegt sie freilich immer noch am selben Ort, nur die DDR gibt es nicht mehr. Natürlich kann ich mich nicht an meine Geburt erinnern. Das wird wohl jedem so gehen. Aber manchmal, wenn ich so in mich hineinträume, dann stelle ich mir vor, wie es gewesen sein könnte. Diese Vorstellung ist natürlich fernab von dem, was wirklich an diesem Tag passierte – aber sie ist schön und gehört nur mir. Im Traum, da wird man nicht weggestoßen, da fühlt man sich aufgehoben und da geht das Schicksal die Wege, die man ihm selbst bestimmt: Mama und Papa in freudiger Erwartung auf mich, den kleinen Wurm, die ersten Liebkosungen auf der Brust meiner Mutter – für meine Eltern ein unvergesslicher Augenblick! Die stolzen Blicke des Vaters, der in einer Runde mit anderen Vätern eine Zigarre raucht und denkt: ›Mein Sohn … mein kleiner Sohn – hab ich das nicht gut hinbekommen?‹ Die Großeltern, die ins Krankenhaus kommen und ihren Enkel auf dieser Welt begrüßen. Und dann das Familienfoto. Mama hat mich im Arm, Papa hat einen Arm um Mama gelegt und an ihrer Seite stehen, leicht unbeholfen, Oma und Opa. Alle lachen sie und sind glücklich – ein

Moment für die Ewigkeit. Leider bekam ich, außer in meinen Träumen, dieses Foto nie zu Gesicht.

Die Strapazen waren nicht zu Ende, nachdem das Kind die Welt erblickt hatte. Zum Teil begannen Schuld, Vorhaltungen und Lügen erst mit diesem Tag und sollten wie ein Fluch das ganze Leben lang auf den Seelen der Beteiligten lasten. Es waren Schatten, die unerkannt blieben und letztlich zu Krankheit, Trauer und unvermeidlicher Wut führten.

Ich war ein Schreikind, zumindest am Anfang, und man ließ mich schreien – ungeachtet der Bedürfnisse, die ich noch nicht anders äußern konnte. In der Psychologie sagt man, dass es zu diesem Zeitpunkt noch gar kein Ich gibt. Also schrie das Kind, ungehört und wie ein Baby eben so schreit. Und trotz dieser Vernachlässigung war ich in allen Dingen recht früh entwickelt. Ich bekam zeitig meinen ersten Zahn, tat zeitig meine ersten Schritte und brachte, früher als es einigen vielleicht lieb war, mein erstes Wort zustande: ›Mau‹. Dies stand nicht, wie bei vielen Kindern, für Mama oder Papa, sondern für Maus. Es war der Name meines Kuscheltieres.

Ich erinnere mich an einen großen Block Papier und an Buntstifte, mit denen ich, zusammen mit der Maus, bis zum dritten Lebensjahr einen Großteil meiner Zeit im Laufstall verbrachte. Ich war zufrieden, solange ich vor mich hin kritzeln konnte – zumindest hat man mir das später erzählt. Ich selbst weiß nur von diesem Block und von Buntstiften und dem unbeschreiblichen Gefühl, einer Mischung aus Zufriedenheit und Freude, wenn ich daran denke.

In der Kinderkrippe malte ich ebenfalls ständig. Nichts anderes, abgesehen von der Maus, interessierte mich.

Kurz vor meinem dritten Geburtstag geschah etwas Besonderes. Mein Vater und ich holten meinen alten Kinderwagen aus dem Keller, stellten ihn im Hausflur vor die Briefkästen und befreiten ihn von allerhand Staub, Dreck und Spinnweben, von allem, was sich über die Jahre hinweg darauf angesammelt hatte. Ehe ich es mich versah, gab es da ein neues, kleines, unbekanntes Wesen, das mir meinen Platz streitig machte. Ein kleines Mädchen, dick, blond, blauäugig – wie alle Babys. Nichts Besonderes, aber es wurde so behandelt, als wäre es das Wichtigste auf der Welt. Manchmal muss es für mich auch schön gewesen sein, denn es gibt da ein Foto, wo Mama meine Schwester an ihrer Brust trinken lässt, ich zufrieden in einer roten Strumpfhose neben ihr stehe und dem kleinen Mädchen über den Kopf streichele. Auch Mama sieht zufrieden aus und fast glücklich in ihrer lila Kittelschürze, die wohl alle Mütter der DDR getragen haben.

Von dieser Zeit ist mir nicht viel geblieben, aber aus Erzählungen weiß ich, dass mein ungewöhnliches Verhalten an diesem Punkt begonnen haben muss. Ich kämpfte um meinen Platz, versuchte aber auch, mich auf das Neue einzulassen. Mit drei Jahren ist es sicher noch einfach, offen für die Welt zu sein. Aber es gab wenig, auf das ich mich verlassen konnte. Mal war es gut, dass ich meiner Schwester über das Gesicht strich oder ihr den Beißring reichte, mal war es falsch und ich sollte mich von ihrem Bettchen ›wegscheren‹.

Von der Krippe kam ich in den Kindergarten – war dort ein kleiner ungezogener Junger, der nicht so richtig einzuschätzen war und der Verbote und Grenzen nur sehr gering zu schätzen wusste. Von den anderen Kindern wurde ich dafür gemocht und respektiert. Ich durfte beim Spielen bestimmen, wer Mama, Papa und wer Kind sein sollte, ich selbst nahm zumeist die Rolle des Kindes ein. Schwach zu sein war mir lieber, als die Rolle meiner Eltern einzunehmen. Das Spiel wurde immer in meine Richtung gelenkt. So wie ich wollte, so geschah es auch.

Der Kindergarten war ein schönes Gebäude, eine große klassizistische Villa in hellem Grün und mit einem riesigen Hof, allerdings durfte man nur auf der einen Seite spielen, dort wo die Spielgeräte standen. Geheimnisumwoben war die andere Seite. Sie hatte etwas Besonderes, weil sie außerhalb der Grenze des Erlaubten lag. Das Spielen machte mehr Spaß abseits der Erzieherinnen, bei den Apfelbäumen. Dort ließ man das Gras wuchern, und nur ein kleines Stück davon gehörte zur erlaubten Seite. Dieses Stück Wiese – im Sommer oft höher als man selbst – war der Weg in die Freiheit. Wenn man sich durch die hohen Gräser schlug, kam man in das Land, das den Ärger der Kindergärtnerin heraufbeschwor und so geheimnisvoll war. Es hieß, auf der anderen Seite des Gartens würde immer der verstümmelte Mann vom Dachboden herumschleichen. Der Dachboden des Kindergartens war zur Wohnung ausgebaut worden und dort lebte dieser Mann, der nur selten gesehen, von dem aber oft gesprochen wurde. Ich zog vorne mit, wenn es darum ging, sich Geschichten auszudenken, was das für einer sei: Er jagt Kinder, hackt ihnen, wie sich selbst, die Finger ab und sperrt sie dann in den Keller.

Eines Tages spielten wir mal wieder unser Familien-Spiel. Ich gab die Richtung vor, und diesmal ging es durch das hohe Gras auf die verbotene Seite. Von oben brannte die warme Sonne auf uns herab, und die Gräser stachen in unsere nackten Beine. Im Hintergrund hörte man unbeschwerte Kinder kreischen, die sich von ihren Erzieherinnen mit kaltem Wasser abspritzen ließen. Ab und zu vernahm man das Geräusch eines Trabis, der am Kindergarten vorbeiknatterte.

Am Rand der Wiese angekommen, sahen wir den verstümmelten Mann, der den Platz vor den drei Schuppen kehrte. Als er uns entdeckte, stellte er den Besen zur Seite und kam auf uns zu. Kathleen, ein zierliches Mädchen mit fuchsroten, schulterlangen Haaren und Sommersprossen im Gesicht, fragte ihn mutig, wer er sei.

»Ich bin der Hausmeister vom Kindergarten«, antwortete er und wollte dann wissen, wie wir hießen. Wir sagten unsere Namen, erzählten, dass wir Familie spielten, und fragten sogar vorlaut, ob er nicht mitspielen wolle. Er lehnte freundlich, aber bestimmt ab, setzte sich auf eine nahe gelegene Gartenbank und kramte in der Brusttasche seines schmutzigen Hemds nach einer Packung Zigaretten. Nach dem ersten kräftigen Zug schloss er die Augen und atmete genüsslich aus, so dass der Rauch in Kringeln gen Himmel schwebte. Dann lächelte er uns an und deutete auf den freien Platz neben sich. Wir kamen zögernd näher, und ich beobachtete staunend, wie er immer noch nach jedem Zug von seiner Zigarette den Rauch wie Ringe in die Luft stieß.

»Was hast du mit deinen Fingern gemacht?«, rutschte es mir heraus. Der Hausmeister fuhr sich bedächtig mit seiner verstümmelten Hand durch den Vollbart, so als wollte er überlegen, wie er es uns erklären sollte. Dann sagte er nur: »Das kommt davon, wenn man beim Sägen nicht aufpasst.« Sein Gesicht mit der großen Nase und den zusammengewachsenen Augenbrauen wirkte streng, seine Stimme aber verscheuchte alle Gedanken daran, dass er Kindern vielleicht schlecht gesinnt sein könnte.

Erneut nahm er einen Zug von der Zigarette und stieß ihn sofort wieder aus. Dann schnippste er die Kippe gekonnt in einen Blecheimer und lächelte uns an. Er lächelte über das ganze Gesicht, so dass wir sehen konnten, dass ihm einige Zähne fehlten und die übrigen schwarz verfärbt waren und kreuz und quer in seinem Mund standen.

»Es wird Zeit, dass ihr zu eurer Erzieherin zurückgeht, bevor man euch noch vermisst. Ihr könnt mich ja ein andermal wieder besuchen kommen«, sagte er zum Abschied und wies mit seiner verstümmelten Hand über die Wiese. Wir gingen widerspruchslos, und waren insgeheim erleichtert, aber auch ein wenig enttäuscht, dass der geheimnisvolle Mann vom Dachboden nur der Hausmeister war.

Wie wir wenig später erfuhren, verriet er uns bei der Erzieherin, was einen Eintrag ins Muttiheftchen zur Folge hatte. Dieser wurde zu Hause meist mit Hausarrest oder Fernsehverbot geahndet. Aber auch das war nicht sicher. Manchmal waren Einträge ins Muttiheftchen meinen Eltern egal, das hing von ihrer Laune ab. Wenn sie schlecht gelaunt waren, dann bekam ich Hausarrest, hatten sie gute Laune, dann sollte ich die Geschichten vom Kindergarten erzählen, und wir lachten gemeinsam darüber. Es war immer so: Wenn ich im Weg war, weil meine Schwester zu viel Platz einnahm, dann musste ich bestraft werden. Mein Vater konnte schnell ausrasten, wenn meine Schwester weinte und ich in ihrer Nähe war. Für ihn stand offenbar fest, dass ich ihr dann Leid zugefügt hatte. Dann musste ich die Hose herunterlassen. Ich glaube, es ging dabei nicht nur darum, mich durch Schmerzen zu bestrafen, sondern auch um Erniedrigung. Du ziehst dir die Hose aus – freiwillig –, legst dich über das Knie deines Vaters – freiwillig – und lässt dich schlagen – freiwillig. Als kleiner Knopf schrie ich, weil es mir wehtat, später, weil ich spürte, was diese Bestrafung nicht nur mit meinem Körper, sondern auch mit meiner Seele anstellte. Ich merkte, dass er in der Machtrolle war und nicht ich. Ich, der sonst im Kindergarten eine Machtrolle innehatte, hörte auf die Worte meines Vaters und legte mich ohne Widerspruch auf seine Knie.

Manchmal wagte ich es, nein zu sagen, recht kleinlaut, aber ich tat es. Es war meine Art von Kriegserklärung an ihn. Dann schauten wir uns an, und sein Blick schien mir mehr Schärfe, mehr Kälte – mehr Hass zu enthalten als meiner. Mein Aufbegehren hielt ihn jedoch nicht davon ab, mich zu demütigen. Meine Worte danach sollten ihm so wehtun wie er mir wehgetan hatte, sie sollten ihn auf ewig dafür bestrafen, dass er mir diese Schmach antat. »Ich hasse dich!«, rief ich und lief in mein Zimmer.

Nach dem Kindergarten kam ich schon mit sechs Jahren in die Grundschule und war immer einer der jüngsten in der Klasse. Beim Einschulungstest musste ich einen Baum malen, was mir keine Probleme bereitete, da ich ja gerne und oft malte. Ich war nicht aufgeregt und sah das Ganze als Spiel. Man erklärte mich für schulreif, und so standen die Vorbereitungen für meine Schuleinführung an.

Unterdessen war die Wende geschehen, was mich wohl vor sozialistischem Gesang, den Jungpionieren und dem ganzen Zeug bewahrte. Nicht, dass mir diese Veränderungen in den ersten Schuljahren aufgefallen wären, erst später, als auch in der Schule unsere nahe Vergangenheit thematisiert wurde, wurde mir bewusst, dass ich ein ehemaliger DDR-Bürger bin. Einer von denen, deren Regime es nötig fand, die Hälse der Menschen mit roten oder blauen Tüchern zu versehen, und es für richtig hielt, Propaganda in Kinderliedern zu verstecken. Ich verbinde die Wende mit den Gefühlsausbrüchen meiner Mutter zu dieser Zeit. Ich kann mich daran erinnern, dass mir Leute als Verwandte vorgestellt wurden, die ich nie zuvor gesehen hatte. Die Regale des Konsums waren plötzlich mit einer unglaublichen Menge von Gütern gefüllt, und in den Kindergarten gab man mir Bananen mit …

Ich freute mich auf die Schule. Es war etwas Neues, das aber nicht bedrohlich war, da fast meine gesamte Kindergartengruppe in dieselbe Klasse kam. Ich musste also nicht um meine Stellung bangen, die war mir sicher!

Am Tag der Einschulung trug ich, angesteckt durch meine Mutter mit schlechter Laune, meine Schultüte – viel zu groß, viel zu schwer und sowieso blöd. Die offiziellen Feierlichkeiten an der Schule schienen ewig zu dauern, und das Programm, von Schülern gestaltet, langweilte mich. Anderthalb Stunden ließen sie die Kinder auf etwas warten, das auch in zehn Minuten hätte erledigt sein können – die Übergabe der Zuckertüten, die jedes Kind vorher hatte selbst mitbringen müssen. Erst danach bekam ich noch andere Geschenke. Meine Schwester fing in regelmäßigen Abständen an zu heulen, weil sie nur Kleinigkeiten bekam, und mir war auch danach zumute, denn die Erwachsenen schienen meinen ersten Schultag eher als Anlass für ein Trinkgelage, denn als Feier mir zu Ehren zu betrachten.

Im Jahr der ersten Klasse gab es viele Veränderungen. Da war ein Junge, zu dem fühlte ich mich hingezogen, wenn man denn in diesem Alter davon sprechen kann. Er war der erste Junge, den ich küsste. Es war ein vollkommen unschuldiger Kuss auf dem Schulweg, mitten im Park, vor einem Altersheim. Statt Mutter, Vater, Kind spielten wir eben Papa küsst Papa. Dennoch hatte ich das Gefühl, etwas Böses zu tun. Etwas stimmte an diesem Bild nicht, ich wusste nur nicht, was.

Ich lernte in diesem Jahr auch ein sehr außergewöhnliches Paar kennen: Anton, ein alter Mann, und Dea, eine kleine, humpelnde Frau. Sie zogen in eine der freien Wohnungen in dem Haus, in dem wir wohnten. Es gehörte zu einer kleinen Neubausiedlung nahe der Stadtmitte.

Dea hatte langes schwarzes Haar, das ihr bis zum Steiß reichte. Als Kind war sie an der Kinderlähmung erkrankt, dadurch waren ihre Beine unterschiedlich lang, und sie musste eine Schiene tragen, um laufen zu können. Sie war Mitte dreißig und nur ein kleines Stück größer als ich zu dieser Zeit. Ihre riesigen braunen Augen, ihr rundes Gesicht und die kleine Nase wirkten gutmütig und offen.

Anton war etwa achtzig Jahre alt, als ich ihn kennen lernte. Er hatte nur noch wenige Haare auf dem Kopf und die, die ihm geblieben waren, kämmte er sorgfältig über seine Glatze. Er erzählte immer viel über den Krieg und über seine Mutter, dabei saß er mit seiner Pfeife im rechten Mundwinkel im Schaukelstuhl und blätterte in alten Alben. Dort waren Briefe, Zeichnungen, Eintrittskarten, Zugtickets und Fotos sorgfältig aufgeklebt. Sie waren Zeugen einer bewegten Vergangenheit, die von vielen Kontinenten stammten.

Dea und Anton waren sich 1968, kurz nach dem Tod von Deas Vater, begegnet. Sie lebte damals mit ihrer Mutter und neun Geschwistern in einer kleinen Wohnung und musste Kohlen von der Straße aufsammeln. Anton war zu dieser Zeit Hausmeister, und er sah Dea eines Tages, als sie Brikettstückchen aufhob und in einen Beutel steckte. Seitdem lebten beide zusammen, und Dea kochte Jahr für Jahr jeden zweiten Tag Kartoffelsuppe für ihn. Aus der Wohnung der beiden roch es fast immer danach, und so verband sich der Geruch von Kartoffelsuppe für mich mit dem Gefühl von Zuhause, Geborgenheit und Kindsein.

Dea wurde schnell ein wichtiger Mensch für mich, und sie verbrachte einen großen Teil ihrer Zeit mit mir. Ich ging mit ihr einkaufen, holte sie von ihrer Arbeit bei der Post ab, wir putzten zusammen die Fenster, hingen Wäsche auf und kochten Kartoffelsuppe. Über die Jahre hinweg verfeinerte sie das Rezept, und nirgends habe ich je eine bessere Kartoffelsuppe gegessen.

An den Wochenenden im Sommer saßen wir auf der Wiese, und als es Winter wurde, hörten wir uns im warmen Wohnzimmer Antons Geschichten an.

Es war ein milder Winter in meinem ersten Schuljahr. Später sollte man davon sprechen, dass es der Beginn eines durchschnittlich zu warmen Winterjahrzehnts war. Es regnete oft, und das Wetter hatte viel mit der Stimmung in unserer Familie gemein.

Nach der Wende hatte meine Mutter ihre Arbeit verloren, was sie sehr unzufrieden stimmte. Sie ertrug weder das Nichtstun noch die ausschließliche Versorgung des Haushalts und der Kinder. Dazu war sie selbst noch viel zu jung. Sie hoffte vermutlich, in ihrem Leben mehr als das zu erreichen. Immer häufiger stritten sich unsere Eltern darum laut und heftig. Meine Mutter zweifelte am Sinn ihres Lebens und war unglücklich. Verschwommen erinnere ich mich an eine Nacht, als es wieder laute Wortgefechte zwischen den beiden gab, durch die ich wach wurde. Die Türen wurden zugeschlagen und gleich darauf wieder aufgerissen, und es flog sogar Geschirr. Bis sie sich irgendwann im Badezimmer einschloss. Meinen Vater schien dies zu beunruhigen. Er klopfte immer stärker gegen die Tür und griff schließlich zu einer Zange, um sie aufzubrechen. Meine Mutter stand auf dem Fensterbrett, das Fenster hatte sie geöffnet. Ich weiß nicht, ob sie wirklich springen wollte. Meinem Vater gelang es jedenfalls, sie zu überreden, wieder vom Fensterbrett zu steigen. Anschließend schraubte er in allen Zimmern die Fenstergriffe ab und versteckte die Wohnungsschlüssel. Ich fragte, was das zu bedeuten hätte, aber niemand erklärte es mir.

Zwei Tage darauf sagte uns unser Vater, dass er ausziehen würde, da unsere Mutter einen anderen Mann liebte. Er verließ uns, und noch am selben Abend stand André Butt, der bis dahin mit unserem Vater befreundet gewesen war, in der Wohnung. Von da an schlief André im Bett unseres Vaters, er beanspruchte den Sessel unseres Vaters, er saß am Esstisch auf dem Platz unseres Vaters und er versuchte unser Vater zu werden, indem er sich verhielt wie dieser. Er glaubte, mit uns schimpfen zu können, wenn wir nicht hörten. Ich sagte ihm oft, dass er uns gar nichts zu sagen hätte und dass wir nicht wollten, dass er bei uns wohnte. Butt, wie wir ihn immer nur nannten, entzog uns das Essen, wenn wir nicht hören wollten. Unsere Mutter sagte dazu nichts.

In der Schule hatte ich damals viele Probleme. Anstatt sich mit meiner Mutter in Verbindung zu setzen, rief man unseren Vater an, den man für seriöser und zuverlässiger hielt. Er wohnte zu dieser Zeit bei unserer Oma. Bei einem persönlichen Gespräch mit der Lehrerin kam dann alles auf den Tisch. Unser Vater wollte uns zu sich holen und unsere Mutter verbot ihm daraufhin den Umgang mit uns.

Einen Tag vor Heiligabend im Jahr 1991 besorgte er sich am Morgen bei seiner Hausärztin Beruhigungs- und Schlafmittel, er aß mit unserer Oma zu Mittag, die am frühen Abend noch in die Stadt ging, um einige Einkäufe für Weihnachten zu erledigen. Mein Vater hatte ihr gesagt, er würde unterdessen den Weihnachtsbaum aufbauen. Doch stattdessen nahm er die Medikamente und fiel irgendwann ins Tablettenkoma. Drei Stunden später erhielt meine Mutter einen Anruf. Als sie auflegte, war sie blass und zitterte am ganzen Leib.

»Euer Vater liegt im Krankenhaus«, sagte sie damals zu uns, ohne eine weitere Erklärung. Erst Jahre später erfuhr ich von Verwandten und durch das Tagebuch unserer Mutter, was damals tatsächlich geschehen war. Auf unsere Mutter konnten wir damals nicht zählen. Sie war mit sich beschäftigt und hatte oft keinen Blick für uns. Manchmal schien sie nicht einmal in der Lage zu sein, zu sprechen.

Meine Schwester, die gerade mal drei Jahre alt war, verbrachte Heiligabend bei ihrer besten Freundin aus der Krippe und deren Mutter. Ich feierte mit Dea und Anton.

Als Kind glaubt man nicht nur, dass alles, was die Eltern tun, richtig ist, sondern man liebt auch Weihnachten, gibt sich bedingungslos der Vorfreude hin und spürt die Besinnlichkeit dieser Zeit. Weihnachten, das ist etwas Besonderes. Es ist auch deswegen so bedeutungsvoll, weil die Familie im Mittelpunkt steht. Diesmal allerdings war alles anders. Unsere Familie war kaputt. Aber bei Dea und ihrem alten Lebensbegleiter Anton fühlte ich mich dennoch wohl. Und an keinem anderen Tag habe ich so gern Kartoffelsuppe gegessen wie an diesem 24. Dezember 1991. Bei den beiden roch es nach Tanne und Harz, nach Plätzchen und Kerzenwachs. Sie hatten, wie meine Eltern sonst auch immer, *Weihnachten in Familie* von Frank Schöbel aufgelegt. Das Knistern der LP, die Fürsorge und Behutsamkeit meiner beiden Freunde und die besondere Stimmung machten dieses Weihnachten für mich unvergesslich.

Erst später wurde mir bewusst, dass dieses Fest früher in unserer Familie zwar immer zelebriert wurde, dass wir Frieden spielten und der Tradition gemäß Kartoffelsalat mit Bockwürsten aßen, aber dass der Geruch von frischen, selbstgebackenen Weihnachtskeksen doch nur aus dem Treppenhaus in meine Nase kroch. Unser Weihnachtsbaum konnte jedes Jahr aufs Neue verwendet werden. Er war aus Plastik. Unsere Schallplatte von Herrn Schöbel sprang, weil sie Kratzer hatte, und statt Kerzen gab es der Katze wegen nur eine Lichterkette. Und doch war es schön. Ich genoss die Harmonie und die Ahnung von dem, was wirklich zählt. Auch wenn ich es damals noch nicht begriff.

Kurz nach dem Selbstmordversuch unseres Vaters wurde André Butt von der Polizei abgeholt und festgenommen. Er war schon zuvor wegen Körperverletzung auf Bewährung verurteilt worden. Nun hatte man ihn beim Fahren unter Alkoholeinfluss erwischt. Und plötzlich verschwand er wieder aus unserem Leben. Meine Schwester und ich waren darüber nicht sonderlich traurig.

Das Jahr ging zu Ende. Der wenige Schnee, der in diesem Winter gefallen war, verschwand schnell von den Wiesen, und bald hing wieder die Wäsche auf den Leinen vor unserem Haus. Es wurde Frühling. Unseren Vater sahen wir in den Monaten, die vergingen, nicht ein einziges Mal, bis er irgendwann vor der Tür stand. Meine Mutter freute sich und küsste ihn. Zur Feier des Tages gab es Hackepeter-Brötchen und Kakao. Es wurde nicht darüber gesprochen, was er getan hatte. Es gab keine Erklärungen. Es wurde geschwiegen, und unsere Eltern wichen allen Fragen aus. Wir wären zu jung für die Wahrheit. Und so zog mit unserem Vater auch der Alltag wieder ein.

Heute glaube ich, dass er zu uns zurückkommen durfte, weil meine Mutter sich an seinem Selbstmordversuch schuldig fühlte.

KAPITEL 2

Ein schwieriges Kind

Obwohl viele dies nicht verstehen können, würde ich meine Kindheit als glücklich bezeichnen. Vielleicht waren meine Eltern kein Sechser im Lotto, aber ich selbst zweifelte nie daran, dass ich sie liebte. Mein Leben mit ihnen war für mich ganz normal, und so erstaunte es mich nicht, dass nach der Rückkehr unseres Vaters und mit dem Eintreten des Alltags auch die alten Verhaltensmuster zurückkehrten. Was das konkret bedeutet, weiß ich nicht zu erklären. Es war einfach alles so wie früher. Es gab deswegen auch keinen Grund, ein braverer Junge zu werden.

Meine Schwester und ich waren zu klein, um zu begreifen, dass wir uns damit nicht hätten zufrieden geben dürfen. Als Kind hinterfragt man nicht, was die Eltern tun, denn sie bestimmen über die eigene Existenz. Wenn die Eltern einen nicht mehr mögen, dann fühlt man sich unsicher, und das eigene Dasein scheint gefährdet. Dies nicht zu begreifen, heißt allerdings nicht, dass man nicht spürt, wie abhängig das eigene Leben von den Launen der Eltern ist. Ich wollte doch bloß wissen, was passiert ist. Ich wollte nicht ungehorsam sein.

Seit der Fenstergeschichte mit meiner Mutter sammelte ich heimlich alle Einkaufszettel, die sie schrieb, wenn sie mich in die Stadt schickte. Ich hatte nur eine vage Vorstellung davon, wie es sein würde, wenn sie nicht da wäre, aber ich hatte Angst vor dieser Vorstellung und davor, dass sie sich bewahrheiten könnte. Sie war meine Mama, auch wenn sie mir nicht erklären wollte, warum unser Vater die Fenstergriffe abgeschraubt hatte. Dabei wollte ich unbedingt wissen, was das zu bedeuten hatte. Da sie es mir nicht erklärte, sammelte ich alle Schriftstücke meiner Mama, damit ich für den schlimmsten Fall etwas hätte, was mir meine Mutter zurückbrächte. Nur für den Fall. Und doch war dies für mich unglaublich wichtig, und die Angst, dass ich irgendwann aufwachen und keine Mama mehr haben würde, die mich vor der Wut des Papas beschützte, war erdrückend.

Bewusst war ich mir dessen nicht. Die Angst, keine Mama mehr zu haben, wurde genauso zur Gewohnheit wie das Öffnen der Kiste, in die ich alle Zettel legte.

Nur in den Momenten, in denen meine Eltern sich anschrien, ging ich zum Fenster und hoffte, keinen fallenden Körper zu sehen.

Glücklich war meine Kindheit wegen der vielen Farben, Gerüche, Geräusche und Gefühle, die ich mit anderen Kindern unserer Straße erleben durfte. Die Stadt, in der ich wohnte, lag so tief im Osten, dass es bei uns ewig zu dauern schien, bis die Wende tatsächlich ankam. Das Westgeld, die vollen Regale im Supermarkt und einfach die Tatsache, dass es nun wieder ein vereintes Deutschland gab, meine ich damit gar nicht. Die Stadt war grau und heruntergekommen. Viele Häuser waren rußig vom Kohlenstaub, es gab viele leere Fabrikhallen wegen der Schließung unzähliger Unternehmen, und die Arbeitslosigkeit nahm immer mehr zu. Es gab noch lange Zeit Kittelschürzen und den Krach der Wäscheschleuder, die auf einem Brett stand, das über die Badewanne gelegt wurde. Unser Fernseher besaß noch einen Empfangskasten, und es gab keine Fernbedienung. Ich kann mich nicht mehr daran erinnern, ob er überhaupt schon ein Farbbild hatte. Statt Sachunterricht hatten wir Heimatkunde in der Schule. Und der nahe gelegene Kohlestandort wurde gerade erst geschlossen. Die Veränderungen waren spürbar, jedoch für die wenigsten zu begreifen. Die Menschen aus der Generation meiner Eltern, die in der DDR geboren worden waren, hatten das Gefühl, man hätte ihnen plötzlich ihr Land genommen, und sie begriffen nicht, warum die alten Werte plötzlich nicht mehr zählen sollten. Da die Veränderungen nur langsam vonstatten gingen, würde ich mich doch als Kind der DDR bezeichnen. Da konnte der Supermarkt um die Ecke auch noch so viele tolle Angebote haben, von irgendwoher roch es immer nach Kohlnudeln oder Kohlsuppe. Es war egal, ob viele neue Jugendzentren aufgebaut wurden, die Eltern erzählten von der FDJ, und wir verstanden genauso wenig wie sie, was daran schlecht gewesen sein sollte. Schlecht war für uns nur, dass jetzt auf den Bänken vor unseren Häusern schon am Morgen die Erwachsenen saßen und darauf warteten, dass der Tag verging. Man spürte die Unzufriedenheit und Resignation, und es wurde viel von ihr geredet. Es herrschte lähmender Stillstand, keiner kümmerte sich um uns. Und genau das war der Grund dafür, dass wir Kinder aus den Blöcken unserer Straße uns selbst organisieren. Wir mochten die leer stehenden, heruntergekommenen alten Häuser und deren verwilderte Hinterhöfe. Dort spielten wir Mutter, Vater und Kind. Wir richteten uns ein und bauten Buden. Keiner der Erwachsenen sah das gern. Wenn wir ertappt wurden und unser Herz schneller schlug, weil wir wieder einmal gerade so davon gekommen waren, wussten wir schon, wo wir als Nächstes spielen konnten. Schließlich gab es in der gesamten Nachbarstraße, die direkt zur Innenstadt führte, von solchen alten Häusern mehr als genug. Die Geschichten der Häuser waren für uns uninteressant. Die Anbindung zu den andern Häusern über die Dächer musste stimmen. Gut war auch, wenn sie zum Teil noch möbliert waren und wir nicht erst zu unserem alten Versteck zurückmussten, um unsere Habseligkeiten zu holen. Die Fenster zur Straße sollten verstaubt, verhangen oder mit Brettern zugenagelt sein, damit man uns nicht sehen konnte. Das war meine Welt, meine Stadt. Ich liebte es, wenn es alt und modrig roch. Ich brauchte das Gefühl, etwas Verbotenes zu tun und kleine Abenteuer erleben zu können.

Die Kinder in unserer Straße waren in zwei Lager gespalten. Die Fußballspieler, angeführt von zwei Jungs, die im gleichen Haus wohnten wie ich, und die anderen, die keinen Namen hatten, zu denen ich gehörte. Die Fußballspieler wollten mich nicht mehr, nachdem ich mein erstes Eigentor geschossen hatte. Das war eine bittere Erfahrung, denn alle Kinder aus unserem Haus waren in dieser Gruppe, ein Teil von ihnen war sogar mit mir im Kindergarten und später auch in der Grundschule. Seither hasste ich Fußball, weil ich es weder verstand, noch verstehen wollte, warum ich wegen dieses einzigen Fehlers aus der Mannschaft ausgeschlossen worden war.

Dafür fand ich schnell Anschluss bei der anderen Gruppe, die zum größten Teil aus den Mädchen unserer Straße bestand. Dort fand ich auch meine erste Freundin. Sie hieß Julia, hatte kurze Haare, war frech zu ihren Eltern und teilte mein Verständnis von der Welt. Ich mochte sie lieber als die anderen Mädchen, weil sie nicht so rätselhaft war und wie ein Junge aussah. Meine erste Kindheitsliebe endete jedoch tragisch mit der Scheidung nach unserer Hochzeit. Diese musste natürlich, wie auch unsere Trauung, zelebriert werden. Vor unseren Freunden verpassten wir uns gegenseitig eine Ohrfeige und waren damit offiziell geschieden …

Dann folgte Nicky, die das komplette Gegenteil von Julia war. Sie war ein richtiges Mädchen. Wenn ich heute an sie denke, dann verbinde ich Nicky mit dem Geruch von Pipi und einem schrägen Lachen. Nicky spielte gern komische Spiele. Am liebsten im verbotenen Teil des mittlerweile geschlossenen Kindergartens. Sie hätte das bei ihren Eltern gesehen, sagte sie mir. Und weil ihre Mutter ihrem Vater in den Schritt griff, musste das wohl richtig sein. Sie machte komische Geräusche und ich sollte diese nachmachen. Dabei leckte sie mir mit ihrer Zunge über mein Gesicht.

Nickys Eltern und meine waren miteinander befreundet, sie hatten früher zusammen in einem nahe gelegenen volkseigenen Betrieb gearbeitet. Aus diesem Grund hielten wir unsere ›Beziehung‹ vor ihnen geheim. Man konnte ja nie wissen, wie die Eltern darauf reagierten. Und ich war auch nicht sonderlich erpicht darauf, von dem zu erzählen, was Nicky und ich spielten und was mein Gesicht verkleben ließ.

Bei meinen Freunden der Straße war ich beliebt. In der Schule sah das hingegen ganz anders aus. Dort war ich bald nicht mehr derjenige, der über alles bestimmen durfte, sondern eher einer, dem man Freundschaft schwört und danach die Mütze vom Kopf zieht, damit fortrennt und schadenfroh lacht, wenn er der lachenden Meute traurig hinterherschaut. Ich war der, der sich mit ›Gelbzahn dem Zehengänger‹ abgab, einem Jungen, der genauso aussätzig behandelt wurde, weil er gelbe Zähne hatte und meist auf den Zehen ging.

Später dann, in der Mittelschule, wurde das nicht besser. Ich konnte noch so beliebt in meiner Straße sein und dort jedes Spiel bestimmen dürfen. Gleichaltrigen Kindern gegenüber, die ich noch nicht kannte, misstraute ich.

An den ersten Tag in der neuen Schule erinnere ich mich deswegen nur ungern. Ich kam in eine Dorfschule in einem kleinen Ort in der Nähe, weil mein Vater dort in einer Kneipe arbeitete, die mit der Schulspeisung beauftragt war. Er war mit vielen der Lehrer befreundet. Dort hatte er mich im Auge, denn ich war ja ein schwieriges Kind, das zum Beispiel in Abwesenheit der Eltern versuchte Brot zu backen und es beim Bäcker zu verkaufen. Ich war das Kind, das die Lampen von der Decke riss, weil ich es spannend fand, auf die Küchenschränke zu klettern und der Lampe einen Schwung zu versetzen. Gelernt habe ich dabei, dass es nicht gut ist, wenn man der Lampe zu viel Schwung gibt, denn dann fällt sie auf den Boden und die Eltern sind sauer. Ich klaute meiner Mutter ihr Schminkzeug und zwängte mich in das Prinzessinnenkleid, das meine Schwester für den Fasching bekommen hatte. Ich fand es aufregend, wie eine Frau auszusehen, stopfte mir Socken oder Apfelsinen ins Kleid, um ein Dekolleté vorzutäuschen, und bewunderte mich im Spiegel. Meine Schwester lachte darüber. Ich lachte darüber. Aber als sie unseren Eltern davon erzählte, war der Teufel los. Und als unsere Eltern das Schminkzeug bei mir fanden, sollte ich mich vor ihnen schminken. Aber da war es kein Spaß mehr. Da gab es nichts zu lachen, weil sie nicht lachten.

Wenn ich nicht schlafen konnte oder wollte und deswegen Radau machte, erlaubten mir meine Eltern wach zu bleiben. Aber ich musste mit ihnen Fernsehen. So lernte ich den ›Friedhof der Kuscheltiere‹ kennen und erfuhr einiges über den Boxsport.

Den Weg zur neuen Schule fand ich beim ersten Mal anstrengender als eine Gebirgswanderung. Ich zitterte, drehte auf halben Weg um und lief heulend zur Kneipe meines Vaters zurück. Er verstand den ›Zirkus‹ nicht, den ich machte, und meinte, ich solle aufhören zu spinnen und in die Schule gehen.

Die Schule war in einem Plattenbau untergebracht. Mich erwarteten lauter fremde Gesichter, denn meine Mitschüler aus der Grundschule gingen ja in der Stadt an Mittelschulen und Gymnasien. Die erste Lehrerin, die ich traf, machte alles andere als einen freundlichen Eindruck. Die Plätze waren zugeteilt. Auf den Tischen standen Kärtchen mit den Namen der Schüler. Ich hatte den Platz neben einem Mike, der aber noch nicht da war. Den Kopf in den verschränkten Armen verborgen, wartete ich auf das Läuten, das den Beginn der Unterrichtsstunde anzeigte. Ich hoffte, dass es nicht die Lehrerin, die mich zum Klassenzimmer führte, war, die uns unterrichten würde. Als dann aber eine Frau Möller das Klassenzimmer betrat und mich ermahnte, weil ich ihr Eintreten nicht bemerkt hatte, bereute ich diesen voreiligen Wunsch sogleich. Ich verabscheute ihre Blicke, die mir dadurch schon vom ersten Tag an zuteil wurden. Sie unterrichtete uns in Deutsch und Musik. Frau Möller fand meine Handschrift zu flüchtig, meine Rechtschreibung zu schlecht und meine Notenkunde ungenügend. Und sie sprach das laut vor der Klasse aus. Jedes Mal, wenn sie Arbeiten von uns eingesammelt hatte. Ich war der Schlechteste in Deutsch und musste zu Hause üben. Lesen. Diktate schreiben. Grammatik pauken. In anderen Fächern sah das nicht anders aus. Mathematik. Geografie. Physik. Es widerstrebte mir alles. Aber wenn ich nicht genug übte, wurde unser Vater wütend. Er schrie und löste seinen Gürtel aus der Hose. Wenn ich dann heulend und verstockt vor den Schulaufgaben saß, fotografierte er das, um es unseren Großeltern zu zeigen. Deren Liebling war offenkundig ohnehin meine Schwester, das kleine unschuldige Mädchen. Ich war der ungezogene Junge, der in Omas und Opas Garten die Erdbeeren klaute, seine Schulbrote wegwarf und die Leberwurstschnitten, die es zum Abendbrot gab, irgendwo in der Wohnung versteckte. Hätte ich gesagt, dass ich keine Leberwurst mag, dann wäre mein Vater empört gewesen oder böse geworden.

Mein erstes Jahr an der Mittelschule verging quälend langsam. Meine Eltern brauchte ich nicht damit zu behelligen, dass ich im Sportunterricht immer der Letzte war, der in die Mannschaften gewählt wurde. Es interessierte sie genauso wenig wie die Tatsache, dass mich meine Mitschüler entweder mieden oder ihre Ablehnung offen zeigten. Ich aber wollte Anerkennung, ich wollte beachtet und geachtet werden. Deswegen wandelte sich mein Verhalten in der fünften Klasse recht schnell. Begonnen hatte alles mit Nicky, die den Spaß am Einkaufen ohne Geld entdeckt hatte. Wir zogen durch die Geschäfte und klauten. Meist nur Kleinigkeiten wie Kaugummis oder Stifte. Dabei hätte ich einfach nur in die Taschengelddose greifen müssen, die zu Hause in der Küche stand. Aber das war zu einfach und unspektakulär. Mit Nicky zu stehlen brachte mir Anerkennung. Genauso wie das Rauchen auf dem Schulhof. Man gehörte dazu und wurde respektiert, wenn man eine Runde von den Kippen ausgab, die man heimlich von der Mutter genommen hatte. Natürlich pafften wir die Zigaretten nur. Aber es war cool, jedenfalls bis man erwischt wurde oder bis Mitschüler, die die Kippen vorher gerne angenommen hatten, einen bei der Klassenlehrerin verrieten. Die Folge davon war ein Klassenleitertadel, der von den Eltern unterschrieben werden musste. Aber weil ich mich nicht traute, damit zu ihnen zu gehen, fälschte ich die Unterschrift. Prompt flog das auf, und ein blauer Brief landete im Briefkasten meiner Eltern. Diesen fing ich ab und übte diesmal die Unterschrift gewissenhaft auf einem Probeblatt. Ich entdeckte dabei, dass es am einfachsten ging, wenn man ein Dokument mit der echten Unterschrift nahm, dieses hinter den blauen Brief legte und beide Zettel dann gegen das Fenster hielt. Die Unterschrift leuchtete durch und ich musste nur noch nachzeichnen. Es fiel niemandem auf. Beflügelt von diesem Erfolg fälschte ich fortan alle Unterschriften unter schlechten

Klassenarbeiten und unter den Tadeln im Hausaufgabenheft. Bis mein Betrug entdeckt wurde.

Ich freundete mich in dieser Zeit mit meinem Klassenkameraden Mark an. Der handhabte das mit den Unterschriften aus Angst vor seinen Eltern genauso wie ich. Wir verabredeten uns eines Nachmittags in der Stadt und beschlossen auf Beutezug zu gehen. Mit zwei Rucksäcken betraten wir ein Kaufhaus und steckten ein, was wir erwischen konnten. Natürlich glaubten wir uns unbeobachtet. Ungehindert gelangten wir an den Kassiererinnen vorbei. Die Schiebetür öffnete sich schon, als wir den Ausgang erreichten. Plötzlich packte uns jemand an den Schultern.

»Erklärt mir doch mal, wie man einkauft.«

Wir schauten den Mann mit großen Augen an.

»Ihr habt einen Schritt dabei vergessen«, sagte er. »Kommt mal mit!«

Zu Hause gab es ein schreckliches Theater. Als sich die Eltern von Mark am nächsten Tag mit meinen trafen, sagte mein Vater, dass die Tracht Prügel, die ich bekommen hätte, mich für die Zukunft belehrt haben sollte. Bei Mark sah es nicht besser aus. Unsere Eltern einigten sich darauf, uns die Erlaubnis zum Verlassen des Schulgeländes in den Freistunden zu entziehen. Das war eine der schlimmsten Strafen, die ich mir vorstellen konnte. Die Ausgeherlaubnis war gleichbedeutend mit dem Stand in der Klasse. Wer den Schulhof nicht verlassen durfte, der stand auf der Rangliste ganz unten, musste die Freistunden in Aufenthaltsräumen verbringen und still sein, um die anderen Schüler nicht beim Lernen zu stören. Aber Regeln waren aus unserer Sicht dazu da, um gebrochen zu werden. Deswegen verließen wir das Schulgelände immer wieder. Erneut verpetzte uns jemand und erneut gab es einen Klassenleitertadel, der meinem Vater leider beim Elternabend überreicht wurde. Bei dieser Gelegenheit erfuhr er auch von dem ersten Tadel und von meinen schlechten Noten.

Am nächsten Morgen war er zunächst ganz ruhig und gefasst. Ich dachte daher, dass alles gut gegangen sei. Bis er mich nach meinem Hausaufgabenheft fragte. Ich ahnte, worauf dies hinauslief, und riss die Seiten mit den gefälschten Unterschriften heraus. Natürlich bemerkte mein Vater dies. Er schlug mir das Heft immer wieder ins Gesicht und zog mich an den Ohren. Er rastete völlig aus, bis meine Mutter dazwischentrat und ihn anschrie. »Spinnst du?«, rief sie und schickte mich in mein Zimmer.

Ich bekam Hausarrest und Fernsehverbot, bis meine Noten besser wären und feststand, dass ich versetzt würde. Eine Nachbarin, die sich meinen Eltern anbot, gab mir Nachhilfestunden, und meine Leistungen verbesserten sich tatsächlich. Ich war nicht sicher, ob es für die Versetzung reichen würde, nachdem ich im ersten Halbjahr so schlechte Noten bekommen hatte. Aber es reichte.

In den Sommerferien starb Anton, und da begegnete ich dem Tod zum ersten Mal. Ich verstand nicht, was das tatsächlich bedeutete, aber ich begriff, dass man mit diesem Thema behutsam umging. Anton hatte schon lange Zeit zuvor im Krankenhaus gelegen, und ich hatte ihn mit Dea besucht, sooft ich konnte. Er soll ganz friedlich eingeschlafen sein, mit meiner Kuschelkatze, einem Stofftier, das ich ihm geschenkt hatte.

Dea wirkte nach Antons Tod oft traurig. Sie fragte, welchen Sinn ihr Leben noch hätte, wenn niemand mehr da wäre, um den sie sich kümmern könnte. Und sie weinte, wenn sie diese Gedanken aussprach. Zur Beerdigung von Anton durfte ich nicht gehen. Meine Eltern verboten es mir, weil sie nicht wussten, wie ich damit umgehen würde. Sie sprachen mit uns nie über den Tod. Es war für sie ein Tabu, das man nicht erklären konnte und das sie selbst betroffen machte. Mein Vater ging auch nicht zum Friedhof, auf dem sein Vater und zwei seiner Geschwister beerdigt waren, die beide bei dem Zugunglück am 27. Juni 1977 in Lebus, durch den Frontalzusammenstoß eines Urlauberschnellzugs mit einem Güterzug, ums Leben gekommen waren. Damals hatte das seine Familie zerstört. Meine Großmutter war in den Jahren darauf tablettenabhängig geworden. Sie hatte immer wieder Medikamente vor ihren Kindern eingenommen, bis sie nach einem Zusammenbruch ins Krankenhaus eingeliefert werden musste. Mein Großvater, der 1986 einem Krebsleiden erlag, war als Fernfahrer nicht oft zu Hause gewesen. Aus diesem Grund waren mein Vater und seine Geschwister häufig auf sich allein gestellt und zogen die Lehre daraus, dass es nur alles schlimmer machte, wenn man darüber sprach, was passiert war.

Nach den Sommerferien, in denen ich mich entscheiden musste, ob ich am Religionsunterricht teilnehmen wollte und mich dagegen entschied, hatte ich zum ersten Mal das Fach Ethik. Wir sollten ein Bild malen, über die Jahreszeiten und darüber, was wir emotional mit diesen verbanden. Für den Sommer malte ich einen Sarg, weil ich an Anton dachte.

Mark verließ während der sechsten Klasse die Schule. Sein Vater hatte im Westen Deutschlands einen Job bekommen. Ohne seinen Einfluss wurde ich zunehmend zugänglicher. Ich beteiligte mich an der Theater-AG und an der Literatur-Gruppe und freundete mich mit Tobias an. Nach dem Unterricht spielten wir ›schwul‹, ein Spiel und ein Begriff, den Tobias mir beibrachte. Schwul sei, wenn es zwei Männer miteinander trieben. Der eine müsse den anderen von hinten nehmen. Schwul zu sein wäre abnormal und irgendwie auch krank. Deswegen dürfte man über dieses Spiel nicht sprechen, und überhaupt, es wäre ja nur ein Spiel. Dennoch machte es uns beiden Spaß. Ich fand es witzig, wenn sich Tobias in Klamotten von hinten an mich drückte und ich etwas Festes in seiner Hose spürte. Dabei stieß er die gleichen Geräusche aus wie Nicky, als wir hinter dem Kindergarten spielten. Ich wusste zwar nicht, wofür das alles gut sein sollte, aber ich genoss Tobias' Nähe. Das war ganz anders, als mit Nicky zu spielen. Bis er irgendwann vorschlug, dass wir uns zusammen auf der Toilette einsperren. Als er dort seine Hose öffnete, fand ich das eher beängstigend. Ich lief weg und ging ihm fortan aus dem Weg. Das sollte mir auch nicht sonderlich schwer fallen, denn mit Beginn des siebten Schuljahres war ich Hauptschüler. Eine Tatsache, für die ich mich schämte und meine Nachhilfelehrerin verantwortlich machte. Sie hätte mir nicht genügend beigebracht, warf ich ihr vor und weigerte mich, noch länger mit ihr zu lernen. Meine Eltern waren von meinen schulischen Leistungen keinesfalls begeistert, aber mein Vater hatte die Idee, mir ein Sparbuch einzurichten. Wenn ich einen guten qualifizierenden Hauptschulabschluss machte, würde er mir von dem Geld auf dem Sparbuch den Motorradführerschein und mein erstes Motorrad bezahlen. Für mich war das jedoch kein sonderlich großer Ansporn. Mich interessierten ganz andere Dinge als Fahrzeuge: Ich stellte mir immer häufiger die Frage, wie ich den Klassenfahrten entkommen könnte und länger draußen bleiben dürfte.

Hauptschule bedeutete in diesem Fall, dass die Klasse an sich bestehen blieb und nur die Hauptfächer getrennt von den Realschülern unterrichtet wurden.

Mit der siebten Klasse änderte sich in unserer Klasse noch etwas. Die Ethiklehrerin wurde unsere Klassenlehrerin. Sie war eine junge hübsche Frau, die sehr viel Wert auf Fairness legte und sich für die Schüler einsetzte, anstatt zu bestrafen.

Sie hatte eine ganz andere Art, den Unterricht zu gestalten, als die restlichen Lehrer.

Die erste Klassenfahrt mit der neuen Klassenlehrerin führte uns nach Leipzig, und mein Vater fuhr als Begleitperson mit. Wir waren in einem Drei-Sterne-Hotel untergebracht. Wie es der Zufall wollte, wurde ich mit Tobias für ein Zimmer eingeteilt. Anfangs war ich nicht davon begeistert, dann jedoch fand ich seine Nähe sehr angenehm. Mittlerweile war ich durch den Biologieunterricht aufgeklärt und ließ es diesmal zu, dass er seine Hose öffnete. Er brachte mir bei, wie man sich einen runterholt. Ich fand das alles sehr spannend und hatte nicht das Gefühl, dass ich etwas Verbotenes tat. Wenn mich jemand als ›Schwuchtel‹ beschimpfte, ignorierte ich das.

Ein Jahr später, auf einer Klassenfahrt nach Berlin, bestanden Tobias und ich dann darauf, ein gemeinsames Zimmer zu bekommen. Tobias war mit einem Mädchen aus unserer Klasse zusammen. Und auch ich hatte nach Nicky eine neue Freundin, die in meiner Straße wohnte. Aber diese Tatsache scherte uns wenig. Wir blieben lange wach. Im Fernsehen lief ein Softporno, und Tobias fragte mich, ob wir das nicht nachmachen wollten. Ich sollte die Frau sein. Diese ließ sich erst kräftig rannehmen, später dann blies sie dem Typen einen. Das ging Tobias zu weit. Er meinte, wenn wir das täten, dann wären wir schwul. Und das wollten wir ja beide nicht sein. Wir schmusten also nur, dann ging er ins Bad. Ich lag noch lange wach und wäre gern in seinen Armen eingeschlafen. Aber er war plötzlich ganz anders, nachdem ich aus dem Badezimmer ein leises Stöhnen gehört hatte. Mir gegenüber benahm er sich fortan kühl und abweisend, ganz so, als wäre ihm das, was zwischen uns passiert war, peinlich. Nach der Klassenfahrt fanden wir nie mehr wirklich einen Draht zueinander.

Im Herbst verkündeten uns unsere Eltern, dass sie sich scheiden lassen würden. Nach der Trennung zogen wir zusammen mit unserem Vater in eine kleine Zwei-Raum-Wohnung in eine Siedlung außerhalb der Stadt. Ich mochte diese Plattenbauten nicht, die es der Sonne nicht erlaubten, bis auf den Fußgängerweg zu scheinen, in denen es kaum Grünflächen gab und die Menschen auf äußerst engem Raum zusammengepfercht waren. Ich dachte oft, dass hier nur die Menschen wohnten, die sich keine andere Wohnung leisten konnten. Nur deshalb würde es jemand auf sich nehmen, hier zu leben. Aber unser Vater verdiente gut, und aus diesem Grund verstand ich nicht, warum wir dort wohnen mussten. Ich hasste die Siedlung und schämte mich für mein neues Zuhause.

Unser Vater war die meiste Zeit bei der Arbeit, und so kümmerten meine Schwester und ich uns um den Haushalt. Wir waren beide vollkommen überfordert damit. Sie war erst zehn und ich drei Jahre älter. Vor der Trennung unserer Eltern hatten wir im gemachten Nest gelebt und nur wenige Aufgaben im Haushalt erledigen müssen. Nun wuschen wir die Wäsche, machten den Abwasch, saugten die Wohnung, gingen einkaufen und versuchten zu kochen. Hinzu kam, dass die Schule weit weg war, so dass wir jeden Morgen um halb fünf aufstehen mussten, damit wir den ersten Bus in die Stadt rechtzeitig erreichten. Von dort ging es mit dem Schulbus weiter. Die Schule war zu der Zeit ein wichtiger Halt für mich. Meine Noten verbesserten sich im ersten Halbjahr nach der Trennung meiner Eltern von einem Durchschnitt von 4,1 auf 2,0. Niemand konnte sich dies erklären, für mich allerdings bot es eine erkennbare Logik: Durch den Umzug hatte ich den Kontakt zu meinen Freunden verloren und hatte nun mehr Zeit, die ich neben dem Haushalt mit Lernen verbrachte. In der neuen Siedlung hatte ich keine Freunde, und mir war auch nicht daran gelegen, welche zu finden. Wenn meine schulischen Leistungen sich verbesserten, so dachte ich, dann würden unsere Eltern wieder zusammenkommen. Ich glaubte fest, dass sie sich getrennt hatten, weil ich so schlecht in der Schule war und Nathalie und ich uns immer stritten. Und wir wollten das ändern. Dabei war egal, dass beide Eltern bereits einen neuen Partner hatten. Die Gründe für die Trennung hatte uns keiner erklärt. Es hatte aus unserer Sicht keinen wirklichen Anlass dafür gegeben.

Unsere Mutter sahen wir zu dieser Zeit sehr selten, was eher mir als meiner Schwester zu schaffen machte, da sie Papas Liebling war. Und wenn wir einmal bei Mama zu Besuch waren, war ihr neuer Freund da, den wir schon von früher kannten. Es war der Mann, mit dem unsere Mutter schon einmal eine Affäre gehabt hatte und der nach der ersten Trennung von unserem Vater bei uns eingezogen war. Auch ihn hasste ich. Ich hasste ihn noch viel mehr als mein Leben in der neuen Siedlung. Er schlug unsere Mutter, und sie ließ es zu. Und ich war fest davon überzeugt, dass er unsere Familie fast schon einmal zerstört hatte.

Unser Vater arbeitete mittlerweile als Koch in einer Gaststätte an dem Ort, in dem wir nun lebten, und auch er hatte nach der erneuten Trennung von unserer Mutter eine neue Freundin. Sie hieß Carola und war eine Kollegin von ihm. Carola lebte jedoch noch in einer festen Beziehung und war gerade mit diesem Mann zusammengezogen. Mein Vater und sie hatten den gleichen Traum: Sie wollten sich mit einem eigenen Restaurant selbstständig machen. Diesen Traum versuchten sie gemeinsam zu verwirklichen. Im späten Frühjahr 99 war es dann soweit, sie hatten die ideale Gaststätte gefunden und konnten den Pachtvertrag unterschreiben. Sie begannen, die Ausstattung auszuwählen und zu kaufen und kündigten bei ihrer alten Arbeitsstelle. Neun Tage vor der Eröffnung ihres Lebenswerkes gaben sie ihren Ausstand; dieser sollte zwei Tage dauern und ein rauschendes Fest werden. Meine Schwester und ich verbrachten das Wochenende bei einer unserer Tanten und sollten am darauf folgenden Montag von dort aus zur Schule fahren.

Unsere Tante arbeitete am Sonntag an ihrem Computer und brauchte einige CD-Roms, die sie unserem Vater geliehen hatte. Deswegen fuhren sie und ich in unsere Wohnung. Zu unserer Überraschung war mein Vater zu Hause und hatte sehr schlechte Laune. Er lag auf dem Sofa und beachtete uns kaum. Als wir gingen, sagte er in mürrischem Ton »Tschüss«.

KAPITEL 3

Der erhängte Mann

Am Montag fiel die vierte Stunde aus, und ich ging mit einer Klassenkameradin zum kleinen Konsum in der Nähe der Schule. Unterwegs sprach sie mich auf meinen Vater an, da ihre Eltern gut mit ihm befreundet waren und sie kurz zuvor zufällig ein Gespräch ihrer Eltern über meinen Vater mit angehört hatte. Sie fragte, wie es ihm ginge und wie er die Trennung überstanden hätte. Ich sagte, dass alles gut wäre, vor allem weil er in sieben Tagen seine Gaststätte eröffnen würde. Und es ging ihm tatsächlich gut. Seine Lebensgefährtin hatte sich für ihn und gegen den anderen Mann entschieden. Sie wäre sogar mit uns in die Einliegerwohnung über dem Restaurant gezogen, und er hatte gesagt, dass es ein riesiges Glück für ihn wäre, dass unsere Mutter uns nicht wollte und er uns jetzt hätte.

In der fünften Stunde hatte ich Englisch bei Herrn Linde, dem Direktor unserer Schule. Wir mussten wie so oft einen Text übersetzen, diesmal über einen der ersten Stummfilmschauspieler, Charlie Chaplin. Ich war sehr schnell fertig mit der Aufgabe und blätterte in der BRAVO, dort las ich einen Artikel über Lou Bega und seinen Nummer-eins-Hit *Mambo No. 5*, als es an der Tür klopfte und die Sekretärin unserer Schule eintrat. Sie flüsterte Herrn Linde irgendetwas zu, dann wurde ich gebeten, vor die Tür zu kommen. Ich überlegte, was ich mal wieder angestellt haben könnte. Hatte ich irgendetwas vergessen? Als ich auf den Flur trat, sah ich Ralf, den Bruder von Vaters neuer Lebensgefährtin. Er schaute mich mit ernster

Miene an, und ich durchforstete meinen Kopf auf der Suche nach einem Vergehen: Hab ich einen Kratzer in den Lack seines Autos gemacht? Hab ich den Herd angelassen? Bin ich zu spät in die Schule gekommen? Nur nebenbei nahm ich wahr, wie er sagte: »Dein Vater ist tot.« Die Gedanken in meinem Kopf hörten nicht auf zu kreisen. Vielleicht habe ich vergessen, den Müll runterzubringen oder ich habe die Waschmaschine nicht richtig zugemacht.

»Dein Vater ist tot«, wiederholte er und sah mich mit beinahe ängstlichen Augen an.

Ich verstand, was er sagte, obwohl ich mich weiter suchend umschaute. Mein Blick blieb an einem Zettel am Schwarzen Brett neben mir hängen, auf dem stand, dass die neue Schulzeitung ab sofort erhältlich sei.

»Timm, alles okay?«, fragte Ralf und wirkte mit seinen langen Armen und seinem schlaksigen Körper unbeholfener denn je.

Ich schlug meinen Kopf gegen das Schwarze Brett und wurde gleich darauf mit sanftem Druck auf meine Schultern zurückgezogen. Im Flur roch es nach einer Mischung aus Schweiß, Toiletten und Kaffee. Tränen liefen mir über die Wangen, und Ralf mied meinen Blick. Herr Linde kam aus dem Klassenzimmer, strich mir über den Kopf und zog mich dann an seine Brust. Er fragte Ralf, ob meine Sachen zusammengepackt werden sollten, und dieser bejahte. Die Zeit blieb stehen, Ralf schwieg und ich heulte lautlos vor mich hin. Der lange rote Flur schien sich ins Unermessliche zu ziehen. Durch manche Türen drangen leise Geräusche, die erahnen ließen, welche Fächer gerade in diesen Räumen unterrichtet wurden. Ansonsten war es still.

»Ich muss deiner Schwester Bescheid sagen«, sagte Ralf. Es klang wie eine Bitte um Erlaubnis, gehen zu dürfen. Ich nickte, und er lief den Korridor entlang, bog irgendwo rechts ab und verschwand. Ich hockte mich an die Wand unter dem Schwarzen Brett und musste plötzlich daran denken, dass an dieser Tafel, neben unzähligen Schulverweisen von Schülern, die ich nicht kannte, auch einmal ein Klassenleitertadel gehangen hatte, weil ich beim Rauchen erwischt worden war.

Eine Tür öffnete sich, ich schaute hoch, und Frau Möller, unsere Musiklehrerin, kam aus dem Lehrerzimmer. Unsere Blicke trafen sich.

»Was ist los?«, fragte sie, als sie sah, dass ich heulte.

»Mein Vater ist tot«, antwortete ich.

Sie deutete auf ein paar Bänke, die im Gang standen, und reichte mir die Hand, um mir beim Aufstehen behilflich zu sein. Ich ließ sie auf eine Reaktion von mir warten und starrte wieder auf den Boden. Ich mochte diese Frau nicht, die uns einmal im Monat damit quälte, ein Lied auswendig lernen zu müssen. Aus heutiger Sicht beruht mein Volksliedschatz wohl vollkommen auf ihrem Unterricht, angefangen von *Hoch auf dem gelben Wagen* über *Oberlausitz, geliebtes Heimatland* bis hin zu *Das Wandern ist des Müllers Lust*.

Ich schätzte sie ungefähr auf fünfzig Jahre. Sie hatte tiefe Falten unter den kleinen Augen, eine ungewöhnlich hohe Stirn, und mit ihrem lockigen, dunkelblond gefärbten Haar erinnerte sie mich ein wenig an Mutter Beimer aus der Lindenstraße.

Ich bemerkte nicht, wie Frau Möller sich neben mich setzte, deshalb zuckte ich leicht zusammen, als sich ihr rechter Arm um meine Schulter legte. Über ihr rundes Gesicht kullerten Tränen. Sie kannte meinen Vater gut, war mit ihrem Mann häufig Gast in der Kneipe gewesen, in der mein Vater noch zwei Jahre zuvor gearbeitet hatte, bevor wir weggezogen waren, und sie war die Klassenlehrerin meiner Schwester. Mein Vater war sehr beliebt an der Schule, er war Elternsprecher in meiner und der Klasse meiner Schwester und zwei Jahre lang Elternschulsprecher gewesen. Das war allerdings keine Kunst an einer Dorfschule, und es hing auch damit zusammen, dass er in der einzigen Kneipe des Orts gearbeitet hatte und deswegen bei allen Leuten im Dorf bekannt war.

Schritte hallten durch die Gänge des Schulgebäudes, und ich ahnte, wer gleich um die Ecke biegen würde: meine Schwester. Sie weinte und schluchzte, strich sich die Strähnen ihres langen Haars aus dem Gesicht und wirkte sehr zerbrechlich. Mein kleines Mädchen, meine süße Schwester, Papas Engel, sein kleines ›Schnatterinchen‹ war am Boden zerstört. Frau Möller stand auf, um sie in den Arm zu nehmen, aber auch Nathalie ließ das nicht zu, sondern kam auf mich zu und schaute mich unverwandt an. Ein schlechter großer Bruder war ich, denn ich wich ihrem Blick aus und konzentrierte mich auf eine meiner Klassenkameradinnen, die gerade meine Schulsachen aus dem Unterrichtsraum brachte. Sie blickte verwirrt von einem zum anderen, weil sie das Szenario nicht einzuschätzen wusste. Dann lächelte sie mich an und ging wieder ins Klassenzimmer zurück.

Ralf sagte, dass wir jetzt zu Carola, der Freundin unseres Vaters, fahren würden. Wie ferngesteuert liefen wir hinter ihm her. Ich war immer darauf bedacht, meiner Schwester nicht zu nahe zu kommen, war wütend auf meinen Vater, der sein Lieblingskind allein gelassen und mir die Verantwortung aufgebürdet hatte, sie zu trösten und ihr eine Stütze zu sein. Ralf schwieg während der Fahrt. Es war ungewohnt, in seinem Auto zu sitzen, ohne sich seine blöden Witze über Blondinen oder Schwule anhören zu müssen. Die einzigen Geräusche kamen von meiner Schwester, die immer noch schluchzte und ihren Blick starr auf die Kopfstütze des Sitzes vor sich richtete. Ich schaute aus dem Fenster und versuchte mich ganz fest auf das Rapsfeld zu konzentrieren, was mir aber kaum gelang. Ständig tauchten Fragen in meinem Kopf auf, wie es jetzt wohl weitergehen würde, wo wir hinkommen würden und ob das alles vielleicht nur ein Scherz war.

»Wie ist er gestorben?«, durchbrach ich die Stille.

»Das wird euch Carola erzählen«, sagte Ralf.

Carola erzählte es uns. Immer wieder schnaubte sie heftig in ihr Taschentuch, während sie berichtete, dass unser Vater und sie sich am Wochenende gestritten hätten und er früher von einer gemeinsamen Feier nach Hause gegangen sei. Am Montag dann sollte die Heizung abgelesen werden, und er hatte Maren, eine gute Freundin, gebeten, um diese Zeit in unserer Wohnung zu sein, da er einen Termin hätte. Als Maren die Wohnung betrat, sah sie die Jacke meines Vaters und seine Tasche im Flur. Sie wunderte sich, dass er entgegen seiner Ankündigung doch da war, warf einen flüchtigen Blick in unsere Küche und rief ihm zu, dass er einen Kaffee aufsetzen solle, sie müsse nur kurz auf die Toilette. Als sie dann durchs Wohnzimmer zur Küche zurücklief, wurde ihr die Stille bewusst. Dann erst sah sie, was er getan hatte.

Er hatte sich erhängt, sich umgebracht, uns im Stich gelassen! Ich hasste ihn in diesem Moment so sehr, wie ich nie geglaubt hatte, jemanden hassen zu können. Als man uns aber später zu unserer Mutter brachte, war seine Tat für mich nur noch feige. Er hatte sich heimlich aus der Verantwortung gestohlen.

Nach dem Tod unseres Vaters zogen wir wieder zu unserer Mutter und ihrem Freund. Sie war eine Weile nicht ansprechbar, nachdem man ihr mitgeteilt hatte, dass unser Vater gestorben wäre.

Ich erinnere mich an eine Begebenheit, bei der ich versuchte, sie dazu zu bewegen, mit mir über die Gründe für seinen

Tod zu sprechen. Wir waren in der Küche, und sie stand am Fenster und blickte hinaus in die Nacht.

»Sieh mal, da oben, der Stern, der da ganz hell leuchtet, der ist von deinem Vater.«

Ich sah, dass sie weinte, obwohl sie versuchte, es mich nicht merken zu lassen. Ich stellte mich neben sie ans Fenster.

»Warum?«, fragte ich.

»Weil für jeden Menschen, der stirbt, ein neuer Stern entsteht und heller als die anderen Sterne für die Menschen leuchtet, die diesen Menschen geliebt haben«, sagte sie leise.

»Das meine ich nicht.«

»Was meinst du denn dann?«

»Warum hat er sich umgebracht?«

Sie antwortete nicht und vergrub stattdessen ihr Gesicht in den Händen, damit ich ihre Trauer nicht sehen konnte. Aber ich wusste, dass sie weinte. Ich kannte sie traurig, launisch, fröhlich und wütend, aber so hatte ich sie noch nie gesehen.

Ich fand sie immer schön. Welches Kind findet seine Mutter nicht schön? Aber nach dem Tod unseres Vaters war sie am Boden zerstört. Sie war nicht mehr die schöne, immer nach Seife duftende Mama. Sie trauerte sehr um unseren Vater. Sie heulte, und wenn sie das tat, dann verzogen sich ihre Gesichtszüge, sie verkrampfte sich und gab befremdliche Geräusche von sich, fast so, als würde jeder Zentimeter ihres Körpers ganz schrecklich wehtun. Und wenn sie nicht heulte, dann weinte sie. Ganz leise und möglichst darauf bedacht, dass es niemand merkte. Ohne dass sie einen Laut von sich gab, liefen ihr dann die Tränen über die Wangen, und sie blickte ins Leere.

Ich wollte sie umarmen, aber sie stieß mich weg.

»Lass mich in Ruhe«, sagte sie, und ich ging zurück in mein Zimmer. Sie blieb am Küchenfenster stehen.

Ich fand lange keine Erklärung für den Selbstmord meines Vaters. Er hatte keinen Abschiedsbrief hinterlassen. Dafür hörte ich viele grausige Geschichten: Es sei Mord gewesen, und der Mann, mit dem Carola zusammen gewesen war, hätte ihn gezwungen sich zu erhängen. Ich glaubte das nicht. Nach seinem Tod lernte ich Carola und diesen Mann, der plötzlich einen Namen hatte, näher kennen. Ich hatte Carola zuvor nie sonderlich gemocht, weil sie einer der Gründe dafür war, dass unsere Eltern nicht wieder zueinander gefunden hatten. Aber nach dem Tod meines Vaters fühlte ich mich ihr verbunden. Carola und Armin gaben mir Halt in dieser Zeit, und ich konnte mir nicht vorstellen, dass Armin ein Mörder sein sollte. Ein Teil meiner Verwandtschaft gab Carola die Schuld: Ihre Unentschlossenheit hätte meinen Vater dazu getrieben, sich das Leben zu nehmen. Auch das hielt ich für Unsinn. Mein Vater war ein erwachsener Mensch und wusste, worauf er sich eingelassen hat. Dennoch brauchte man einen Schuldigen, damit das Bild unseres Vaters keinen Schaden nahm. Carola und Armin fanden in regelmäßigen Abständen unschöne Nachrichten auf dem Anrufbeantworter vor. Ich schämte mich dafür, wenn ich die Stimmen kannte. Schließlich wollte man Carola verbieten, zur Beerdigung zu kommen, und man untersagte mir, sie weiterhin zu treffen. Ich widersetzte mich dem Verbot und war so oft es nur ging bei ihr. Wir redeten viel, und sie erzählte mir, wie sie meinen Vater kennen gelernt hatte. Ich konnte sie verstehen, und mir wurde klar, warum mein Vater sie so gemocht hatte.

Bei meiner Mutter hingegen fühlte ich mich nicht mehr wohl, weil sich vieles verändert hatte und weil ihr Freund sie schlug. Nathalie und ich stellten uns oft vor sie, um sie zu beschützen, aber es nützte nichts. Ich verabscheute meine Mutter dafür, dass sie nichts dagegen unternahm, und versuchte meinen Widerwillen kundzutun, indem ich mich mit Carola traf. Ich glaube, ich suchte nach einem geschützten Raum. Bei Carola fand ich einen sicheren Ort, an dem mir nichts passierte und an dem niemand Fragen stellte, wenn ich wegen meines Vaters heulte. Zu oft war ich gefragt worden, warum ich weinte – ich könnte seinen Tod doch noch gar nicht verstehen. Ich wäre zu jung, um das Ausmaß zu begreifen.

KAPITEL 4

Die erhängte Frau

Immer deutlicher erkannte ich, dass meine Mutter krank war, aber ich traute mich nie, das offen auszusprechen. Der Tod des Mannes, mit dem sie noch verheiratet gewesen war, setzte ihr sehr zu. Sie hatten in den letzten Monaten so etwas wie eine Freundschaft aufgebaut. Manchmal telefonierten sie bis zu drei Stunden lang oder trafen sich zum Kaffee. Das war wieder möglich, weil die Beziehung für beide abgeschlossen war. Sie hatten zusammengelebt und Erfahrungen gesammelt, zwei Kinder in die Welt gesetzt und diese nach bestem Wissen und Gewissen erzogen, soweit es ihre Kraft zuließ. Sie lebten in Trennung, gingen neue Beziehungen ein und lernten dabei, Freunde zu sein und einander zu verzeihen. Und nun war er plötzlich weg, ihr neu gewonnener Freund und der Mann, mit dem sie vierzehn Jahre lang verheiratet gewesen war. Gestorben durch die eigene Hand. Sie sagte immer wieder, dass sie nicht verstehen konnte, warum er sich ihr nicht anvertraute, und warum sie nicht gemerkt habe, wie schlecht es ihm ging. »Wir waren doch Freunde«, warf sie sich dann immer wieder vor.

Mit diesem Ereignis hatte sie nun plötzlich wieder zwei Kinder, um die sie sich kümmern musste, deren Trauer sie lindern sollte, vor denen sie glaubte, die Starke spielen zu müssen, und deren Streit sie oft schlichten musste. Vierundzwanzig Stunden am Tag, sieben Tage die Woche. Und dann war da noch ihr Freund, der es ihr aus Eifersucht auf einen Toten verbot zu trauern. Um dies alles zu überstehen, nahm sie Beruhigungsmittel, die ihr der Arzt verschrieb. Er gab ihr den Hinweis, dass das Medikament in Verbindung mit Alkohol anders wirkte und süchtig machen könnte. Ihr gesamtes Wesen hatte sich verändert. Sie resignierte, war zynisch, kämpfte mit Stimmungsschwankungen, die so extrem waren, dass es über ihre typischen Launen hinausging, und drohte immer wieder damit, sich umzubringen.

Eines Tages, es war kurz nach der Beisetzung unseres Vaters, kamen meine Schwester und ich aus der Schule und bemerkten beim Betreten der Wohnung, dass es ganz still war, obwohl unsere Mutter zu Hause sein sollte. Auf unser Rufen erhielten wir keine Antwort, und wir fanden auch keine Nachricht von ihr. In uns stieg eine schreckliche Ahnung auf. Erst am Morgen zuvor hatte sie damit gedroht, dass sie die Nächste wäre, die sich den Strick nehmen würde, wenn wir nicht aufhörten uns zu streiten. In den vorangegangenen Wochen hatte eine sehr angespannte Stimmung in unserer Wohnung geherrscht. Meine Schwester und ich hatten uns gegenseitig Vorwürfe gemacht, uns angeschrien und unserer Mutter damit zusätzlich Stress bereitet.

Wir wussten nicht, ob wir ihre Drohung ernst nehmen mussten, und holten eine Nachbarin, die wir baten, sich in der Wohnung umzusehen. Aber sie entdeckte nichts Außergewöhnliches, und so gingen wir davon aus, dass unsere Mutter nur kurz in die Stadt gegangen war. Als wir die Wohnungstür hinter uns schlossen und die Schulsachen ablegten, kam unsere Mutter plötzlich aus dem Schlafzimmer geschlichen und erschreckte uns mit einem Buh-Ruf. Mit ihrem Versteckspiel machte sie sich lustig über unsere Angst, und ich höre noch heute ihr Gelächter.

Die Situation überforderte uns. Unser Vater war gerade gestorben, aber die Zeit reichte nicht aus, um Luft zu holen oder darüber nachzudenken. Wir hatten das Gefühl, auf unsere Mutter aufpassen zu müssen. Unter der Anspannung stritten meine Schwester und ich uns jedoch häufig und ärgerten meine Mutter damit. Sie zog sich immer mehr in sich zurück. Wir waren froh, wenn wir der Stimmung zu Hause entkommen konnten und dachten, dass diese sich niemals bessern würde.

Eines Tages jedoch wartete eine Überraschung auf uns, als wir aus der Schule kamen. Unsere Mutter war gut gelaunt und schlug vor, am Abend in den Zirkus zu gehen. Natürlich stimmten wir diesem Vorschlag freudig zu. Das Verhalten unserer Mutter an diesem Tag war ungewöhnlich. Früher wäre sie nie mit uns in den Zirkus gegangen, aber heute wirkte sie fröhlich und ausgelassen. Und wir hatten keine Angst, dass sie sich etwas antun könnte. Auch dann nicht, als sie uns am Abend ins Bett brachte und ausgelassen mit uns scherzte. Ich war sicher, dass dies der richtige Zeitpunkt war, um zu bitten, sich von ihrem Freund zu trennen. Doch sie wurde wütend und meinte, dass mich das gar nichts anginge.

»Natürlich geht es mich etwas an!«, schrie ich zurück und hoffte, dass auch ihr Freund das hören würde. Dann sagte ich ihr, dass wir es nicht mehr aushielten, uns vor sie zu stellen und die Schläge selbst einzustecken. Ganz nebenbei müssten wir ja noch mit der Tatsache klarkommen, dass unser Vater sich umgebracht hätte. Aber das zählte in ihren Augen alles nicht. Wir müssten uns ja nicht vor sie stellen. Sie hätte uns nicht darum gebeten.

»Ich hasse dich«, schnauzte ich sie an, und sie warf die Tür unsanft ins Schloss, als sie das Zimmer verließ.

In der Nacht wurde ich unsanft geweckt, als die Wohnungstür zuschlug. Dann nahm jemand den Hörer vom Telefon und wählte eine Nummer. An der Stimme erkannte ich den Lebensgefährten meiner Mutter.

»Ich möchte einen Suizid melden«, sagte er.

Ich wusste damals noch nicht, was das Wort Suizid bedeutet, und hörte wie gebannt zu, um vielleicht aus den folgenden Worten mehr zu erfahren.

»Erhängt ... auf dem Dachboden ...« Dann nanntc er unsere Adresse.

Das Wort ›erhängt‹ wollte ich nicht hören, doch der nächste Satz ließ keine Zweifel mehr zu: »Die Verstorbene hat zwei Kinder hinterlassen. Könnten Sie sich bitte auch darum kümmern ... danke.«

Mein Herz raste, und ich wünschte mir, dass das alles nur ein böser Traum wäre. Ich sprang von unserem Hochbett und lief auf den Flur.

»Das ist nicht wahr«, sagte ich mit zittriger Stimme zu Butt.

»Doch«, antwortete er kalt und knapp, so als würde ihn das nichts angehen.

»Du Schwein! Du bist daran schuld ... du solltest tot sein!« Ich ließ meinen Gefühlen freien Lauf und schlug mit aller Kraft in seinen Bauch. André schien das jedoch nicht sehr wehzutun. Selbstsicher wie immer packte er mich an den Armen und sagte: »Geh wieder ins Bett, es kommt gleich jemand, der sich um euch kümmert.«

Ich befreite mich aus seinem Griff und rannte aus der Wohnung auf den Dachboden. Aus irgendeinem Grund musste ich sie sehen, um es glauben zu können. Als ich an der Tür ankam, blieb ich kurz stehen, dann trat ich ein. Ganz vorsichtig, so als würde sich jemand vor mir verstecken, um mir dann einen

Schreck einzujagen. Ich war noch nie bei Nacht hier gewesen. Im Winter oder bei Regen diente der Dachboden auch als Wäscheplatz. Jeder Bewohner des Hauses hatte hier oben eine kleine Ecke zur Verfügung, um Sachen abzustellen. Da stand der alte Schrank von Schmitts und an ihn gelehnt die alten Bilder, die sie wahrscheinlich nie mehr aufhängen würden, aber zu schade fanden, um sie wegzuwerfen. Die Wäsche von Mertens hing an der üblichen Stelle. Früher hatte ich immer geflachst, die würden sich ihre Sachen bestimmt im Zeltverleih kaufen, so dick, wie die alle waren. Später, als Frau Merten gestorben war, hatte ich mir Gedanken solcher Art verboten. Gegenüber der Tür verstaubte ein Puppenhaus. Die Foersters hatten es eigentlich meiner Schwester schenken wollen, doch da Nathalie ihnen gegenüber ausfällig geworden war, hatte sie es doch nicht bekommen, und nun ruhte es hier oben.

Ich ging um die Ecke, den Blick auf den Boden gerichtet. Bei jedem Schritt klopfte mein Herz stärker. Dann zwang ich mich hochzuschauen und hob langsam den Blick. Unter ihr lag ein umgefallener Stuhl, neben welchem, fein säuberlich nebeneinander, ein Paar Pantoffeln drapiert war. Es waren typische Filzpantoffeln, wie es sie auf dem Wochenmarkt zu kaufen gab. Sie hatten eine graue Sohle, ansonsten waren sie grün und mit einem roten Bommel geschmückt. Wie makaber, dachte ich, über die Pantoffeln nachzudenken, und schon glitt mein Blick zum Stuhl. Es war einer von den Stühlen, die in Gutmanns Ecke lagerten. Ich fand diese Stühle hässlich, ihre vier Beine bestanden aus grau lackiertem Metall, auf denen ein Brett angeschraubt war, das mit Schaumstoff und einem bräunlichen Bezug bespannt war. Die Lehne, die der Sitzfläche glich, war an zwei Metallstreben befestigt.

Ich wollte stark sein und schaute ihr ins Gesicht. Die Augen waren geschlossen. Auf der Nase konnte man den Abdruck der

Brille erkennen, die sie immer trug. Ihr Kopf war leicht nach vorn gebeugt, die kinnlangen, haselnussbraunen Haare hingen ihr ins Gesicht. Viele Jahre hatte sie langes Haar gehabt, und ich hatte es immer besonders schön gefunden, wenn der Wind ihr durchs Haar glitt und einzelne Strähnen leicht ins Gesicht wehte. Irgendwann war sie dann mit einem Kurzhaarschnitt angekommen, streng und befremdlich. Dabei hatte ich es so sehr gemocht, ihr mit der Hand durch das seidenglatte Haar zu fahren oder sie zu frisieren.

Ihr Mund war geschlossen und ohne jeglichen Ausdruck, die Lippen waren leicht lila verfärbt, wie wenn man im Sommer im See badet und zu lange im kalten Wasser bleibt.

Sie trug ein Nachthemd, ihre Arme hingen schlaff am Körper herunter und ihre Finger waren nicht wie sonst mit Ringen geschmückt. Ich fand ihre Finger schön, sie waren lang und zart, ihre Fingernägel waren immer gepflegt, und durch die Ringe, die sie meist trug, wurde das Bild ihrer Hände vervollkommnet. Jetzt hatten ihre Fingernägel fast die Farbe ihrer Lippen.

Ich ging einen Schritt auf sie zu und dachte für einen Moment, dass sie gebieterisch wirkte, so wie sie da hing, aber dann wurde mir klar, dass sie im Moment ihres Todes schwach und leer gewesen war. Ich berührte ihre Hand. Sie war nicht kalt, aber auch nicht menschlich warm. Dann trat ich wieder einen Schritt zurück. Was soll jetzt werden, wenn auch noch sie weg ist?, fuhr es mir durch den Kopf. »Mama«, sagte ich leise.

Ich begann zu weinen und wollte nicht verstehen, wie sie uns hatte alleine lassen können. Dann fiel mir ein, dass ich gestern Abend noch zu ihr gesagt hatte, dass ich sie hasste. Ausgerechnet an diesem Abend. Seit langem hatte sie mal wieder gelacht. Ich liebte ihr Lächeln. Der Zirkus erschien mir plötzlich wie ein Vorwand, um mich und meine Schwester in Sicherheit zu wiegen oder um uns nicht mit traurigen Augen verlassen zu müssen. Damit wir sie fröhlich lächelnd in Erinnerung behielten. Vielleicht war ihr Lachen aber auch echt gewesen, und ich war an ihrem Selbstmord schuld, weil ich ihr an diesem Abend so etwas Böses gesagt hatte.

Ich erschrak, als mich jemand von hinten an der Schulter berührte, und drehte mich um. Es war ein kleiner dicker Mann in einer Polizeiuniform.

»Komm mit runter, Junge«, sagte er so leise, dass ich es fast nicht verstand, und väterlich strich er mir dabei über den Kopf.

»Einen Moment noch … bitte.«

»Gut. Ich lasse dich allein.«

Ich nickte, und der Polizist ging. Im Treppenhaus war es ungewöhnlich laut für diese Zeit. Ich nahm die Hand meiner Mutter ganz fest in meine. Ihr Körper bewegte sich und ich sah, dass sich das Seil um ihren Hals in die Haut eingeschnitten hatte. Einen Augenblick lang dachte ich, es müsse ihr doch wehtun, aber dann begriff ich wieder, dass sie nichts mehr spürte, dass sie tot war.

Sie roch nach Seife. Meine Mama roch immer gut. Ich liebte sie, wie jedes Kind seine Mama liebt. Die Mama macht keine Fehler, nicht in den Augen des Kindes. In diesem Augenblick war all der Schmerz, den sie mir angetan hatte, vergessen. Ich wollte sie umarmen, ihr versprechen, immer artig zu sein, wenn sie nur wieder zurückkäme, aber eine böse Gewissheit sagte mir, dass sie es nicht tun würde …

Jemand ergriff meinen Arm und zog mich unerbittlich von ihr fort. Es war der Freund meiner Mutter. Ich ließ ihre Hand los, weil mir klar war, dass es zwecklos wäre, sich gegen ihn zu wehren.

Als ich wieder in der Wohnung stand, wusste ich nicht, was ich tun sollte, und blieb einfach stehen. Im Flur standen zwei Polizisten, mindestens so unbeholfen wie ich.

»Scher dich zurück in dein Bett«, forderte André mich auf, und einer der Polizisten meinte, dass gleich ein Notarzt käme, der sich um meine Schwester und mich kümmern würde.

Als ich in die obere Etage unseres Hochbetts klettern wollte, rutschte ich ab.

»Scheiße!«

»Was ist denn los?«, fragte Nathalie schlaftrunken.

Ich weinte und zitterte und spürte eine unheimliche Wut in mir, deswegen schrie ich sie an: »Mama ist tot!« Sofort war mir klar, wie gefühllos das war, und ich setzte mich an ihr Bett. »Tut mir leid.«

»Was hast du grad gesagt?«

»Sie hat sich umgebracht.« Diesmal sagte ich es ihr so sanft und vorsichtig, wie ich es nur konnte, und doch verletzte es sie. Ihr lief eine Träne übers Gesicht, aber sie schüttelte den Kopf.

»Darüber macht man keine Scherze.«

»Das ist kein Scherz. Wir sind allein. Sie ist nicht mehr da …«

Sie hatte den gleichen Ausdruck in den Augen wie an dem Tag, als sie die Nachricht vom Tod unseres Vaters erhalten hatte. Langsam stand sie auf und lief durch die Wohnung, die plötzlich vor Polizisten und Ärzten zu wimmeln schien. Und der eine, der überhaupt keinen Platz dort hätte haben dürfen, schickte uns zurück ins Bett, nachdem ich in der Küche eine Wasserflasche fallen ließ. Es war wie ein schlechtes Drama, das man sich im Kino anschaut, um herzhaft zu heulen. Es war kurz nach drei. Ein paar Stunden zuvor hatte sie uns noch gute Nacht gesagt und dabei gelächelt. Warum hatte sie dabei gelächelt? Wir waren mit ihr im Zirkus gewesen. Sie hatte sich amüsiert, hatte glücklich und zufrieden gewirkt, schien mit uns und der Situation zurechtzukommen. Sie hatte so stark gewirkt. Es ging einfach nicht in meinen Kopf, der genauso zu pochen schien wie mein Herz. Nathalie heulte jämmerlich. Mal lauter, dann wieder leiser. Ich forderte sie immer wieder auf, sich zusammenzureißen. Sie sollte nicht so einen Krach machen, denn ich wollte hören, worüber die Polizisten sprachen, und ich wollte wissen, was im und vor dem Haus passierte. Im Moment spürte ich nur Leere. Aber ich ahnte, wie es sich anfühlen könnte, und bekam Angst. In mir drehte sich alles. Ich überlegte fieberhaft, was jetzt passieren würde und was all die Leute hier wollten. Ich wollte wissen, ob sie noch da oben hing oder ob man sie abgemacht und in einen Sarg gelegt hatte. Und ich fürchtete mich davor, dass man uns schon bald unser Zuhause nehmen würde. Unser Bett, die Spielsachen. Die Katzen und unsere Schildkröten. Die Süßigkeiten im Naschschrank. Die hatte sie doch für uns gekauft. Es fühlte sich an wie ein Klumpen im Bauch, und ich zweifelte daran, dass ich jemals wieder aufstehen konnte.

Nathalie schwieg mittlerweile und saß wie ich regungslos in ihrem Bett. Wie zuvor beim Tod unseres Vaters fühlte ich mich hilflos. Ich konnte nichts tun. Ich konnte sie weder trösten noch beschützen. Sie anzufassen, sie in den Arm zu nehmen oder ihr zu sagen, dass alles gut werden würde, war mir unmöglich. Es war ja klar, dass nichts wieder gut werden würde.

Man darf ihr Bett nicht abziehen. Man soll ihre Klamotten nicht weggeben. Da steckt sie überall noch drin, dachte ich. Da ist noch ihr Geruch drin. Man darf uns unsere Mama nicht wegnehmen.

Durchs gekippte Fenster hörte ich Stimmen auf der Straße. Eine Frau schrie: »Lasst mich los!« Es war *ihre* Stimme. Ohne Zweifel. Aber als ich das Fenster öffnete, sah ich niemanden, nur den Krankenwagen, der gerade vorfuhr. Nathalie rührte sich nicht.

»Wir müssen uns was anziehen«, sagte ich zu ihr und sie nickte. Sonst war es unsere Mutter, die uns die Sachen aus dem Schrank suchte. Sie hatte nicht gewollt, dass wir die mühevoll gebügelte und zusammengelegte Wäsche durcheinanderbrachten. Es hatte sie aufgeregt, wenn wir in den Klamotten wühlten, um ein T-Shirt, das sie uns rausgesucht hatte, gegen ein anderes zu tauschen. Diesmal suchte ich die Sachen aus. Trotz der Situation war ich vorsichtig darauf bedacht, nichts in Unordnung zu bringen, da sie sich immer so viel Mühe gegeben hatte, alles in Ordnung zu halten. Ich wusste nicht, wer uns jetzt die Kleider bügeln würde, wer sie in den Schrank legen und für uns aussuchen würde. Ich hätte alles dafür gegeben, wenn sie in diesem Moment ins Zimmer gekommen wäre und mich angeschrien hätte, weil ich zwei Hosen herausnahm. Aber es kam niemand. Erst später, nach einer schier endlosen Zeit, die wir im Zimmer verbracht hatten, klopfte es an die Tür. Wir baten niemanden herein und blieben angezogen auf dem Bett meiner Schwester sitzen, um unseren Protest auszudrücken. Wir wollten nicht weg. Stillschweigend verbündeten wir uns, wehrten uns aber auch nicht. Eine Ärztin, ein Mann, der vermutlich ihr Assistent war, und eine Polizistin betraten den Raum. Sie schauten uns eine Weile schweigend an. Dann öffnete die Ärztin ihren Notfallkoffer und zog zwei Ampullen und zwei Spritzen daraus hervor. »Ich gebe euch jetzt etwas zur Beruhigung«, sagte sie, und die Polizistin setzte sich neben meine Schwester und nahm sie in den Arm. Alle Türen schienen offen zu stehen. Im Treppenhaus und in der Wohnung herrschte so viel Leben wie sonst nie zu dieser Zeit. So viel Leben, so viel Trubel wegen einer einzigen Frau.

»Wir sind doch ganz ruhig«, sagte ich zu der Ärztin und bat sie, uns einfach wieder schlafen zu lassen. Der Assistent erklärte, dass sie das nicht tun könnten, und strich mir übers Knie.

Also fügten wir uns. Wir ließen uns die Spritzen geben, zogen unsere Jacken über, liefen die Treppe hinunter, vorbei an der Wohnung von Mertens, ein Stockwerk tiefer, an der von Dea und durch die Haustür auf die Straße hinaus. Dort sollten wir in den Krankenwagen steigen. Aber wir waren doch gar nicht krank. Ich verstand nicht, warum wir jetzt ins Krankenhaus mussten. Der obere Teil des Krankenwagenfensters war nicht mattiert, und ich konnte hinauf zu unserer Wohnung sehen. Charlie, mein schwarzer Kater, der oft in der Nacht an meinem Fußende schlief, saß auf dem Fensterbrett. Dann setzte sich das Auto in Bewegung, und das war für lange Zeit das letzte Mal, dass ich mein Zuhause sah.

Während der Fahrt erzählte die Ärztin dem Assistenten, dass sie vor kurzem bei einem Einsatz eine Frau behandelt hatte, die unter Schock stand, nachdem ihr Freund sich das Leben genommen hatte. Zufälligerweise hätte dieser Mann auch Flemming geheißen.

»Das war unser Vater«, mischte ich mich ein.

Die Ärztin schwieg betroffen.

Ich hatte keine Ahnung, wo man uns hinbrachte. Es war auch nicht wichtig. Selbst dann nicht, als ich mich in einem Kinderkrankenhaus wiederfand, wo man uns einer Einweisungsuntersuchung unterzog. Wir sind doch nicht krank, dachte ich, nahm aber dennoch ohne zu widersprechen die Tablette, die man mir gab, damit ich besser einschlafen konnte. Die Ärztin verabschiedete sich von uns, und dann wurden wir von einer Schwester auf ein Zimmer gebracht. Sie erklärte uns, dass Jungs und Mädchen eigentlich getrennte Zimmer hätten, dass man aber in unserem Fall eine Ausnahme machen würde. Man hätte sogar zwei Betten nebeneinandergestellt. Dabei wollte ich gar nicht so viel Nähe zu Nathalie. Ich konnte ja noch nicht einmal mit ihr reden.

Meine Schwester schlief sofort ein. Ich war trotz der Tablette kein bisschen müde. Ein paar Tage zuvor hatte mir meine Mutter einen elektronischen Taschenorganizer geschenkt, den sie irgendwo als Werbepräsent erhalten hatte. Ich hatte das Ding so toll gefunden, dass ich es unbedingt hatte haben wollen, und sie hatte es mir gegeben. Ich dachte, dass ich ihr näher wäre, wenn ich mich jetzt damit beschäftigte. Bei jedem Tastendruck piepste das Gerät. Dadurch hielt ich ein anderes Mädchen, das auch in diesem Zimmer lag, wach, aber das interessierte mich nicht. Für mich war es in diesem Moment nur wichtig, die Todestage meiner Eltern in diesen Kalender einzutragen. Sie lagen nur fünfundzwanzig Tage auseinander. Ich begriff nicht, welche Konsequenzen das für Nathalie und mich hatte. Und ich konnte nicht begreifen, dass unsere Mutter wirklich nie mehr zurückkommen würde. Ich hatte nur das Gefühl, dass ein Scherbenhaufen vor uns lag, und merkte, wie weh es tat, darüber laufen zu müssen. Ich wollte das nicht fühlen. Und ich wünschte mir mehr als alles auf der Welt, dass ich nur träumte und alles zu Ende wäre, wenn ich aufwachte.

Meine Augen wollten sich nicht schließen. Die Sonne ging langsam auf, und es war fast wie eine Erlösung von den quälenden Gedanken, als die Schwester hereinkam, um uns zu wecken.

»Hast du nicht geschlafen?«, fragte sie mich. Ich schüttelte den Kopf, nahm das Fieberthermometer, das sie mir reichte, und steckte es unter die Achsel. Wir sind nicht krank, dachte ich.

»Siebenunddreißig neun«, sagte die Schwester, als ich es ihr zurückgab. »Erhöhte Temperatur.«

Das angebotene Frühstück lehnte ich ab. Meine Schwester setzte sich an den Tisch und frühstückte zusammen mit unserer Zimmergenossin, die, wie sich herausstellte, eine meiner ehemaligen Klassenkameradinnen aus der Grundschule war. Ich blieb im Bett liegen und starrte gegen die Wand oder auf meinen Organizer. Jede Bewegung schien zu viel zu sein. Und reden wollte ich auch nicht. Wie hätte ich darüber reden sollen? Ich ahnte, dass diese Gefühle nicht so einfach verschwinden würden. Dieser Klumpen in der Brust und die scharfen Scherben. Das war alles zu viel für mich.

Später besuchten uns die Eltern meiner Mutter im Krankenhaus. Sie kamen in Begleitung von André Butt. Unsere Oma sagte, dass sie uns nicht zu sich nehmen könnte, da sie mit ihren sechzig Jahren schon zu alt wäre. Und die Mutter meines Vaters hätte ihnen gesagt, dass sie kaum eine Chance sah, das Sorgerecht zu bekommen, obwohl sie uns gern bei sich gehabt hätte. Sie wäre zu alt und nicht mehr kräftig genug.

Wir könnten ja weiter mit André in unserer Wohnung leben, schlug meine Oma vor. Unser Opa hörte seiner Frau mit traurigem Blick zu. Er wagte nicht, uns in die Augen zu sehen. Unsere Mutter hatte er über alles geliebt, obwohl sie nicht sein eigenes Kind war.

»Wir wollen nicht zu dem«, war das Erste, was ich an diesem Morgen sagte, aber dem schien niemand Beachtung zu schenken. Zumindest bekam ich keine Antwort.

Butt reichte mir stattdessen einen Zettel. Ich erkannte die Handschrift meiner Mutter. Butt meinte, wir sollten den Brief in Anwesenheit eines Arztes lesen. Aber ich hörte nicht auf ihn.

Meine lieben Kleinen,
mir fehlt die Kraft weiter zu kämpfen. Dieses Leben macht mich traurig und laugt mich aus. Ich vermisse euren Vater, und ich weiß, dass ich euch vermissen werde, wenn ich bei ihm bin. Ich muss gehen, damit ihr die Möglichkeit habt,

behütet und besser als bei mir groß zu werden. Ich kann euch nicht mehr beschützen und ich kann auch nicht verlangen, dass ihr mich beschützt. Ich hoffe, ihr könnt mir irgendwann verzeihen und die Schmerzen, die ich euch zugefügt habe, vergessen. Ihr sollt selbst entscheiden, wo ihr hin möchtet.

Ich liebe euch wirklich sehr.

Eure Mutter

»Wie sollen wir denn selbst entscheiden«, fragte ich, »wenn uns keiner will?« Ich weiß nicht, ob sich unsere Oma darüber Gedanken gemacht hatte. Bestimmt hatte sie damals das Gefühl, dass ihr die Verantwortung zu groß war und wir, zwei nicht ganz einfache Kinder, zu anstrengend für sie gewesen wären. Dabei hätten wir gut bei ihr leben können. Sie besaß einen Bauernhof und ein großes Haus mit vielen leer stehenden Zimmern. Aber sie wollte uns scheinbar nicht, und wäre zufrieden gewesen, wenn wir bei André Butt geblieben wären, den sie schon immer als den besseren Mann für unsere Mutter empfunden hatte. Der könne wenigstens anpacken, hatte sie immer zu unserer Mutter gesagt. Sie konnte sich bestimmt nicht vorstellen, wie Recht sie damit hatte.

Der Tod meiner Mutter und vor allem die Zeit kurz danach prägten mich mehr als alles andere in meinem Leben. Ich hoffte so sehr, dass sie zurückkommen würde. Und ich konnte einfach nicht verstehen, warum sie das getan hatte. Das Bild meiner Mutter auf dem Dachboden hatte sich fest in mein Gedächtnis gebrannt, es war da, wenn ich die Augen schloss und verfolgte mich bis in meine Träume. Dabei flößte es mir keine Angst ein, aber es machte mir immer wieder unerbittlich klar, dass es wirklich meine Mutter war, die ich dort mit einer Wäscheleine aufgeknüpft gesehen hatte.

Ich holte oft die Kiste mit den Zetteln heraus, die meine Mutter geschrieben und die ich gesammelt hatte. Nach dem Tod unseres Vaters hatte ich damit gegen meine Panik angekämpft, und mit dem Selbstmord meiner Mutter wurde die Kiste mit den im Grunde wertlosen Schriftstücken zu meinem teuersten und wichtigsten Schatz. Ich saß stundenlang am Fenster, hatte die Kiste mit den Zetteln auf meinem Schoß, hielt sie ganz fest und wartete auf etwas, ohne zu wissen, worauf. Ich hoffte, dass diese seltsamen Gefühle bald verschwänden, dass das Loch, das ich in mir spürte, wieder gefüllt würde und ich begreifen würde, was passiert war. Ich vermisste meine Mutter und war traurig und neidisch, wenn ich sah, dass andere das haben durften, was mir so plötzlich verwehrt blieb. Aber am meisten verspürte ich Wut auf sie und darauf, dass sie uns allein gelassen hatte.

Noch im Krankenhaus besuchte uns eine Tante, die gerade erst durch einen Anruf erfahren hatte, dass unsere Mutter tot war. Sie hatte gerade unter der Dusche gestanden, als das Telefon klingelte. Noch mit nassen Haaren hatte sie sich auf den Weg zu uns gemacht. Sie war erschüttert und unsicher. »Erst mein Bruder, dann meine Schwägerin«, sagte sie immer wieder.

Damals lernte ich, dass Trauer ein zwiespältiges Ding ist. Alle verhalten sich befremdlich. Alle sind betroffen und hilflos und möchten das Thema am liebsten wegschweigen. Und im nächsten Moment hängen sie sich ans Telefon, laufen durchs Dorf oder durch die Straße und erzählen jedem, der es wissen will, und auch denen, die es nicht interessiert, von dem Trauerfall. Dann fangen sie an, über die Gründe zu spekulieren. Meist tut man dies mit Menschen, die den toten Menschen nur sehr flüchtig kannten. Im Fall eines Selbstmords wird dann der Tote verurteilt oder die Schuld wird den direkten Hinterbliebenen zugeschoben. Wenn jemand stirbt, dann wird darüber gesprochen. Wenn sich jemand erhängt, dann lästert man darüber. Die Tatsachen werden verdreht, und auf einmal ist auch das Leben der Zurückgelassenen ein ganz anderes.

Unsere Tante und unsere Großeltern wohnten in dem Dorf, indem auch wir noch am gleichen Tag ein neues ›Zuhause‹ finden sollten. Da dort jeder jeden kannte, entstanden Gerüchte, die sich wie ein Lauffeuer unter den Einwohnern ausbreiteten. Dea erzählte mir später, dass unsere Straße schon vor Sonnenaufgang Bescheid gewusst hatte. Ein Teil der Leute hätten vor dem Haus gewartet, bis der Sarg heruntergebracht worden wäre. »Das muss gegen sieben Uhr gewesen sein«, sagte Dea, die zu diesem Zeitpunkt gerade von ihrer Nachtschicht zurückgekommen war. Man hätte schon für meine Schwester und mich die Särge bestellt, sagte mir eine Frau aus der Nachbarschaft scherzhaft, als ich nach langer Zeit meinem ehemaligen Zuhause einen Besuch abstattete. Und es wäre kein Wunder gewesen, dass sich unsere Eltern das Leben genommen hätten, denn wir wären ja schon sehr anstrengende Kinder gewesen. Das sollte ich natürlich nicht als Vorwurf verstehen, schob sie noch schnell hinterher. Sie wollte nur zeigen, dass sie Anteil genommen und sich Gedanken gemacht hatte.

Diese Gedanken haben mich kaputtgemacht. Es war mir damals nicht klar, dass meine Eltern für ihr Tun selbst verantwortlich waren. Ich dachte nur daran, dass meine Schwester und ich uns oft gestritten hatten, obwohl wir unsere Zeit besser darauf verwendet hätten, genauer auf die beiden zu achten. Ich dachte immer wieder, dass wir es hätten verhindern können.

Nachdem unsere Großeltern wieder gefahren waren, kam eine Frau vom Jugendamt, und wir erfuhren, dass wir schon einer Pflegefamilie zugeteilt worden waren. Man entließ uns noch am selben Tage aus dem Krankenhaus, wünschte uns alles Gute und sagte, dass man an uns denken würde. Ich habe nie verstanden, warum Menschen meinen, in bestimmten Situationen so etwas sagen zu müssen. Mir hat es nie geholfen, und ich mag diese nutzlosen Floskeln nicht.

KAPITEL 5

Neue Familie?

Seltsam war es, das Krankenhaus auf eigenen Beinen zu verlassen und mit der Pflegemutter, die Heike hieß, in einem kleinen sauberen blauen Polo davonzufahren. Auf der Fahrt zu unserem neuen Zuhause kamen wir auch an unserem alten Haus vorbei. Darin waren wir aufgewachsen und hatten lange Zeit darin gelebt. Für mich stand an diesem Ort die Welt still, hier hatte sich nichts verändert. Es schien kein Tag vergangen zu sein, und doch hatte sich für mich selbst alles verändert. Ich fühlte, wie absurd die ganze Situation war. Ich fuhr an dem Ort vorbei, an dem ich groß geworden war. Dort hatte ich fast vierzehn Jahre gemeinsam mit meinen Eltern verbracht. Aber nun ging es nicht zum Besuch unserer Großeltern, und wir kamen auch nicht von dort zurück. Wir hatten einfach eine neue Familie. Und wir hatten sie uns nicht einmal selbst aussuchen dürfen.

Ich wollte nach Hause. Ich wollte aus diesem Albtraum erwachen. Ich wäre ganz sicher ein lieberes Kind gewesen, wenn man mir nur gesagt hätte, dass alles nur ein Scherz, eine Art Puppenspiel wäre.

Hätte ich damals, als wir an unserer Kindheit vorbeifuhren, schon gewusst, dass ich dieses Gefühl noch Jahre später haben würde, hätte ich vermutlich verlangt, dass wir stehen bleiben, um mich davon zu überzeugen, dass alles wirklich passiert war. Vielleicht ist Schweigen keine Lösung, und in der ganzen schweren Zeit fehlten nur die richtigen Worte, die man einfach nicht fand. Nirgends gab es diese Worte. Sie schienen sich zu verstecken. Im Auto. Im Krankenhaus. Auf dem Dachboden. Im Kinderzimmer. Vielleicht hatte ich sie verloren. Oder ich hatte mir nicht genügend Mühe gegeben. Ich hasste, liebte, verfluchte, brauchte und verwünschte meine Mutter, und vor allem sehnte ich mich nach ihr. Sie war weg, und die Frau am Lenkrad sollte sie nun ersetzen. Ich ahnte, dass das nicht funktionieren konnte. Das also war die ›eigene Entscheidung‹ über unser weiteres Schicksal, die unsere Mutter für uns geplant hatte.

Bald schon kamen wir an dem Haus der Pflegefamilie an. Der Pflegevater, der uns die Tür öffnete, war mindestens zwanzig Jahre älter als die Frau. Er stellte sich als Reiner vor, hatte graue Haare und ein Gesicht, dem man die Jahre ansah. Neben ihm stand ein dicker kleiner Hund, der mit dem Schwanz wedelte und sich zu freuen schien. Reiner sagte, dass der Hund Susi hieße.

Unsere notdürftig zusammengepackten Taschen wurden in den ersten Stock gebracht. Das Haus ist wie das Auto, dachte ich, alles ist so sauber, fast steril. Überall gab es Fliesen und weiße Wände. Es gab einen Eckkamin und eine Ledercouch. Alles kam mir groß und weiträumig vor. Wir erfuhren, dass der Dachboden ausgebaut werden sollte, damit jeder von uns ein Zimmer hätte. Man plante also schon. Das war für ewig, so schien es mir zumindest, und ich fröstelte, obwohl es warm war.

Ich fragte, ob ich telefonieren dürfte.

»Klar«, sagte Reiner, »kein Problem. Wieso auch nicht?« Wir sollten nicht fragen, sondern einfach das machen, was wir wollten.

Ich zog den Organizer aus meiner Hosentasche. »Der ist von Mama«, sagte ich. Noch heute weiß ich, wie weh es tat an diesem fremden Ort zu sein und meine Mutter so sehr zu vermissen. Tränen stiegen mir in die Augen. Reiner meinte, dass Indianer nicht weinen würden. Aber was machen sie dann?

Ich schluckte die Tränen hinunter und griff nach dem Telefonhörer. Ich hatte nicht darüber nachgedacht, wen ich anrufen sollte, aber Carola kam mir in den Sinn, und so wählte ich ihre Nummer. Ich hoffte, dass sie zu mir kommen würde. Sie hatte mich auch nach dem Tod meines Vaters zu trösten gewusst.

Als sie sich meldete, sagte ich ihr, dass unsere Mutter gestorben sei. Sie fragte, ob das ein schlechter Scherz wäre, doch ich spürte, dass sie mir glaubte. Sie wollte kommen, und ich fragte die Leute nach ihrer Adresse.

Erst einmal sei es besser, wenn wir keinen Besuch bekämen, erklärte die Pflegemutter Carola dann am Telefon, und Carola kam nicht. Danach rief ich Anja an, eine Freundin unseres Vaters, die er aber durch Nathalie und mich kennen gelernt hatte. Sie durfte kommen. Man wollte offensichtlich nur nicht, dass wir Kontakt zu Carola hatten. Man hielt sie selbst jetzt noch von unserem Leben fern.

Als Anja kam, saßen meine Schwester und ich auf der braunen Ledercouch in unserem neuen Zimmer. Wir redeten nicht. Das hatten wir den ganzen Tag nicht getan. Ich versuchte die ganze Zeit einen Punkt an der weißen Wand zu fixieren, ohne zu zwinkern. Das war wie ein kleines Spiel mit mir selbst, um nicht nachdenken zu müssen.

Anja klopfte und trat ein. Sie war eine kleine mollige Frau, hatte kurze blonde Haare und rote Strähnen. Als sie sich vor uns hinhockte, knackten ihre Kniegelenke. Sie verharrte still, schaute uns nur an und wirkte hilflos, so als ob sie nicht wüsste, was sie jetzt tun sollte.

»Ich will nicht mehr leben«, sagte ich zu Anja. Ein Fehler, der mir noch lange nachgetragen werden sollte. Sie belehrte mich, dass es weitergehen würde und dass ich jetzt die Verantwortung für meine kleine Schwester hätte. Nathalie hatte, nachdem ich den Satz ausgesprochen hatte, angefangen zu weinen, und Anja sagte nun, dass man sich nicht so einfach aus dem Staub machen dürfe. Ich müsste doch schließlich am besten wissen, wie sich das für die Hinterbliebenen anfühlte.

Weil ich gesagt hatte, dass ich am liebsten nicht mehr leben würde, schlossen uns die Pflegeeltern in den ersten Nächten in unserem Zimmer ein.

Am ersten Abend wurde uns zu Ehren ein Grillfest veranstaltet. Es waren auch Verwandte von uns eingeladen. Die Pflegeeltern sagten, dass sie sich freuten, jetzt endlich Kinder zu haben, nachdem es ihnen so viele Jahre verwehrt geblieben war. Mir kam es vor, als würden sie damit versuchen, den traurigen Anlass schönzureden. Bei Bratwurst und Bier wurde auch über die Beerdigung geredet. Ich fand das alles so seltsam. Ich mochte nicht zuhören, wie man über uns und unser Leben sprach. Wie man meinte, darüber urteilen zu können, wie es uns ginge und was aus uns würde. Und ich konnte das Lachen dieser Leute nicht ertragen. An diesem Tag wurde viel gelacht und so getan, als wäre nichts. Meine Oma, die Mutter meines Vaters, sagte zu den Pflegeeltern, dass man auf mich aufpassen müsse. Ich sei schließlich Mamas Liebling gewesen, deswegen hätte ich den Tod meines Vaters schnell verwunden, aber den meiner Mutter würde ich nicht verkraften.

Ich konnte nicht glauben, was ich da hörte. Für diese Worte hätte ich ihr die Steakgabel ins Herz stoßen können. Aber ich ging zurück ins Haus und setzte mich aufs Sofa. Ich wartete. Vielleicht darauf, dass die Sonne unterging oder dass ich müde wurde. Aber wenn man darauf wartet, dann passiert es nicht. Also verließ ich das Haus irgendwann unbemerkt durch die Terrassentür. Ich kletterte einen kleinen Abhang hoch, von dem aus man direkt auf die Hauptstraße kam. In dem Ort, in dem wir von da an leben sollten, lebten auch die Eltern meiner Mutter und dort war auch der Friedhof, auf dem schon mein Vater beigesetzt war. Ich wusste nicht, wohin ich wollte. Ich lief einfach nur die Hauptstraße entlang, den Blick auf den Boden geheftet. Rechts von mir floss ein kleiner Bach. Aus vielen Gärten hörte man ebenjenes Gelächter, das ich auch vor diesem Haus mit dem dicken Hund gehört hatte. Überall roch es nach verbranntem Fleisch und glühender Holzkohle. Es war Sommer und noch taghell. Um sechs läuteten die Glocken der Dorfkirche. Dann und wann fuhr ein Auto an mir vorbei. Alles war lebendig und doch ausgestorben. Ich wusste, dass viele das Dorf idyllisch fanden. Ich lief vorbei am Haus meiner Großeltern, kurz darauf auch am Friedhof, dort richtete ich kurz meinen Blick zum Himmel, obwohl ich eigentlich nicht gläubig war. Ich wünschte mir, dass dort oben etwas wäre und dass die beiden mich sehen könnten. Ich wollte, dass sie sich dafür schämten, was sie getan hatten.

Irgendwann bog ich rechts auf einen Feldweg ab, von dem aus man zu einer kleinen Schafskoppel gelangte. Dort waren meine Schwester und ich häufiger gewesen, wenn wir unsere Großeltern besucht hatten. Im Sommer standen die Tiere Tag und Nacht draußen. Sie blökten, als ich mich ihnen näherte, und es schien mir wie das erste sinnvolle Geräusch, das ich an diesem Tag hörte. Ich mochte diese pelzigen Dummköpfe. Sie ließen sich von mir streicheln, ihr Fell stank und war widerspenstig fettig. Ich setzte mich auf den Boden vor den elektrischen Zaun und schaute zu, wie die Tiere fraßen. Es war ein beruhigender und befreiender Ort zugleich für mich, denn dort kam niemand vorbei. Ich konnte meinen Tränen freien Lauf lassen und musste keine Angst haben, dass mich jemand ansprach oder mir sagte, dass Indianer nicht weinen.

Die Bilder des Tages gingen mir nicht aus dem Kopf. Ich wollte verstehen, was passiert war und was das für mich bedeutete. Ich suchte nach Lösungen und Schlupfwinkeln, mit denen ich mich aus dieser Situation befreien könnte. Aber ich fand keinen Ausweg. Und Flennen half auch nichts. Der Klumpen in meiner Brust blieb, aber irgendwann kamen keine Tränen mehr. Meine Gedanken drehten sich im Kreis. Ich suchte weiter verzweifelt nach dem verfluchten Detail, das ich bisher übersehen hatte, und versuchte, den Sinn des Ganzen zu begreifen. Aber es war vergeblich. Es gab nichts, was ich hätte tun können.

Als ich zurückkam, war die Hölle los. Ich hätte doch nicht einfach so weglaufen dürfen, sondern hätte Bescheid sagen müssen. »Nicht auszudenken, wenn dir etwas passiert wäre«, sagte Heike immer wieder kopfschüttelnd. »Wir haben uns solche Sorgen gemacht!«

Meine Schwester saß in unserem Zimmer auf der Couch und hatte ihr Gesicht in den Händen vergraben. Sie wirkte klein und verletzlich. Ich musste daran denken, dass das Märchen von Hänsel und Gretel nicht stimmte. Wenn man von den Eltern weg ist, dann rückt man als Geschwister nicht automatisch näher zusammen. Wir bemühten uns nicht umeinander. Sie tat mir zwar leid, aber mehr empfand ich nicht. Es gab keinen Funken, der mich dazu brachte, sie in die Arme zu nehmen oder ihr zu sagen, dass ich nicht auch noch weggehen würde. In mir war einfach kein Platz für solche Gedanken, Gefühle oder Worte.

Fünf Tage nach ihrem Tod fand die Trauerfeier für unsere Mutter im Krematorium statt. Es war nicht weit von meinem Geburtsort entfernt. Vier Wochen waren vergangen, seitdem ich das letzte Mal an diesem Ort gewesen war.

Auf der Fahrt zur Trauerfeier meines Vaters lief im Autoradio ›The Last Unicorn‹ von America. Ich war aufgeregt, weil ich zu diesem Zeitpunkt noch nie einen toten Menschen gesehen hatte. Nie zuvor war ich einem Sarg so nahe gewesen. Man hatte uns kaum darauf vorbereitet. Unser Vater würde geschminkt sein und ein Nachthemd tragen, hatte unsere Mutter gesagt. Er würde aussehen, als schliefe er. Aber alles war ganz anders: Der Sarg stand hinter einer Glasscheibe, abgetrennt vom Besucherraum, in dem mehrere Stuhlreihen aufgestellt waren. Ein Mann vom Beerdigungsinstitut machte Fotos und sagte unserer Mutter, dass sie Abzüge bestellen könnte. Die Leiche im Sarg hatte nur wenig Ähnlichkeit mit unserem Vater. Es war ein toter alter Mann, dessen Gesicht eingefallen war. Seine Augen waren geschlossen und sein Mund verzogen. Die Hände lagen verschränkt auf seinem Bauch, und am Hals konnte man die Stellen sehen, in welche sich der Strick eingeschnitten hatte. Ich konnte nicht heulen, als ich ihn so sah. Ich hatte das Gefühl, meine Oma würde mich missbilligend beobachten, daher verließ ich den Raum nach einer Weile.

Auch diesmal lief auf der Fahrt zum offenen Sarg das Lied über das letzte Einhorn. Für mich war das ein Zeichen. Vielleicht dachten sie an uns. Oder es war alles ein Rätsel, das wir lösen mussten. Es war ganz bestimmt eins. Und wenn wir die Lösung hätten, dann würde man uns sagen, dass alles nur ein Spiel war. Unsere Eltern hatten nur ein bisschen Urlaub von uns gebraucht. Oder sie wollten uns damit beibringen artig zu sein. So war es, ganz bestimmt.

Ich konnte ihren Tod nicht einfach so hinnehmen. Ich ergriff jeden Strohhalm, und sei er auch noch so dünn. Meine Gedanken kreisten die ganze Zeit nur darum, einen Ausweg zu finden.

Ich war dieses Mal nicht aufgeregt, als wir aus dem Auto stiegen. Es waren weniger Menschen da als bei der Trauerfeier meines Vaters. André entdeckte ich sofort. Er stand bei den Eltern meiner Mutter. Sie schienen sich angeregt zu unterhalten und wirkten, als würden sie nicht zur Trauergemeinde gehören. Ich fragte mich, ob er schon eine neue Frau gefunden hatte.

Wenig später liefen wir den kleinen Hügel zum Krematorium hinauf. Ich war immer noch nicht aufgeregt, mir war nur etwas beklommen zumute. Doch das war vorbei, als ich das Gebäude erblickte. Meine Knie wurden weich, und ich bekam Angst. Bald darauf konnte ich sehen, dass die Tür des Krematoriums offen stand. Eine Frau wartete vor dem Gebäude auf uns. Je näher wir kamen, desto deutlicher konnte ich die Scheibe erkennen, hinter der unsere Mutter aufgebahrt sein musste. Erst als wir am Eingang angelangt waren, erkannte ich ihr Gesicht. Sie schien zu schlafen. Ich verlor das Bewusstsein.

Die nächsten Tage nahm ich nur sehr verschwommen wahr. Ich war seit der Ohnmacht krank, hatte hohes Fieber und konnte keine Nahrung bei mir behalten. Die Ärztin meinte, dass sich mein Körper gegen das wehrte, was passiert sei, und dass in meinem Blut ein Stoff nachgewiesen werden konnte, der sonst eigentlich von der Leber verarbeitet werden würde.

Zwischen Delirium, Trauer und Schlaf kam der Pfarrer zu uns. Er bat uns darum, zwei Gedichte für die Beerdigung unserer Mutter herauszusuchen. Meine Mutter war zwar ebenso wenig gläubig wie wir, aber da er sie kannte und schätze, wie er damals sagte, wollten meine Großeltern, dass er auf ihrer Beisetzung sprach. Nathalie meinte, dass ich das machen solle. Ich wählte zwei Gedichte aus *Flucht in die Wolken* von Sybille Muthesius aus. Das Buch hatte meine Mutter mir kurz vor ihrem Selbstmord geschenkt. Hatte ich dabei auch etwas übersehen? Welche Mutter schenkt ihrem vierzehnjährigen Sohn denn ein Buch, in dem es um ein Mädchen geht, das mit dem Leben überfordert ist und sich umbringt?

Fünf Tage nach dem Besuch des Pfarrers ging es mir immer noch nicht besser. Eigentlich war eher das Gegenteil der Fall, und so hieß es schon am Morgen, dass ich nicht zur Beerdigung gehen dürfte. Ich fühlte mich hilflos wie ein Fisch auf dem Trockenen. Mein verdammter Körper funktionierte nicht so, wie er sollte, und man verbot mir deswegen, mich von meiner Mutter zu verabschieden. Das wollte und konnte ich so nicht geschehen lassen. Ich hätte mir sonst später vorgeworfen, dass ich nicht alles versucht hatte. Deswegen schrie ich, heulte, flehte und hoffte, dass meine Pflegeeltern diese Entscheidung noch einmal überdenken würden. Und tatsächlich, irgendwann gaben die Erwachsenen nach und riefen meine Ärztin an. Diese hatte mich schon drei Tage zuvor zur Beobachtung in ein Krankenhaus einweisen wollen, aber Pflegefamilie und Jugendamt waren der Meinung gewesen, dass man meine Schwester und mich jetzt nicht auseinanderreißen durfte, wenn es nicht unbedingt nötig war. Für mich hatte die Nähe zu meiner Schwester zu diesem Zeitpunkt überhaupt keine Bedeutung. Es fühlte sich an, als sei sie genauso wie alles andere einfach weg. Wir bewegten uns in entgegengesetzte Richtungen. Während ich noch mit dem Ekel kämpfte, Nahrung von fremden Menschen zu mir zu nehmen, spielte sie mit dem Hund, wirkte manchmal sogar unbeschwert und umarmte unsere Pflegemutter. Sie konnte fernsehen, ohne den Blick von dem Gerät zu wenden, wohingegen ich die Fernsehbilder, die oft von Familien erzählten, nicht ertragen konnte und losheulen musste.

Die Ärztin erlaubte zögerlich, dass ich zu der Beerdigung meiner Mutter gehen dürfte, vermutete aber zugleich, dass mir diese Stresssituation nicht gut tun würde und empfahl, mich danach gleich wieder ins Bett zu stecken. Mehr wollte ich auch gar nicht.

Das kurze Stück zum Friedhof fuhren wir mit dem Auto. Die Sonne schien, es war angenehm warm. Und wieder waren erst vier Wochen vergangen, seit ich mich zuletzt auf den Weg zu diesem Ort gemacht hatte. Beim letzten Mal hatte ich eine seltsame Spannung verspürt. Ich hatte nicht gewusst, wie eine Beerdigung ablief. Es regnete, und ich deutete den Regen als die Tränen unseres Vaters, der im Himmel saß und seine Tat bereute. Der gesamte Friedhofsvorplatz war voller Menschen. Den größten Teil dieser Leute kannte ich nicht. Meine Mutter sah verunsichert aus, auch sie schien nicht alle einordnen zu können. Die Traube aus Menschen gab den Weg für uns frei. Das erschien mir ganz normal. Die Kinder und die Frau des Mannes, den man nun beisetzte, mussten nach vorn.

Es war eine kurze, irgendwie lieblose Zeremonie. Ich erinnere mich daran, dass jemand sagte, ein Mensch sei erst dann wirklich tot, wenn er auch aus den Herzen der Hinterbliebenen verschwunden ist. Mir kamen diese Worte nichts sagend vor. Kurz darauf wurde die Urne in den Boden gelassen. Sieht aus wie eine kleine Vase, dachte ich damals und fand es seltsam, dass nur so wenig von einem Menschen übrig bleibt. Ich heulte nicht, sondern schaute nur ins Leere und dachte über alles Mögliche nach, versuchte die Regentropfen zu zählen und warf Blumen in das Loch auf die ›Vase‹. Eigentlich hätte ich danach gehen wollen. Aber meine Mutter ergriff mich am Arm und meinte, dass wir als Letztes gehen müssten. Das gehöre sich so. Ich weiß nicht mehr, wie viele Hände ich schütteln musste und wie oft ich ungewollt umarmt wurde. Die Beileidsbezeugungen konnte ich kaum mehr zählen und stellte fest, dass diese Bekundung des Mitfühlens schon nach dem zwanzigsten Mal für mich die Bedeutung verloren hatte.

Diesmal, bei der Beerdigung meiner Mutter, hatten sich wesentlich weniger Menschen auf dem Friedhof versammelt, als wir aus dem Auto ausstiegen. Ich kannte sie alle. Die Verwandten waren noch nicht einmal vollzählig. Zusammen mit dem Lebensgefährten meiner Mutter waren es etwa zehn Leute. Das war erschreckend, denn es zeigte, wie allein sie war und wie wenig Interesse man ihr entgegenbrachte. Das war für mich kaum zu verstehen, denn ich fühlte einen deutlichen Unterschied zu der letzten Beerdigung. Sie fehlte mir mehr als er. Es war schlimmer, ihretwegen hier zu sein. Es war sogar sehr viel schlimmer.

Meine Verwandten erschraken, als sie mich sahen. Ich sei blass und würde überhaupt nicht gut aussehen. Na klar doch. Warum sollte ich auch gut aussehen? Ich sah vermutlich so aus, wie ich mich fühlte. Mir war furchtbar schlecht. Meine Beine zitterten, und ich fror trotz des warmen Wetters.

Diesmal fand die Zeremonie nicht am Grab statt, sondern auf der Wiese vor einer kleinen Kapelle. Auf einer Säule stand wieder eine Vase. Sie ähnelte dem Gefäß, in dem auch die Asche meines Vaters beigesetzt worden war. Ich setzte mich auf den Rasen und lehnte mich an einen Baum. Die anderen schauten mich besorgt an, aber keiner sagte etwas. Mir fiel es schwer, die Augen offenzuhalten, weil das Licht der Sonne zu grell war und ich eine große Müdigkeit verspürte. Aber ich zwang mich dazu, wach zu bleiben. Das machte meine Augen von ganz allein feucht, aber jeder Blick auf die Urne mischte echte Gefühle dazu. Gerade dieser Moment machte mir unmissverständlich deutlich, dass ich noch lebte. Ich wusste nicht, wie lange ich dieses Gefühl noch ertragen können würde. Und ich sehnte mich mehr als je zuvor danach, dass all die schlechten Gefühle endlich verschwanden.

Irgendwann kam der Pfarrer hinzu. Er stellte sich neben die Säule und begann zu erzählen. Er sagte nicht, dass wir zusammengekommen wären, weil wir den Tod eines Menschen betrauern würden. Er begann damit, von der Verantwortung zu sprechen, die jeder der Anwesenden hätte. Er war der Ansicht, es läge in der Verantwortung aller Menschen, die an diesem Tag zusammengekommen waren, Schlimmeres zu verhindern und den Kreislauf zu durchbrechen, in den meine Schwester und ich geraten könnten, wenn wir fielen und uns keiner auffinge. Er sprach auch von der Verantwortung, aus der sich unsere Eltern davongestohlen hätten. Ihnen hätte die Kraft gefehlt für das ›laute Leben‹.

»Ich habe die Kinder in dieser Woche besucht«, sagte der Pfarrer dann, »weil ich gern gewusst hätte, was sie sich für diese Beerdigung wünschen. Aber ich fühlte mich hilflos, weil ich zwei Kindern begegnete, die beide unterschiedlich mit dem Geschehenen umgehen: Nathalie ist ganz leise und in sich zurückgezogen. Timm ist krank und hat resigniert.« Er atmete hörbar aus. »Es sind traurige Geschwister mit vielen Fragen«, fuhr er fort.

Dann erzählte er von meiner Mutter. Er sprach davon, dass er sie persönlich gekannt und geschätzt hatte. Sie würde im Leben aller Menschen, die sie gekannt hatten, eine nicht mehr zu füllende Lücke hinterlassen.

Man half mir auf die Beine, als die Urnenträger kamen. Nathalie lief neben mir her. Die Urne unserer Mutter wurde neben unserem Vater im Familiengrab beigesetzt. Dieser Platz war ursprünglich für unsere Oma gedacht gewesen, sie hatte ihn jedoch abgetreten, weil sie uns lange Wege ersparen wollte, wenn wir unsere Eltern auf dem Friedhof besuchten.

Ich schluchzte, als man das Gefäß mit den Überresten meiner Mama in das Loch im Boden ließ. Die Tränen kam von ganz allein, alles zog sich in mir zusammen und tat weh. Nathalie nahm meine Hand. Die Mittagssonne brannte vom Himmel herab, es war nicht eine Wolke zu sehen. Vielleicht waren sie jetzt glücklich vereint. Eine nette, aber keine versöhnliche Vorstellung.

KAPITEL 6

Versuche, die kläglich scheiterten

Es dauerte noch etwa drei Wochen, bis ich wieder vollkommen gesund war. Es fühlte sich jedoch nicht so an. Mit dem zurückkehrenden Appetit kam auch das schlechte Gewissen: Warum sollte ich essen, wenn es die beiden nicht mehr konnten? Wer erlaubte mir, wieder zu lachen? Wann durfte ich auch wieder andere Farben tragen als Schwarz? Wie oft musste ich zum Friedhof gehen?

Ich merkte, wie sich der Alltag einschlich. Es fiel mir schwer zu akzeptieren, dass ich nun in einer neuen Familie lebte, aber seit dem Besuch der Frau vom Jugendamt war es amtlich, und es gab eine Bestallungsurkunde. Die Vormundschaft war damit offiziell an Heike und Reiner übertragen.

Wo keine Probleme waren, da machte ich mir welche. Zumindest kam es mir so vor. Hunger zu spüren, traurig zu sein, Bauchschmerzen zu haben und all diese Dinge zeugten davon, dass ich am Leben war. Deswegen versuchte ich auf das Essen zu verzichten, was jedoch nicht ganz einfach war. Ich war weder darin geübt, den Hunger zu unterdrücken, noch konnte ich allen Mahlzeiten entgehen und ohne Ausrede die Nahrung verweigern. Manchmal kam dann der Heißhunger, und ich aß zu viel auf einmal, bis mir schlecht wurde. Wenn ich mich willentlich übergeben wollte, funktionierte das zunächst nicht. Aber ich las verschiedene Jugendzeitschriften, die mir ausreichend Tipps gaben, was ich tun musste, um mich zu erbrechen. Ich lernte, mir den Finger in den Hals zu stecken, stellte aber fest, dass es auffallen würde, wenn ich es häufiger tat. Lauwarmes Wasser mit Salz erfüllte den gleichen Zweck, ohne dass man zuvor unzählige Male würgen muss, wodurch die kleinen Äderchen in den Augen platzen. Längst schon aß ich nur noch vegetarisch, so dass die Auswahl von dem, was ich essen konnte, geringer war. Die Diskussionen bei Tisch nahmen dadurch jedoch stetig zu. Mir war klar, dass ich nicht konsequent genug war. Die Bauchschmerzen und das Brennen im Hals, der Hunger und die Konzentration darauf, nichts essen zu wollen, laugten mich aus. Wenn ich normal aß, suchte ich mir andere Möglichkeiten, durch die ich mich lebendig fühlen konnte. Ich stach mich mit dem Zirkel in den Arm. Ich zerkratzte mich. Ich schlug den Kopf gegen die Wand. Bücher und Zeitschriften, die anderen dabei helfen sollten, auffälliges Verhalten zu erkennen oder etwas dagegen zu tun, waren die besten Anleitungen für mich. So fing ich an zu lesen, und ich las viel. Das kam mir nach den sechs Wochen Sommerferien und den vorangegangenen Wochen, in denen ich krankgeschrieben gewesen war, in der Schule sehr zugute. Ich verbesserte mich im Deutschunterricht und musste nun auch nicht mehr nach Entschuldigungen suchen, warum ich mich ins verdunkelte Zimmer zurückzog. Reiner, der Pflegevater, sah das gar nicht gern. Ich glaube, für ihn sollte ich ein Junge, oder besser ein junger Mann sein, der ihm im Garten half, mit ihm am Haus herumwerkelte, gern in der Natur war und Fußball liebte. Für all das war ich nicht zu begeistern. Außerdem hatte ich eine Abneigung gegen diesen Mann. Es entwickelte sich nie ein rechtes Verhältnis zwischen uns. Gespräche, die länger als drei Minuten waren, gab es kaum.

»Wie war's in der Schule?«

»Gut.«

Alles was ich damals tat, war in irgendeiner Weise zerstörerisch. Ich wollte mich für das, was ich glaubte verschuldet zu haben, selbst bestrafen. Verbunden mit meiner Wut, meiner Trauer und meiner Einsamkeit, war dies ein explosives Gemisch. Ich hatte das Gefühl, dass jeder darauf wartete, dass etwas passierte, aber keiner schien wirklich zu merken, was in mir und mit mir vor sich ging. Alle schienen eine Ahnung zu haben, aber niemand wusste die Wahrheit, denn ich hielt sie geheim und redete mich heraus, sooft ich konnte.

Es waren knapp drei Monate vergangen, nachdem meine Mutter beigesetzt worden war, als meine Schwester und ich erfuhren, dass unsere Uroma, die Großmutter unserer Mutter, im Sterben lag. Wir hatten keine Beziehung zu ihr, kannten sie nur als Pflegefall, den unsere Oma betreute. Doch mit ihrem Tod war eine finanzielle Frage verbunden, die meine Oma nun mit allen Familienmitgliedern klären musste. Ihre Idee war es, unsere Mutter in ein anderes Familiengrab umbetten zu lassen. So hätte nicht sie die Kosten für die Grabstelle bezahlen müssen, sondern meine Schwester und ich, da wir die Haupterben unserer Eltern waren. Eine konfuse Logik, die ich nicht verstand, die mich jedoch erschreckte, als sich nach und nach herausstellte, was sie in dieser Hinsicht schon unternommen hatte. Die Friedhofsverwaltung hatte schon ihre Zustimmung gegeben und der Antrag beim Gesundheitsamt lief. Ein Kleinkrieg begann zwischen den Familien meiner Eltern, und dabei ging es auch um meine Schwester und mich. Wir erfuhren erst zu diesem Zeitpunkt, dass die Arbeitsstelle unserer Mutter für uns beide gesammelt und ein Konto eingerichtet hatte. Da die Verwandtschaftsverhältnisse undurchsichtig waren, wurde das Konto unseren Großeltern übergeben, die uns davon jedoch nichts erzählten. Beileidskarten, die an unsere frühere Adresse gesendet wurden, nahmen die Eltern unserer Mutter entgegen. Angeblich verschwanden dabei beiliegende Geldscheine. Uns wurde versichert, dass man ein Sparbuch auf unseren Namen eingerichtet hätte, auf das wir zugreifen könnten, wenn wir volljährig wären. Doch dieses Sparbuch konnte nie ausfindig gemacht werden. So wie es aussah, waren auch viele Sachen aus der Wohnung unserer Mutter verschwunden, und was mit den Katzen und Schildkröten geschehen war, konnte mir keiner erklären. Die Familien unserer Eltern gerieten darüber in Streit. Anstatt jedoch Partei zu ergreifen, wie es von uns verlangt wurde, zogen meine Schwester und ich uns zurück.

Wir spürten fast so etwas wie Erleichterung, als es dann hieß, dass unsere Uroma gestorben wäre, bevor die Genehmigung zur Umbettung durch das Gesundheitsamt erteilt worden war. Dieser Umstand zwang unsere Oma, die Grabstelle zu bezahlen, und es gab keinen Grund mehr, die Grabruhe unserer Mutter zu stören.

Nachdem langsam wieder Ruhe eingekehrt war, begann ich mich für rechtliche Fragen in unserer Situation zu interessieren. Es war jedoch sehr mühsam herauszufinden, was für uns hätte wichtig sein können. Aber es hatte mich misstrauisch gemacht, dass die finanziellen Verhältnisse ungeklärt waren und sich anscheinend niemand in diesen Belangen für uns einsetzte. Ich wusste von meiner Mutter, dass unser Vater eine Lebensversicherung abgeschlossen hatte, dessen Begünstigte eine Tante von uns war, mit der es eine Vereinbarung gab, dass das Geld für meine Schwester und mich bestimmt war. Zudem war ich mit meiner Mutter bei der Rentenversicherungsstelle gewesen, und sie hatte mir erklärt, dass wir Anspruch auf Halbwaisenrente hätten. All das geriet in Vergessenheit, als sie starb, genau wie die Lebensversicherung, die sie abgeschlossen hatte und deren Begünstigte meine Schwester und ich waren. Niemand klärte uns darüber auf, was mit dem Geld geschehen war. Wir bekamen kein Taschengeld und Kleidung kauften wir in Polen. Immer wenn Heike und Reiner nicht da waren, suchte ich nach entsprechenden Unterlagen, bis ich eine Broschüre zum Thema Vormundschaft fand. Darin erfuhr ich, dass das Vermögen des Mündels ›mündelsicher‹ angelegt werden musste. Ich wusste nicht, was das zu bedeuten hatte, war mir aber sicher, dass das auf uns zutreffen würde. Bei meiner weiteren Suche fand ich jeweils zwei Sparbücher und Wertschatzbriefe auf unsere Namen. Sparbuch und Wertschatzbrief enthielten recht hohe Summen, und ich war vorerst beruhigt. Dennoch wollte ich wissen, warum uns dies niemand gesagt hatte, ob wir Waisenrente bekamen und warum wir kein Taschengeld erhielten.

Als ich diese Fragen stellte, sagten die Pflegeeltern, ich solle nicht in den Schränken herumschnüffeln. Wirkliche Antworten auf meine Fragen bekam ich nicht. Man sagte nur, dass wir viel Geld kosten würden, dass der Dachboden für uns ausgebaut werden sollte und dass ich undankbar wäre. Das bekam ich fortan ständig zu hören.

Im Herbst machte ich ein vierzehntägiges Praktikum in einer Buchhandlung, das mir Carola, die ehemalige Freundin meines Vaters, vermittelte. Das durfte niemand wissen, genauso wenig wie die Tatsache, dass ich noch Kontakt zu ihr hatte. Briefe, die Carola mir geschrieben hatte, waren nie bei mir angekommen. Dies hatte ich erfahren, als ich sie einmal heimlich angerufen hatte. Eine Klassenkameradin half mir, indem sie anbot, Carola könnte die Briefe an sie schicken und sie würde sie mir dann mit in die Schule bringen. Das funktionierte, und so bekam ich ohne große Umstände den Praktikumsplatz in der Buchhandlung. Ich genoss das Praktikum sehr. Endlich war ich wieder zu Hause, jedenfalls fühlte es sich so an: Die Buchhandlung war in meiner Heimatstadt, keine zwei Minuten entfernt von der Straße, in der ich früher gelebt hatte. Die Arbeit bereitete mir Freude, die Kollegen waren sehr nett zu mir, und ich musste nicht nur im Lager arbeiten, sondern hatte auch Kontakt zu den Kunden. Nachmittags besuchte ich Dea oder Carola, traf mich mit meinen alten Freunden oder sah sehnsüchtig hoch zu den Fenstern, hinter denen wir aufgewachsen waren.

Dea lebte mittlerweile bei Herrn Henn, einem alten Mann, um den sie sich kümmerte. Sie schien nicht glücklich, aber zufrieden mit ihrem Leben. Es war ihr wichtig, andere Menschen umsorgen zu können, und sie tat dies rund um die Uhr. Zeit, in der sie über ihr eigenes Leben hätte nachdenken müssen, verbot sie sich, denn das hätte sie krank gemacht.

Carola lebte immer noch mit Armin zusammen. Da ihr Traum von einer eigenen Gaststätte mit meinem Vater gestorben war und sie dafür ihre vorherige Stelle gekündigt hatte, war sie nun arbeitslos. Sie half Armin in seiner Firma und schien oft zu zweifeln, ob ihr Leben in den richtigen Bahnen verlief. Sie zweifelte aber auf andere Weise als Dea. Ihre Gedanken drehten sich um den Beruf und die dadurch fehlende Erfüllung. Mit Armin war sie glücklich. Ich hatte kein Problem damit, den beiden dieses Glück zu gönnen, denn sie nahmen mich immer wieder herzlich auf, und ich fühlte mich bei ihnen wohl.

In der Pflegefamilie erzählte ich, dass wir länger Pause gemacht hatten oder dass ich Überstunden machen musste. Manchmal sagte ich auch, dass die Inhaberin des Ladens mir bei der Führung meines Praktikumsheftes geholfen hatte.

Leider flog drei Tage vor dem Ende des Praktikums alles auf, weil Heike mich im Geschäft besuchen wollte, ich aber nicht da war. Am Abend tischte ich meine übliche Ausrede auf und sie ließ mich auflaufen. Reiner verpasste mir daraufhin eine gepfefferte Ohrfeige, die ich noch Stunden später spüren konnte.

Dann hielt er mir eine Standpauke: Sie hätten mir ja schon vor dem Praktikum verboten, diese Leute zu sehen, und ich hätte sofort nach Feierabend den Bus nach Hause nehmen sollen.

»Das hier ist kein Zuhause und wird es auch nicht sein«, schrie ich ihn an und lief in mein Zimmer.

Heike rief die Mutter meines Vaters und seine Geschwister an. Es dauerte nicht lange, bis zwei Tanten und meine Oma im Zimmer standen und mir vorwarfen, wie undankbar und ungezogen ich wäre.

Ihre Worte trafen mich wie eine Faust genau in die Magengegend. Ich spürte blinden Hass in mir aufsteigen und stellte mir vor, wie ich ihnen wehtun könnte. Mir blieb jedoch nur die Flucht in die zynische Antwort: »Danke, dass ihr mir die Augen geöffnet habt.«

Was meine Pflegeeltern anging, verfuhr ich nach dem Grundsatz ›Ihr habt Recht und ich hab meine Ruhe‹, entschuldigte mich bei ihnen und willigte sogar ein, mich die letzten Tage von der Arbeit abholen zu lassen.

Dies alles änderte nichts daran, dass die Situation noch angespannter war als zuvor. Ständiges Misstrauen beherrschte das Zusammenleben. Immer wieder gab es Streit, und eigentlich hätte man an diesem Punkt das Experiment ›Pflegefamilie‹ für gescheitert erklären müssen. Das jedoch schien niemanden zu interessieren. Das Jugendamt kam nicht mehr vorbei, die Schule bekam nichts mit. Dabei schrie ich nach Hilfe, und zwar so offensichtlich, dass ich nicht verstand, wie es übersehen werden konnte. Ich begann mir in die Arme zu schneiden. Ich warf tagtäglich vor den Augen der Lehrer meine Schulbrote weg, ich störte den Unterricht. Aber niemand sah hin. Gleichzeitig vertraute ich keiner Menschenseele meine Probleme an. Nur bei dem Psychologen, der immer versprach mir zu helfen, machte ich einige Andeutungen. Nie sprach ich jedoch offen mit ihm, weil ich mir nicht sicher war, ob er sich an die Schweigepflicht halten würde. Aber ich hoffte, dass er mir tatsächlich helfen würde, das Gefühl loszuwerden, dass meine Eltern mich verfolgten.

Ich litt unter den Widersprüchen meiner Situation. Einerseits glaubte ich zeitweilig, es sei alles eine Verschwörung; ich war ein böser Junge, und in Wirklichkeit lebten meine Eltern noch, ich musste sie nur finden und beweisen, dass ich lieb war. Andererseits erschien mir jedes Kleeblatt, jeder noch so unbedeutende Vogel wie ein Zeichen meiner Eltern aus dem Himmel, mit dem sie mir sagen wollten, dass sie auf mich aufpassten. Wenn ich mich beschützenswert fand, waren sie meine Schutzengel, wenn ich mir einredete oder andere mir sagten, ich sei ungehorsam, undankbar und böse, dann waren sie am Leben, versteckt, aber mit wachsamem Blick auf mich und mein Verhalten. Aus diesem Grund ergab es einen Sinn für mich, mich selbst zu bestrafen, mir Schuld einzureden, Einsicht zu zeigen oder mich zumindest zusammenzureißen. Gleichzeitig spürte ich, dass das alles sehr seltsam war, was ich da tat. Ich dachte oft, dass ich nicht richtig ticke und langsam durchdrehe, hatte aber keine Ahnung, warum das so war. Je länger ich mir das einredete, desto befremdlichere Dinge tat ich. Ich stand vor dem Spiegel und schlug mir ins Gesicht, zog mich an den Haaren oder biss mir in den Arm, bis die Zahnabdrücke blau wurden und noch Tage später zu sehen waren. Manchmal biss ich zu, bis es blutete. Doch ich empfand dabei nichts. Gar nichts. Ich hatte das Gefühl zu Stein zu werden, weil ich nicht mehr fähig war, Gefühle zu zeigen, ohne meinen Körper zu zerstören.

Es ging auf Weihnachten zu. Schon Wochen vorher hatte ich Angst davor. Es würde das erste Weihnachtsfest nach dem Tod unserer Eltern sein. Die Pflegeeltern fragten uns nach unseren

Wünschen. Mir fiel nichts ein, und so sollte ich zumindest etwas ausschließen. »Kein Fahrrad«, sagte ich, da dies schon seit längerer Zeit immer wieder ins Gespräch gebracht wurde.

Noch vor dem Einsetzen des Winters wurde das Dach neu gedeckt und der Dachboden ausgebaut. Meine Großmutter befürchtete, dass ich mich da oben erhängen könne und riet Heike und Reiner davon ab, mir das Zimmer zu geben. Also bekam es meine Schwester. Ein vorzeitiges Weihnachtsgeschenk, hieß es damals.

Zu allem Überfluss kündigte sich bald darauf Besuch an. Die Mutter von Reiner wollte kommen. Sie käme jedes Jahr zu Weihnachten und bliebe einen ganzen Monat. In den Jahren zuvor hatte sie immer in meinem Zimmer gewohnt, und Heike und Reiner wollten, dass es auch diesmal so war. Sie fragten, ob ich es erlauben und mich nicht daran stören würde, dass die neue Oma mit mir das Zimmer teilte. ›Die neue Oma‹. Wie hätte ich da nein sagen können? Und wo hätte sie auch sonst schlafen sollen? Mir kam es so vor, als hätte ich alle Nachteile des ersten Weihnachtsfestes der neuen Zeitrechnung für mich gepachtet.

Inzwischen war das Verhältnis zu meinen Pflegeeltern angespannter denn je. Das hatte aus meiner Sicht sowohl Vor- als auch Nachteile. Die Mahlzeiten wurden nur sehr selten zusammen eingenommen. Heike war durch ihren Job im Außendienst häufig unterwegs. Reiner sprach oft nicht mit mir, manchmal auch nicht mit Nathalie. Er verbrachte seine Zeit immer häufiger im Keller oder in der Garage und ging uns aus dem Weg. Zwischen meiner Schwester und mir herrschte immer noch große Distanz. Gegenseitig schoben wir uns die Schuld am Tod unserer Eltern zu, und das endete nicht selten in Tränen. Doch durch den Aufenthalt der ›neuen Oma‹ sollten wir uns schon sehr bald wieder näher kommen.

Reiners Mutter war viel älter, als ich es mir vorgestellt hatte, und sie war stets um ihren Sohn besorgt. Sie putzte ohne Unterlass, war unendlich neugierig und dabei kein wenig wie eine reizende ältere Dame, sondern äußerst anstrengend. Sie redete viel, meist mit einem Dialekt, den ich keiner Region zuordnen konnte. Nachts schnarchte sie so laut, dass ich nicht schlafen konnte. Sie konnte nie zugeben, wenn sie Unrecht hatte, und war sehr vergesslich, so dass sie Fragen oft mehrfach stellte. Für Nathalie und mich war ihre Anwesenheit Grund genug, uns wieder an unseren unausgesprochenen Bund zu erinnern. Wir klauten Heike oder Reiner ein paar Kippen, nahmen den Hund an die Leine und gingen spazieren. Entlang am Dorfbächlein, über eine Kuhweide, durch einen winzigen Wald, vorbei an der Baustelle für eine Umgehungsstraße. Das Rauchen empfanden wir als Auflehnung und kamen uns cool dabei vor. Wir redeten nicht viel und wenn, dann nicht über den Tod unserer Eltern. Wir liefen einfach nur nebeneinander her. Fast jeden Tag eine, manchmal auch zwei Stunden, nur um dieser alten Frau zu entkommen. Ansonsten ging jeder von uns seiner eigenen Wege.

Nur am Tag vor Heiligabend kamen wir auf unser Tabuthema zu sprechen. Es ging um die Nacht, bevor man uns ins Krankenhaus gebracht hatte. Ich erinnere mich nicht mehr genau an die Umstände des Gespräches und bin mir auch nicht sicher, wer damit angefangen hatte. Nathalie erzählte mir an diesem Tag, dass auch sie die Stimme gehört hatte, die geschrien hatte, man solle sie loslassen. Wir versuchten gar nicht erst zu ergründen, was das zu bedeuten hatte.

Zu Weihnachten bekam ich tatsächlich ein Fahrrad, allen Widerworten zum Trotz. Und ein ›Tomb-Raider‹-Computerspiel. Beides interessierte mich nicht, obwohl ich Letzteres zumindest bis zum zweiten Level durchspielte und dann zur Seite legte, weil es auf meinem alten PC nur sehr stockend lief. Von der ›neuen Oma‹ bekamen wir jeder eine Tafel Schokolade und fünf Mark.

»Kauft euch was Schönes«, sagte sie und ich nickte, kam mir zugleich aber sehr undankbar vor.

Ich ging früh schlafen, weil mir die gespielte Familienidylle nicht behagte und am nächsten Tag der Besuch der Verwandten bevorstand. Aber ich fand keinen Schlaf. Ich versuchte mich daran zu erinnern, wie sich Weihnachten mit meinen Eltern angefühlt hatte. Das war ganz anders gewesen, wenn auch nicht perfekt. Zumindest stand da nicht in Frage, ob ich zu Hause war oder nicht. Es war einfach so. Dieses Gefühl hatte ich ohne zu überlegen hingenommen. Ich war nicht dankbar dafür gewesen, dafür vermisste ich es jetzt umso schmerzlicher.

In jeder Trauer gibt es eine Phase, in der man den Verstorbenen idealisiert und nicht wahrhaben will, dass es auch negative Seiten gegeben hat. An diesem Abend spürte ich dieses Gefühl besonders: Meine Eltern waren wunderbar, sie hatten alles richtig gemacht oder sie hatten es zumindest versucht. Etwas anderes wollte ich nicht hören, das machte mich wütend. Weihnachten war ohne sie bedeutungslos.

An diesem Gefühl änderte auch der erste Feiertag nichts. Ich fühlte mich allein und wäre es auch am liebsten gewesen. Doch Heike und Reiner bestanden darauf, Weihnachten so zu feiern, wie sie es wollten. Ihre Geschenke ließ ich unbeachtet stehen, und das führte zu endlos scheinenden Diskussionen.

Meine Pflegeeltern verbrachten viel Zeit damit, nach einer Erklärung für mein Verhalten zu suchen. Ich sei depressiv, früher wäre ich hyperaktiv gewesen. Darum hätte ich gelogen und gestohlen und meinen Eltern nur Kummer gemacht. Ich bekam wieder zu hören, wie undankbar ich sei. Es kam mir vor, als würde nur über meine schlechten Noten geredet und die guten außen vor gelassen. Mir war klar, dass ich kein ganz einfaches Kind, geschweige denn ein umgänglicher Jugendlicher war. Aber schon bald wusste ich selbst nicht mehr, was an mir überhaupt gut sein sollte.

Auch das erste Silvester in der Pflegefamilie war nicht viel angenehmer als das Weihnachtsfest. Ich zog mich zurück in mein Zimmer, hörte Musik und las, bis Heike mich holte, damit ich mit ihnen UNO spielte. Sie bestand drauf. Schon bald konnte ich das Lachen und die gezwungene Fröhlichkeit nicht mehr ertragen. Die ›neue Oma‹ zeigte mir ständig ihre Karten und fragte, was sie nun legen sollte. Ich warf meine Karten auf den Tisch und sagte, dass ich keine Lust mehr hätte. Schnell entstand ein heftiger Streit. Ich warf meinen Pflegeeltern an den Kopf, dass sie nie meine Mutter und meinen Vater ersetzen könnten und dass ich nicht bei ihnen sein wollte. Heike schickte mich in mein Zimmer.

Am Anfang des neuen Jahres entschieden Reiner und Heike auf den Rat eines Arztes hin, dass ich nach den Prüfungen zur Kur fahren sollte. Ich hatte Angst davor, alleine dorthin zu fahren, denn ich wusste ja noch nicht mal wirklich, was eine Kur war. Also bestand ich darauf, dass Nathalie mitfahren sollte, und die Anträge wurden bei der Krankenkasse eingereicht. Nach der positiven Entscheidung war ich froh, dass ich meine Pflegeeltern eine Weile nicht sehen würde.

Außerdem musste ich mir überlegen, wie es nach dem Hauptschulabschluss weitergehen sollte. Ich hatte inzwischen den Ehrgeiz entwickelt, der Beste in der Klasse zu sein. Wenn ich schon zu Hause nicht gelobt wurde, dann wenigstens in der Schule. Und das gelang mir sehr gut. Durch meine Noten erhielt ich Anerkennung von den Lehrern und Mitschülern, denn alle hatten erwartet, dass meine Leistungen nach dem Tod meiner Eltern sinken würden. Besonders Mathematik und Informatik lagen mir, aber auch die Fächer Ethik, Kunst und Biologie mochte ich.

Mein letztes Schulhalbjahr brach an, und ich hatte immer noch keine Perspektiven. Trotz meiner guten Noten entschloss ich mich, die Schule zu verlassen. Meine Pflegeeltern waren aufgebracht, als ich ihnen diesen Entschluss mitteilte. Schulnoten bedeuteten ihnen eine Menge. Wenn ich mit einer Drei nach Hause kam, sagten sie, ich müsse mehr lernen. Dabei tat ich selten etwas anderes, abgesehen davon, dass ich Wege suchte, um mich zu zerstören, damit aber in jeder Form kläglich scheiterte: Ich verletzte mich selbst, aß immer weniger oder erbrach Essen, wenn ich zu viel gegessen hatte. Ich versuchte, mir zu schaden, aber mir fehlte der Mut, um es in dem Maße zu tun, dass es in meinen Augen wirklich genug gewesen wäre.

Kurz vor meinem fünfzehnten Geburtstag bereitete ich mich auf meine Abschlussprüfungen vor. In der Schule konnte ich all den Stoff, der gefordert war, und so fielen mir die Vorbereitungen leicht. Für die schriftlichen Prüfungen lernte ich nicht einmal und bestand Mathe mit Eins. In der Deutschprüfung erhielt ich eine Zwei, ebenso wie in Englisch. Bei den drei Wahlfächern, Chemie, Physik und Biologie, machte ich mir keine Sorgen. Wegen der genehmigten Kur wurden meine mündlichen Prüfungen in Chemie und Kunst vorgezogen. Den Tag zwischen den beiden Prüfungen bekam ich frei. Ich schaute mir in der Nacht zuvor den Stoff an. Reiner hatte Nachtschicht. Heike war im Außendienst unterwegs, und so konnte ich tun, was ich wollte, ohne Ärger zu bekommen. Die Chemieprüfung war einfach, Kunst hingegen bereitete mir mehr Schwierigkeiten. Ich musste über Dürer sprechen, ausgerechnet das einzige

Thema, das ich beim Lernen außen vor gelassen hatte. Aber ich bekam trotzdem eine Zwei und konnte meine Note damit sogar noch verbessern.

Heike und Reiner beachteten das Prüfungsergebnis kaum, und trotz meiner Angst fuhr ich kurze Zeit darauf mit vielen Hoffnungen zur Kur.

KAPITEL 7

Kurschatten und andere Gespenster

Die Kinderkurklinik war ein herrlicher Ort. Sie glich eher einem luxuriösen Ferienlager als einer Therapieklinik. Durch die großen Glasfassaden und Fenster wirkten alle Räume hell und freundlich. Überall hingen Bilder, die Kinder und Jugendliche zeigten. Im Empfangsbereich roch es wegen der Schwimmhalle nach Chlor, und der Garten war riesig. Als wir ankamen, herrschte wegen des Anreisetags Aufregung in der Klinik. Die Aufnahmeuntersuchung ging schnell vonstatten, und meine Schwester und ich wurden zwei verschiedenen Gruppen zugeteilt, da die Aufteilung nach Geschlecht und Alter geschah. Die Krankenkasse hatte uns drei Wochen genehmigt, mit der Möglichkeit zur Verlängerung.

Die Stimmung in der Klinik war sehr entspannt. Die Jugendlichen waren nett. Ich teilte mir mit zwei anderen Jungen ein Zimmer und verstand mich mit beiden auf Anhieb gut. Vielleicht hatte dies auch damit zu tun, dass der Grund meines Aufenthaltes auf alle sehr außergewöhnlich wirkte.

Ein Jahr war seit dem Tod meines Vaters vergangen, und ich hatte zum ersten Mal das Gefühl, an diesem Ort könnte ich durchatmen. Mein Zimmergenosse Dennis und ich beschlossen noch am selben Abend, dass wir den Kuraufenthalt unbedingt verlängern wollten. Man hatte ihm wegen seiner sekundären *Enuresis nocturna*, dem nächtlichen Bettnässen, auch drei Wochen genehmigt.

»So handhabt das die Krankenkasse«, erklärte mir Dennis und meinte, dass er sich auskennen würde, denn es sei nicht seine erste Kur. Dennis und ich waren sofort dicke Freunde, da konnte sich uns in den Weg stellen, wer wollte. Ich fand es am Anfang seltsam, dass er in seinem Alter noch ins Bett machte, verstand dann aber sehr schnell, dass er nicht der Einzige hier war, der dieses Problem hatte. Es lag daran, dass mit seiner Seele etwas nicht stimmte, erklärte er mir.

In der ersten Woche sah ich meine Schwester kaum. Es war das Konzept des Therapieprogramms, dass die unterschiedlichen Gruppen der Station erst später zusammengeführt wurden. Unterdessen begann bei uns der Morgen mit Schwimmen und Frühstücken, dann hatten wir Therapie. Es gab sowohl Einzelgespräche als auch Gruppentherapie. Und ich war, vom einen Tag auf den anderen, wie ausgewechselt. Ich verspürte keine Scham mehr, wenn ich lachte. Der Druck, den ich mir selbst in der Schule gemacht hatte, fiel weg, und ich hatte das Gefühl, frei zu sein – weg von Heike und Reiner, in einer Atmosphäre, in der niemand etwas von mir erwartete. Es kam mir unwirklich vor, dass das Leben dort viel einfacher war. Und ich hatte einen Freund, jemanden, der darauf bestand, dass ich mit ihm zusammen war, wenn es beim Sport oder bei anderen Gelegenheiten darum ging, Paare zu bilden. In der Kurklinik musste ich über nichts nachdenken, und alles entwickelte sich ganz einfach. Ich durfte auch ›Nein‹ sagen, wenn ich etwas nicht wollte, ich durfte laut sein und mich austoben, und am Abend wurde der Tag gemeinsam mit den anderen ausgewertet. Es ging darum, dass jeder für sich, aber auch für die Gruppe Verantwortung übernahm. Man steckte sich Wochenziele, und es war gut, wenn man dem Einzelnen half, sein Ziel zu erreichen, weil man dann als Gruppe belohnt wurde. Bestrafungen hingegen gab es nicht. Wundersamerweise ging dieses Konzept auf und keiner blieb außen vor.

Schon nach der ersten Woche entschied sich, dass mein Aufenthalt verlängert werden würde. Man stellte den Antrag auf weitere fünf Wochen, also insgesamt acht Wochen. Ich wünschte mir, für immer dort bleiben zu können.

Es passierte viel in dieser Zeit. Zwar entwickelte ich immer noch keine wirklichen Ziele, dafür hatte ich aber Träume. Durch ein Gespräch mit der Sozialpädagogin der Klinik wusste ich, welche berufliche Richtung ich einschlagen wollte, nicht aber, wie ich das erreichen konnte. Ich war immer noch der festen Überzeugung, dass ich nicht weiter zur Schule gehen wollte. Ich schwärmte für Dennis und konnte diese Gefühle nicht einordnen, auch nach meinen Erfahrungen mit Tobias nicht. Dann verliebte ich mich in Katja, ein Mädchen, das ebenfalls zur Kur dort war. Es schien zum guten Ton zu gehören, dass jeder Junge, nach dem die Gruppen geöffnet worden waren, mit einem Mädchen anbändelte.

Etwas Weiteres, ganz Entscheidendes passierte. Ich versteckte mich an einem der Besuchstage vor Heike und bat vorher meine Mitpatienten darum, dass niemand verriet, wo ich war. Das löste hektisches Durcheinander aus, weil die Betreuer mich suchten und Heike erklären mussten, dass ich nicht auffindbar sei. Schließlich flog dann auch noch auf, dass ich mich im Kleiderschrank verkrochen hatte, damit ich diese Frau nicht sehen musste. Es gab einen einfachen Grund für mein Verhalten: Heike erinnerte mich an die Zeit vor dem Kurheim, und ich wollte nicht einmal daran denken, dass ich wieder zu den Pflegeeltern zurückmusste. Als mich ein Erzieher im Schrank fand, stellte man mir tausend Fragen. Ich musste zwar nicht reden, wenn ich es nicht wollte, aber dass ich es dann doch tat, lag daran, dass ich großes Vertrauen zu Frau Krüger, der

Sozialpädagogin, hatte. Ich sprach mit ihr, und später, auf ihr Anraten hin, auch mit Herrn Zingel, dem Psychologen. Irgendwann hatte ich auch ein Gespräch mit dem Jugendamt und schließlich auch mit der Polizei. Dann fiel die Entscheidung, dass ich nicht zurückmusste. Der Antrag auf Verlängerung der Kur war schon genehmigt worden, und so blieb genügend Zeit, um eine geeignete Einrichtung für mich zu finden. Und zu den Besichtigungsterminen durfte ich außer der Sozialpädagogin auch noch eine Person meiner Wahl mitnehmen. Nach einem langen Gespräch mit Dennis, der mittlerweile mit meiner Schwester zusammen war, was immer wieder zu Streitigkeiten zwischen Dennis und mir führte, entschied ich mich für Katja.

Ich hatte zwei Kinderheime zur Auswahl, entschied mich aber sofort für das erste, weil es ein sehr schönes Haus war, ein wenig abgelegen, und weil es dort, im Vergleich zu dem anderen Heim, nicht so viele Kinder und Jugendliche gab.

Nathalie wollte mich nicht begleiten. Sie wollte bei den Pflegeeltern bleiben und schien wütend auf mich zu sein, weil ich die Entscheidung ohne sie getroffen hatte. Die Betreuer erzählten mir, dass Heike sehr aufgebracht gewesen war, als sie erfahren hatte, dass ich ins Heim wollte.

Gegen Ende der Kur veränderte sich die Stimmung, es blieben nur noch zehn Kurteilnehmer aus den drei Gruppen übrig, und diese wurde zu einer zusammengelegt. Das war zum einen eine intensive Erfahrung, zum anderen machte es mich traurig und ängstlich, weil ungewiss war, wie es für jeden Einzelnen von uns danach weitergehen würde. Würden wir den Anforderungen, die auf uns warteten, gewachsen sein? Auf jeden Fall nahmen wir uns vor, in Kontakt zu bleiben, und genossen die letzten Tage, die an keinen Therapieplan mehr gebunden waren, sondern nach unseren Wünschen gestaltet wurden.

Ich wurde einen Tag vor dem eigentlichen Kurende vom Heimleiter und zwei Jugendlichen abgeholt. Man wollte vermeiden, dass ich Heike begegne und die Situation eskaliert. Der Abschied war schrecklich traurig, denn wir waren uns in dieser Zeit alle sehr nahe gekommen, und ich befürchtete, dass es nie wieder etwas Vergleichbares geben könnte. Von Nathalie verabschiedete ich mich nicht, weil ich dachte, es würde für uns die Situation nicht vereinfachen, und ich es nicht ertragen hätte, sie zuvor noch einmal sehen zu müssen.

Auf der Fahrt ins Kinderheim konnte ich nicht aufhören zu heulen und war erleichtert, als ich mich in mein neues Zimmer zurückziehen konnte. Ich bekam ein Einzelzimmer, was ungewöhnlich war, aber vom Jugendamt in Anbetracht meiner Situation befürwortet worden war. Es standen zwar zwei Betten in meinem Zimmer, aber mir wurde versichert, dass ich das Zimmer für mindestens ein halbes Jahr allein für mich haben würde. Dies war gut, weil ich große Probleme hatte, mich im Heim einzuleben. Es war ganz anders als in der Kur. Die anderen Kinder und Jugendlichen kamen zum Großteil aus zerrütteten Verhältnissen. Lautstärke und Kraftausdrücke schienen ihre einzigen Mittel zu sein, um ihren Äußerungen Nachdruck zu verleihen.

Im Heim gab es zwei Gruppen, für die am Tag jeweils zwei bis drei Betreuer und eine Wirtschaftshilfe zur Verfügung standen. In der Nacht gab es für alle Kinder und Jugendlichen nur einen Ansprechpartner. Das Haus hatte drei Stockwerke. Das Erdgeschoss war der ersten Gruppe zugeteilt, die aus kleinen Kindern und schwer erziehbaren Jugendlichen bestand. Die erste Etage und das Dachgeschoss waren für die zweite Gruppe vorgesehen, in der die Kinder und Jugendlichen waren, die durch einen längeren Aufenthalt im Heim schon bewiesen hatten, dass sie die Regeln verstanden und diese auch befolgten.

Außerdem wurden dieser Gruppe Neuzugänge zugeteilt, bei denen keine größeren Probleme erwartet wurden. Ein Teil des Dachgeschosses wurde für die Noteinweisungen bereitgehalten, die auch der zweiten Gruppe zugeteilt wurden, bis man über ihren Verbleib entschieden hatte. Zwar war ich keine Noteinweisung, aber die einzige Möglichkeit mir ein Einzelzimmer zur Verfügung zu stellen war die, mich unter dem Dach einzuquartieren. Ich fühlte mich dort sicher und wohl, denn so war ich ein wenig abseits von den anderen Jugendlichen und Kindern und konnte die Tür hinter mir zumachen, ohne dass mich jemand störte. Ich bekam sogar ein eigenes Fernsehgerät und schmückte noch am Tag meiner Ankunft die Wand mit Erinnerungsstücken und Fotos aus der Kur.

Am darauf folgenden Tag kam ich in eine neue Schule. Das war die Bedingung, die das Jugendamt und die Einrichtung an mich gestellt hatten: Ich sollte einer Beschäftigung nachgehen, und da ich mich nicht um einen Ausbildungsplatz beworben hatte, blieb mir nichts anderes übrig, als meinen Realschulabschluss zu machen. Die neue Schule hatte viermal so viele Schüler wie meine alte. Zu den neuen Gesichtern im Heim musste ich mich nun an meine neuen Mitschüler und Lehrer gewöhnen.

Der erste Schultag nach den Sommerferien war hart. Stramm wurde das Programm durchgezogen, und uns wurde unmissverständlich klargemacht, dass der Ernst des Lebens jetzt begann, weil in diesem Jahr die Abschlussprüfungen stattfanden. In Mathematik bekamen wir sofort die ersten Hausaufgaben auf. Ich stellte schnell fest, dass wir in meiner alten Schule vieles noch nicht durchgenommen hatten, was an der neuen Schule vorausgesetzt wurde. Der Stundenplan ging fast täglich von mindestens sieben Stunden aus, und ich wusste nicht, wie ich das durchhalten sollte.

Ich gewöhnte mich zwar recht schnell an das Heim, gehörte aber nicht dazu und hielt mich immer ein wenig abseits. Vor bestimmten Dingen begann ich mich zu ekeln. Ich duschte immer nur dann, wenn sich die Gelegenheit ergab und es im Heim recht ruhig war. Ich wollte vermeiden, dass jemand in den Waschraum kam, wenn ich gerade unter der Dusche stand. Gegessen hatte ich zu Anfang kaum, weil ich dabei nicht beobachtet werden wollte. Ich bestand weiterhin darauf, mich vegetarisch zu ernähren. Wenn ich etwas aß, dann möglichst unbeobachtet und so viel, bis mir schlecht wurde und ich mich übergeben konnte. Glücklicherweise bekam ich Taschengeld, mit dem ich mir Süßigkeiten kaufte. In finanzieller Hinsicht änderte sich so einiges. Fast alles bezahlte das Jugendamt, selbst ein Antrag auf Ersteinkleidung wurde mir bewilligt. Das war spannend zu erleben, aber auch ernüchternd, denn es wirkte so, als wäre das Geld ein Ersatz für die Familie, von der alle, die ich dort kennen lernte, enttäuscht oder verlassen worden waren. Ich versuchte mir vor Augen zu führen, dass die anderen ein schweres Leben gehabt hatten, aber das gelang mir nur selten. Meistens war ich mit mir beschäftigt. Ich kämpfte mit den Schulaufgaben, weil mir der Sprung von der Hauptschule zur Realschule zu schaffen machte, und litt darunter, dass ich mich nicht in die Klasse einfügen konnte.

Am Anfang erhielt ich noch Nachbetreuung durch die Kur, die mit dem Bus gut zu erreichen war. Ich traf mich einmal in der Woche mit der Sozialpädagogin Frau Krüger und hatte so auch die Gelegenheit, die Betreuer und Katja, deren Aufenthalt verlängert worden war, zu besuchen. Das war der Lichtblick einer jeden Woche, der mich zudem auch noch vor dem Sportunterricht bewahrte.

Wie ich durch diese Besuche herausfand, war Frau Ahrens, die Erzieherin, die im Heim für mich zuständig war, einmal

Angestellte in der Kurklinik gewesen. Das machte sie mir ein wenig sympathischer, und ich konnte ihr vieles nachsehen. Ob ich wollte oder nicht, Frau Ahrens war meine erste Ansprechpartnerin im Heim, und wenn ich mich ihr gegenüber nicht kooperativ zeigte, würde sich niemand dort für mich verwenden. Sie war es dann auch, die sich dafür einsetzte, dass ich zwei Mal wöchentlich mit einer Psychologin sprechen konnte, die mich im Heim besuchte. Und Frau Ahrens war außerdem mit meiner Klassenlehrerin befreundet, die mir mehr durchgehen ließ als meinen Mitschülern, da sie um mein Schicksal wusste. So war es kein wirkliches Problem, dass ich jeden zweiten Montag die Hauswirtschaftsstunde schwänzte, um nicht kochen zu müssen. Die Hauswirtschaftslehrerin hatte schon in der ersten Stunde nicht akzeptieren wollen, dass ich als Vegetarier kein Fleisch zubereiten wollte. Ab und an nahm mich Frau Klein, meine Klassenlehrerin, während des Mathematikunterrichts zur Seite. In diesen Stunden wollte sie von mir wissen, wie es mir ging, war dabei letztlich aber darauf aus, Details meiner Vergangenheit zu erfahren, die immer mehr Menschen zu faszinieren schien.

Nach drei Monaten beschlossen die Erzieher des Kinderheims in einer Teamsitzung, dass eine Verselbstständigungsgruppe gegründet werden sollte. Diese sollte unter dem Dach angesiedelt werden und war für Jugendliche ab fünfzehn Jahren gedacht. Mit Hilfe dieser Gruppe sollten die älteren Heimkinder den Absprung vom Kinderheim in die Selbstständigkeit möglichst problemlos bewältigen. Es wurde lange und viel darüber diskutiert, ob auch ich für diese Gruppe in Frage käme, und Frau Ahrens setzte sich sehr dafür ein. Im Gegenzug verlangte sie, dass ich mich mehr in das Leben im Heim einfügte und man keine Ausnahmen mehr für mich machen müsste. Es gab tatsächlich eine Menge Ausnahmen für mich. Neben dem Einzelzimmer mit Fernseher erhielt ich zu den eigentlichen Mahlzeiten noch eigene Lebensmittel und Süßigkeiten, damit ich überhaupt etwas aß oder den anderen nicht alles wegaß, wenn ich den Drang mal wieder nicht unter Kontrolle hatte. Mein Depot wurde automatisch durch die Wirtschaftshilfen aufgefüllt, sobald sich die Lebensmittel in meinem Zimmer dem Ende zuneigten. Ich musste gar nichts sagen, da das ›Versteck‹ täglich kontrolliert und Buch darüber geführt wurde. Zudem bekam ich irgendwann auch die Genehmigung, mich im Bad einzuschließen, und wegen meiner Probleme in der Schule nahm sich täglich ein Betreuer eine Stunde Zeit, um mir den Stoff zu erklären.

Das Experiment gelang. In der kleinen Gruppe von vier Jugendlichen fasste ich Fuß, wurde selbstbewusster und begann das Prinzip des Heims zu verstehen. Man musste sich nicht leiden können, aber wenn man in diesem Haus lebte, musste man sich an einen gewissen ›Ehrenkodex‹ halten: Andere werden nicht verpetzt. Jeder tritt für jeden ein, und wenn einem Heimkind außerhalb des Heimes etwas getan wird – sei es körperliche Gewalt oder nur dumme Sprüche –, kann man sich des Rückhalts der Mitbewohner sicher sein. Diese Gewissheit gab mir Sicherheit, schaffte aber keine Nähe zu den Mitbewohnern. Ich fügte mich nun endlich in das Heimleben ein, leiser als die anderen, vermutlich auch auf andere Art, aber man gewöhnte sich an mich und ich gewöhnte mich an die anderen.

Gut ging es mir deswegen noch lange nicht, selbst dann nicht, als ich ein größeres und helleres Zimmer bekam – ich schnitt mich immer häufiger selbst und brauchte das leere Gefühl in meinem Magen, nach dem ich mich auf dem Klo übergeben hatte. Ich ging zwar regelmäßig zur Schule, entzog mich aber den anstrengenden Situationen. Die geplante Klassenfahrt lehnte ich von vornherein ab. Gruppenarbeiten konnte ich nicht ausstehen, und der Hauswirtschaftsunterricht war nach wie vor ein rotes Tuch für mich. Da die meisten sich mir gegenüber sehr tolerant verhielten, fühlte ich mich in meinem Verhalten, das so schön bequem war, bestätigt.

Den zweiten Heiligabend nach dem Tod meiner Eltern verbrachte ich im Kinderheim. Das war weniger schlimm, als ich erwartet hatte. Wir waren nur zu dritt, und da es ein christliches Heim war, gingen wir zuerst in die Kirche, bekamen dann noch ein paar Kleinigkeiten, die vom Träger gespendet worden waren, und konnten uns anschließend zurückziehen.

Aufregender hingegen war der erste Weihnachtsfeiertag. Meine erste Beurlaubung stand an. Ich durfte zu Hanne und ihrer Familie fahren. Hanne war eine alte Freundin und Pfarrerin, die ich durch eine meiner Tanten kannte. Sie waren Nachbarn gewesen, bis meine Tante zusammen mit ihren Kindern ins Frauenhaus gegangen war. Hanne hatte sich ständig um mich bemüht. Sie schrieb mir Briefe und sorgte sich um mich, und sie gab mir die Möglichkeit, Dennis nach der Kur wiederzusehen. Wir wollten uns zwischen den Jahren bei ihr treffen, und ich war wahnsinnig aufgeregt. Es wurden tolle Tage, die ich mit Dennis verbrachte und ein seltsam leiser Jahreswechsel, den wir zusammen mit einer weiteren Familie in einer Hütte ohne Strom mitten im tiefsten Schnee verbrachten. Den ganzen Abend über wurde Hausmusik gemacht, und wir merkten nicht, wie das alte Jahr ging und das neue kam.

Die Zeit bei Hanne und ihrer Familie ging viel zu schnell vorbei. Ich merkte, dass ich nicht zurückwollte, dass das eine Familie wäre, in der ich noch einmal Kind sein konnte und die mich lieb hatte, vielleicht sogar mehr als meine eigentliche Familie. Und doch blieb mir nichts anderes übrig, als mich in den Zug zu setzen und wieder ins Heim zurückzufahren.

KAPITEL 8

Keine Angst zu fallen

Schon bald folgte die Ernüchterung. Zu groß war der Kontrast der vorangegangenen Tage zu meinem Leben. Ich hatte es mir zwar so ausgesucht, war aber nicht zufrieden und merkte immer öfter, dass mir etwas fehlte. Nach zwei Tagen hatte ich meinen Körper so zugrunde gerichtet, dass Heim und Ärztin es für nötig befanden, mich in die Psychiatrie einzuweisen. Meine Arme waren übersät von Schnittwunden, die sich entzündet hatten, und ich aß nicht mehr. Schon am nächsten Tag fand ich mich in der Klinik wieder. Dort wurde ich zum Essen gezwungen. Die Regeln waren strikt und der Tagesablauf streng strukturiert. Es gab Punktepläne, nach denen das Verhalten bewertet wurde, und Medikamente, die einen erst träge und müde machten, dann aufquellen ließen und schließlich für bessere Stimmung sorgten. Und es gab andere Jugendliche, die mir nicht verrückt vorkamen und die nicht dem Klischee entsprachen, das ich von der Psychiatrie gehabt hatte. Mit den Mitpatienten war es ähnlich wie in der Kur. Man war sich sehr schnell sehr nahe, ohne dass man es vermeiden konnte. Aber die Gemeinschaft tat gut.

Während der Zeit in der Klinik meldete sich Heike, um mir mitzuteilen, dass unsere Oma, die Mutter unseres Vaters, gestorben sei. Drei Wochen später erzählte mir meine Schwester, dass eine unserer Tanten ganz plötzlich an Leukämie gestorben war. Beides nahm mich weniger mit, als ich erwartet hatte. Es stand außer Frage, ob ich zu den Beerdigungen gehen würde, denn anscheinend wollte mich niemand dort sehen. So war der

Tod dieser Verwandten, zu denen ich ohnehin nur wenig Kontakt gehabt hatte, für mich nicht greifbar.

Die Klinik half mir nicht wirklich, obwohl die Medikamente und die Mitpatienten zu meiner Stabilisierung beitrugen. Es war das Stückchen sozialen Umfelds, das mir im Kinderheim so gefehlt hatte. Ich glaubte, in der Klinik Freunde fürs Leben gefunden zu haben. Zumindest hatte ich Leonie dort kennen gelernt, die zu meiner besten Freundin wurde und künftig einen wichtigen Platz in meinem Leben einnahm.

Leonie war ein wunderbares Mädchen, fast schon eine junge Frau. Sie war magersüchtig. Ihre Beharrlichkeit, zu hungern bis sie nur noch Haut und Knochen war, und der Wahn, den sie mit dem Essen verband, beeindruckten mich. Ich verstand das nur zu gut, da ich aufgrund eines bulimischen Essverhaltens und Autoaggression eingeliefert worden war. Leonie war ein Extrem. Ein für mich unerreichbares Extrem. Ich wusste nicht, woher dieses Verlangen kam, aber ich wollte alle Extreme sprengen. Dünner sein, tiefer schneiden, mehr wagen, Grenzen überschreiten.

Wenn Leonie vor einem Teller saß, war es ihr unmöglich, das Essen anzurühren, weil es ihr große Angst einflößte. Sie erzählte mir, dass sie tief in sich spüren würde, dass es sie fetter und klobiger machen wollte, als sie es bisher sei. Leonie floh vor dem Essen. So auch am ersten Abend, den sie in der Klinik verbrachte. Nachdem sie seit Monaten nichts weiter gegessen hatte als einen Apfel und ein Knäckebrot am Tag, sollte sie ohne Übergang auf Aufbaukost umgestellt werden und bekam dazu Fresubin, eine hochkalorische, ballaststofffreie, dafür fettreiche Trinknahrung, von der sie täglich, zusätzlich zu den geforderten sechs Mahlzeiten, 300 Milliliter trinken musste. Fresubin wird in der Pflege schwer Kranker dafür eingesetzt, eine gesamte Mahlzeit zu ersetzen.

Leonie war ein Traum. Sie war herzlich, und wir verstanden uns oft auch ohne Worte. Später wurde mir gesagt, dass die Freundschaft zu ihr sich negativ auf meine Persönlichkeit ausgewirkt hätte. Dennoch wurde sie in kürzester Zeit der wichtigste Mensch in meinem Leben. Sie war meine große Liebe, ohne körperliche Nähe.

Wenn Leonie nicht essen wollte, dann ernährte man sie über eine Sonde. Ohne Frage war das notwendig, um ihr körperliches Bestehen zu sichern, aber für sie war es ein unerträgliches Gefühl. Sie war ans Bett gebunden, und obwohl sie keinen Hunger oder Appetit hatte, wurde sie durch einen Plastikschlauch, der durch die Nase führte, dazu gezwungen, Nahrung aufzunehmen. Sie konnte sich nicht dagegen wehren. Mit jedem Gramm Nahrung, das ihr durch den Schlauch in den Magen gepumpt wurde, hatte sie das Gefühl, immer dicker und schwerer zu werden.

Obwohl ich ihre Krankheit auf eine gewisse Art bewunderte, wollte ich immer, dass Leonie zunahm. Ich redete oft und viel mit ihr. Zumindest hoffte ich, dass sie es aus eigener Kraft schaffen würde, die lebensbedrohliche Situation zu überwinden. Aber ich wusste, dass sie es hier nicht schaffen konnte. Alle Magersüchtigen wurden gleich behandelt, egal wie weit fortgeschritten ihre Krankheit war. Es gab einen Gewichtspunkteplan, der den Patienten bei entsprechender Gewichtszunahme erlaubte, an bestimmten Therapien teilzunehmen, zu rauchen oder Ausgang zu nehmen. Dieser Plan setzte allerdings auch voraus, dass die Mahlzeiten innerhalb von zwanzig Minuten gegessen wurden, denn ansonsten wurde, auch bei Gewichtszunahme, eine vierundzwanzigstündige Bettruhe angeordnet.

Leonie blieb nicht lange in der Klinik, da sie volljährig wurde und ihre Eltern sich für die Entlassung einsetzten. Aber der

Aufenthalt hatte sie für ihr Leben geprägt, und sie schwor sich, gegen die Verantwortlichen vorzugehen. Auch nachdem ich entlassen worden war, blieben wir in Kontakt.

Es fiel mir schwer ins Heim zurückzukehren. Die Klinik war trotz allem ein geschützter Raum gewesen, und ich fühlte mich, als würde ich in die Wirklichkeit zurückgeworfen werden und müsste nun wieder allein mit meinen Problemen klarkommen. Anfangs wollte es mir nicht gelingen. Ich kehrte zu den alten Verhaltensmustern zurück und verfiel in eine Krise. So nannte man es in der Klinik, wenn jemand mit sich und der Welt nicht klarkam. Aber schließlich trugen die Medikamente dazu bei, dass mir alles besser, stabiler und einfacher erschien. Es gab sogar Momente, in denen ich mich in meiner Klasse wohl fühlte. Während die Klasse eine Abschlussfahrt nach Italien machte, absolvierte ich ein Praktikum im Kindergarten und wusste nun, was ich später machen wollte. Die Arbeit mit den Kindern lag mir. Man konnte unter ihnen so sein, wie man wollte – kindlich und naiv. Und Kinder konnten über die Welt staunen, sie sahen Dinge, die man selbst sonst übersah. Das faszinierte mich, und ich bewarb mich um eine Ausbildung zum staatlich geprüften Kinderpfleger. Man lud mich zum Bewerbungsgespräch ein, und schon wenig später konnte ich den Vertrag unterschreiben. Mit nur einer Bewerbung hatte ich einen Ausbildungsplatz.

Ich bestand die Prüfungen zum Realschulabschluss und freute mich über meinen guten Notendurchschnitt. Die Sommerferien verbrachte ich zusammen mit Hannes Familie in Dänemark. Als ich aus dem Urlaub zurückkam, gab es im Heim zwei neue Betreuer, dafür war Frau Ahrens auf unbestimmte Zeit krankgeschrieben. Der Erzieher, der jetzt für mich zuständig war, hieß Herr Günther. Ich mochte ihn nicht. Er hatte lange Haare, einen alternativen Lebensstil und wusste immer alles besser.

Mit dem neuen Schuljahr begann auch meine Ausbildung, die zum größten Teil eine schulische war, mir aber sehr viel Spaß machte, als ich mich ein wenig daran gewöhnt hatte. Ich mochte meine Mitschülerinnen und fand den Unterrichtsstoff spannend. In meiner Vorstellung war dies der erste Schritt zu meiner Karriere als Sozialpädagoge. Nach der Ausbildung als Kinderpfleger wollte ich das Fachabitur machen und anschließend studieren.

Ich erkannte, dass alles weniger schlimm ist, wenn man es aus dem richtigen Blickwinkel betrachtet, und begann am Leben Spaß zu haben. Ich war wieder offen für neue Dinge und verstand mich sogar mit Herrn Günther. Dieser setzte Vertrauen in mich und bot mir an, einen Handyvertrag für mich abzuschließen. Ich war der Einzige in meiner Klasse, der keines hatte, und nahm sein Angebot gerne an. Bezahlen sollte ich die monatlichen Kosten von meinem Taschengeld, das ich jeden Monat auf mein Konto einzahlen musste. Praktische Eingliederung in das Leben nach dem Heim nannte er das, und ich war mir sicher, dass es funktionieren würde. Als ich dann das Handy in der Hand hatte, verlor ich schnell den Überblick über die Kosten. Die mobile Welt bot mir tolle Möglichkeiten, und schon einige Tage später lernte ich über WAP, das Internet auf dem Handy, Dirk kennen.

KAPITEL 9

Mein glückbringender Gott

Dirk und ich wurden ein Paar. Durch unseren Kontakt über WAP sammelten sich bald immens hohe Rechnungen an. Aber das war mir egal. Nach einiger Zeit trafen wir uns dann.

Er war ein Bild von einem Mann, mit einem Astralkörper, der sogar bei meinen Klassenkameradinnen Neid aufkommen ließ. Ich fand ihn jedoch nicht allein deswegen toll, sondern weil er mich anhimmelte. Für mich war es das Wichtigste überhaupt, zu hören, dass ich geliebt wurde. Das sagte er mir schon bei unserem ersten Treffen, das daraufhin in einem Hotelbett endete. Es war die erste Nacht, in der ich unerlaubt dem Kinderheim fernblieb. Das war alles spannend und neu. Noch nie hatte ich zuvor in einem Hotel übernachtet, abgesehen von den vorangegangenen Klassenfahrten. Noch nie hatte ich einen Freund gehabt, obwohl mir inzwischen schon seit einiger Zeit klar war, dass ich schwul war. Dirk hatte mir am Anfang, als wir noch miteinander telefonierten ohne uns je getroffen zu haben, gesagt, dass er sechsundzwanzig Jahre alt wäre. Ich glaubte ihm das, so wie ich ihm auch sonst alles glaubte. Ich war von ihm und seiner Lebensart fasziniert. Seine Welt war so völlig anders als die, in der ich lebte. Er machte mir viele Geschenke, wir fuhren in den Urlaub, und das, was ich im Heim vermisste, fand ich bei ihm. Ich wurde ihm nach kurzer Zeit hörig, und so störte es mich auch nicht, als er mir sagte, dass er nicht sechsundzwanzig, sondern siebenunddreißig Jahre alt sei. Was machte das für einen Unterschied? Ich fand ihn attraktiv, und er hatte Charme und Witz. Außerdem war er dominant, was mir, als passivem Beobachter der Welt, vieles einfacher machte. Dirk lebte im Luxus. Er knauserte nicht, sondern gab sein Geld großzügig aus. Ich glaubte, dass ich mich mit seinen Macken arrangieren müsste, wenn ich ihn nicht verlieren wollte. Und rückblickend war die zwischenmenschliche Beziehung zu ihm bis zu diesem Zeitpunkt auch die stabilste, die ich bis dahin gehabt hatte. Ich ließ mich für einen anderen Menschen auf Kompromisse ein. Ich konnte damit leben, dass er meinen Kopf im Bett immer unsanft nach unten, zu seiner Körpermitte, drückte, auch wenn ich es eklig fand. Ich arrangierte mich damit, dass er mit seinem Exfreund schlief, wenn er Lust hatte und ich nicht da war. Ich besann mich einfach auf die schönen Dinge mit ihm. Körperlichkeit besaß damals keinen großen Wert für mich. Es war nichts, über das ich sprach oder mir großartig Gedanken machte. Und Klischees der schwulen Welt, die ich eben erst kennen lernte, waren mir fremd. Was zählte war, dass er behauptete, mich zu lieben, und deswegen vertraute ich ihm blind. Ich outete mich schon bald, weil er darauf bestand. Seiner Meinung nach machte das vieles einfacher, wenn wir uns sehen wollten. Und damit hatte er Recht. Nach meinem Coming-out erhielt ich, mit viel Drängen und Betteln, die Erlaubnis von Jugendamt, Vormund und Heim, mich auch länger bei ihm aufzuhalten. Da ich bereits sechzehn war, gab es von dieser Seite her keine Einwände. Vermutlich, weil man dann wenigstens sicher sein konnte, wo ich mich aufhielt, denn es zu verhindern wäre unmöglich gewesen. Ich fuhr so oft es ging zu ihm. Die Fahrten bezahlte er. Genau wie unsere Wochenendtrips, die Restaurantbesuche und die großzügigen Einkaufsbummel. Hin und wieder stockte er das Taschengeld auf, das ich vom Heim bekam. Ich hatte das Gefühl, dass das die große Liebe war, etwas für die Ewigkeit, das nie zu Ende gehen würde. Ich hinterfragte nichts. Mir reichte es aus, wenn er mir sagte, was ich so dringlich immer und immer wieder hören wollte. Und dabei merkte ich nicht, wie ich blindlings auf eine Katastrophe zusteuerte.

Einmal war ich übers Wochenende bei ihm, als er plötzlich von ein paar Leuten Besuch bekam. Mich ärgerte das, weil er mir versprochen hatte, sich das Wochenende ausschließlich für mich Zeit zu nehmen, und weil ich seine Bekannten und Freunde nicht sonderlich mochte. Dies beruhte wohl auf Gegenseitigkeit, denn auch sie beäugten mich stets skeptisch, nahmen mich nicht ernst und hielten beharrlich an Gesprächsthemen fest, die mich von der Unterhaltung ausschlossen. Mir blieb nichts anderes übrig, als auf der Couch zu sitzen und zu beobachten, was vor sich ging.

So war es auch an diesem späten Samstagnachmittag. Aber irgendetwas war anders. Es wurde nicht viel geredet, stattdessen holten die Männer kleine, flache, weiße Geräte aus den Taschen, die in der Mitte gewölbt waren und am unteren Ende ein Display hatten. Dirk ließ sich von einem dieser Typen eine Tüte geben, aus der er mehrere rechteckige braune Platten zog und auf den Tisch legte. Dann schaute er sich in der Runde um, fragte jeden »Wie viel?«, und sie nannten ihm Zahlen zwischen zehn und hundert. Dirk brach dann etwas von den braunen Platten ab oder gab sie im Stück weiter, und die Männer legten das Erhaltene auf die weißen Dinger, die Waagen zu sein schienen. Wenn die Anzeige mit der zuvor genannten Zahl übereinstimmte, gaben sie ihm Geld. So viel Geld, wie ich es bis dahin noch nie auf einmal gesehen hatte. Dann ging dieses eigenartige Spiel in die nächste Runde, und es wurden Tüten mit einem weißen Pulver verteilt. Zu grob für Backpulver, zu kristallartig für Zucker. Vielleicht Salz. Ich wollte nicht über das nachdenken, was da gerade vor sich ging, aber mit jedem Wort, das aus Dirks Mund kam, lief mir ein Schauder über den Rücken. Er kam mir abgebrüht und kühl vor. So kannte ich ihn nicht. Es war ein Geschäft. Ein Spiel. Drogen. Er verkaufte Drogen. Das Zeug, mit dem sich meine Schwester zu Grunde richtete, wie ich erst vor kurzem erfahren hatte. Alkohol und Zigaretten waren schon in der Schule nicht mehr als Mutproben gewesen, an denen man teilnahm, um dazuzugehören. Aber ich hatte nie ein wirkliches Bedürfnis danach gehabt. Es störte mich inzwischen sogar, dass Dirk rauchte, weil der Qualm so in den Augen brannte. Und nun erfuhr ich, dass der Mann, den ich liebte, mit Drogen handelte. Auch wenn ich nicht wusste, was für ein Zeug das war, das da über den Tisch ging, so hatte ich doch ein ungutes Gefühl dabei. Meine schöne heile Welt mit ihm stand kurz vor dem Zusammenbruch. Er war nicht mehr der, für den ich ihn hielt.

Als die Typen verschwunden waren, machte ich meinem Freund eine riesige Szene. Ich wollte wissen, was sie da getan hatten und warum er das gerade dann veranstalten musste, wenn ich da war. Er blieb ganz ruhig und lachte, als ich ihn über die Gefahren von Drogen belehren wollte. Ich erzählte ihm von meiner Schwester und davon, wie sehr sie sich verändert hatte, seitdem sie mit unserer Pflegemutter nach Berlin gezogen war. Ich sagte, dass sie Drogen nahm und dass so was doch nicht gut sein könnte. Er spielte den Verständnisvollen und nahm mich in den Arm. Noch am selben Abend nahm ich zum ersten Mal Crystal, und es war fürchterlich. Es schien mir die Nasenschleimhäute wegzuätzen, meine Nase begann zu bluten und das Brennen reichte bis in den Hals. Es schmeckte bitter, leicht salzig, unbeschreiblich ekelhaft. Dirk nahm nichts, fragte aber immer wieder nach, wie es mir ging. Mir wurde schlecht und meine Beine gaben nach, bis das Gefühl ganz plötzlich umschlug und es mir schien, als wäre ich vollkommen wach, aufgedreht, hibbelig und voller Tatendrang. Ab diesem Punkt wusste ich am nächsten Morgen nichts mehr. Nur dass es mir gefallen hatte, was mit mir passiert war. Dafür schmerzte mein Kopf, meine Nase. Mund und Hals waren so trocken, dass die Zunge am Gaumen klebte.

Es blieb nicht bei diesem einen Mal, und aus dem Abenteuer Droge wurde schnell eine Gewohnheit, die aber noch nicht die Symptome einer Sucht hatte. Ich wollte dieses Gefühl immer wieder, wollte mit den Bekannten von Dirk mithalten können und nicht immer nur wie das arme schüchterne Heimkind in der Ecke sitzen. Zum damaligen Zeitpunkt hatte ich noch lange Haare, trug meistens Cord-Schlaghosen und weite Pullis. Ich hatte bis dahin keine modischen Ansprüche, und ganz davon abgesehen reichte das Bekleidungsgeld vom Jugendamt ohnehin nicht aus, um immer mit der Mode zu gehen. Aber auch das änderte sich schnell. Mit Dirks Freunden mitzuziehen, was die Drogen anging, reichte mir bald nicht mehr aus. Ich wollte richtig dazugehören, auch was mein Aussehen betraf. Deshalb ließ ich meine Haare schneiden und knallrot färben. Meine alten Klamotten verschwanden ganz hinten im Schrank, und ich gab schon im Januar mein gesamtes Bekleidungsgeld für das ganze Jahr aus. Ab und zu steckte mir Dirk immer noch etwas zu, aber er hörte bald ganz damit auf. Mir kam es so vor, als hätten wir uns mit jeder Line, die ich rotzte, weiter voneinander entfernt, und dabei hatte er mich an das Zeug herangebracht. Nur im Bett war alles gut.

Mein scheinbar neues Selbstvertrauen gefiel nur den wenigsten Menschen aus meinem ›alten Leben‹, wie ich es mittlerweile nannte. Mit dem Kinderheim konnte ich mich nicht mehr identifizieren, genauso wenig wie mit der Ausbildung zum Kinderpfleger, die ich gerade mal ein halbes Jahr zuvor begonnen hatte. Ich stieß viele Menschen vor den Kopf, und nur einige wenige, von denen die meisten Mädchen aus meiner Klasse in der Berufsschule waren, gaben nicht viel auf meine Verwandlung und fanden es spannend, einen echten Schwulen zu kennen. Mir kam das hinterwäldlerisch vor. Dennoch war dieses Interesse wohl der einzige Grund, warum ich noch ab und zu zur Ausbildung ging. Meistens wollte ich bei Dirk sein, und deswegen tat ich, woran mir gelegen war. Betreuer, Jugendamt und Dozenten beäugten das mit Skepsis, aber die Konsequenzen für mein Verhalten blieben aus oder hielten sich in Grenzen. Vielleicht bemerkte ich es aber auch nicht, weil ich mit den Drogen und meinem neuen Leben das Gefühl hatte, über allem zu stehen. Man konnte mich nicht kritisieren, denn entweder rastete ich aus oder ließ die Kritik an mir abprallen. Ich fühlte mich allmächtig und dachte, dass ich den Sinn des Lebens erkannt hätte, obwohl ich ihn nicht benennen konnte, wenn man mich danach fragte. Dann wich ich dem Thema aus, indem ich davon erzählte, wie beschränkt doch der Horizont aller Erwachsenen und Jugendlichen im Kinderheim oder in der Schule sei. Ich behauptete, es wäre zu einfach, offenzulegen, was ich mühevoll hätte erkennen und erkämpfen müssen. Nur deswegen würde ich den Sinn, den ich im Leben erkannt hätte, nicht verraten. Unter der Wirkung von Crystal schien ich über grenzenlose Fähigkeiten zu verfügen, und ich wusste auf jede kritische Frage spontan eine Antwort. Aber wie alles, so hatte auch diese Medaille zwei Seiten. Neben meiner Wesensänderung, die ich als Bereicherung für mein Leben empfand, merkte ich auch, wie mein Körper verfiel. Oft war ich kurz davor, zusammenzuklappen. Mir fehlte es an Schlaf, und Essen war nicht wichtig, weil ich keinen Hunger verspürte. Meine Haut war an unzähligen Stellen wund, und meine Nasenschleimhäute trockneten aus. Ich bekam immer häufiger Nasenbluten. Aber die Vorteile überwogen das. In der schönen heilen Welt, die mir die Drogen brachten, fühlte ich mich wohl. Mein neuer Umgang füllte mich aus, und ich glaubte viel von Dirks Freunden lernen zu können. Mein Freund schenkte mir Glück, deswegen wurde er mein Gott. Glück hatte die Form von kleinen weißen Kristallen. Mein Gott brachte es mir und ich verehrte ihn. Ich duldete kein böses Wort über ihn, und ich tat viele Dinge, die mir widerstrebten, weil ich dachte, dass sie eben dazugehörten. Der Sex mit meinem Freund war schrecklich. Es tat weh oder war eklig. Dennoch, wenn er wollte, war ich dazu bereit. Immer und überall. Auch als er mir eines Tages vorschlug, nach Tschechien zu fahren. Er würde in einer tschechischen Stadt ein schwules Hotel kennen, zu dem auch ein kleiner Club gehörte. Der Besitzer sei ein alter Freund von ihm, dem er mich gern vorstellen wollte. Ich fühlte mich immer geschmeichelt, wenn er mich, scheinbar voller Stolz, seinen Freunden präsentierte. So war es auch diesmal, obwohl ich ein ungutes Gefühl wegen des schwulen Hotels hatte. Durch Dirk hatte ich die Szene und ihre einschlägigen Etablissements kennen gelernt, die ich nicht verstand, da sich alles um das eine Thema drehte. Nach Darkrooms, Klappen, Swingerclubs und Co., die er mir zeigte, die wir aber nicht benutzten, war ich nicht sicher, was mich dort erwarten würde. Aber das Hotel war nicht schlimm. Es war klein, gemütlich und lag etwas abseits vom Zentrum. Und doch veränderte sich mit diesem Wochenend-Ausflug ganz plötzlich alles. Dirk wollte mir nicht mehr einfach so das Zeug zum Rotzen überlassen, und als ich wissen wollte, was ich dafür tun müsste, zeigte er auf seinen Freund, mit dem ich dann ins Nebenzimmer gehen sollte. Ich ließ es geschehen. Als wir wieder zu Hause waren, schlug er vor, dass ich mich umhören sollte, ob nicht im Heim oder in der Schule jemand Interesse an Crystal hätte, ich könnte es dann verkaufen und meinen Eigenbedarf absichern. Alles war plötzlich Eigenbedarf, seine anfängliche Großzügigkeit schwand, und er zeigte mir die kalte Schulter, wenn ich um seine Liebe bettelte. Er bemühte sich kaum noch um mich, und als ich sein Angebot ablehnte, Crystal für ihn zu verkaufen, berührte er mich außerhalb des Bettes überhaupt nicht mehr. Dafür lernte ich immer mehr von seinen ›Freunden‹ kennen, die zu meinem Verwundern plötzlich wesentlich älter waren als die, um deren Gunst ich zu Anfang gekämpft hatte.

Davor und danach bekam ich immer wieder etwas, aber es bewirkte nicht mehr das, was ich mir davon versprach. Mein erweiterter Horizont ließ mich nur noch erkennen, wie sinnlos das Leben war, und es fühlte sich leer an, wenn ich eine Line gerotzt hatte. Nur betäuben tat es mich noch immer. Zu dieser Zeit lernte ich Silvio kennen. Trotzdem ich immer noch mit Dirk zusammen war und mir einredete, ihn zu lieben, ließ ich mich auf Silvio ein. Silvio war ganz anders als Dirk, ein Jahr jünger als ich und genauso naiv. In seiner ersten Beziehung, die damals gerade in die Brüche ging, lief einiges schief, auch wenn das andere Gründe hatte. Deshalb verstanden wir uns gut, trösteten uns gegenseitig und glaubten, ineinander verliebt zu sein, obwohl unser einziges Thema unsere vorangegangenen Beziehungen waren. Er tat mir gut, und wir lagen stundenlang auf dem Bett in meinem Zimmer im Heim, hielten uns fest und knutschten. Mehr passierte nie zwischen uns. Silvio half mir ohne es zu wissen dabei, mich Dirk gegenüber rarzumachen. Ich erzählte ihm, dass mit Dirk Schluss sei, und insgeheim wünschte ich mir das auch, glaubte aber noch, dass es wieder besser zwischen uns werden könnte. Ich wollte wieder in die Welt zurück, in der Dirk lebte und in die er mich eingelassen hatte. Ich hatte das Kinderheim und 33 Euro Verpflegungsgeld die Woche satt. Ich wollte etwas Besseres. Aus diesem Grund trennte ich mich von Silvio, nachdem Dirk von ihm erfahren hatte und mich darum bat, noch einmal von vorn anzufangen.

Schon bald kam die Erkenntnis, was für ein Trottel ich war, denn Dirk hatte sich nicht verändert. Für den schnellen Sex war ich ihm gut genug: mit dem Bauch aufs Bett. Den Arsch in die Höhe. Dreimal rein und raus. Fertig. Gummi, egal. Genauso mein ›Nein‹, das geschrien ungehört blieb. Meine Versuche, ihn von mir wegzuschieben, wurden vereitelt, indem er mich auf die Matratze drückte. Dabei stöhnte er mir in den Nacken, sein Atem roch nach Knoblauch. Wie auch am Sonntag, als er mich ins Heim zurückbrachte und mich küssen wollte.

Bilanz eines Wochenendes: Am Freitag von dem einen getrennt, um mit dem anderen mitzugehen, um am Samstag gedemütigt zu werden und am Sonntag von sich selbst angeekelt unter heißem Wasser vor dem Scherbenhaufen des eigenen Lebens zu stehen.

KAPITEL 10

Mein eigener Mörder

Alles war gut geplant. Nichts wollte ich dem Zufall überlassen. Die Tabletten hatte ich schon aus der Packung gedrückt und in eine Schale gelegt. Vor mir lag ein kleiner weißer Berg aus hundert Blutdrucktabletten und zwanzig Schmerzpräparaten. Die Flasche Rotwein war entkorkt, der CD-Player stand schon im Badezimmer. Und das Wichtigste, das kleine weiße Päckchen mit den Rasierklingen, steckte in meiner Hosentasche. Aus den beiden unteren Stockwerken hörte man die schreienden Kinder und das Klirren des Geschirrs beim Tischdecken. Bald würde es Abendbrot geben, aber das scherte mich nicht. Da ich immer noch einen Sonderstatus im Heim besaß, musste ich daran nicht teilnehmen. Ich war mir sicher, dass es richtig war, was ich vorhatte.

Ich stellte die restlichen Sachen ins Bad und meldete mich dann bei einer Erzieherin ab. Ein notwendiges Übel, auch wenn man auf Selbstständigkeit getrimmt wurde. Keiner sollte verloren gehen. Anstatt aber, wie abgesprochen, nur noch meine Jacke holen zu gehen und dann das Heimgelände zu verlassen, ging ich zurück in den Waschraum únd schloss mich darin ein. Auf das Waschbecken gestützt schaute ich in den Spiegel. Ich erschrak vor der Fratze, die mir dort entgegenblickte. Das war ich. Traurig und müde. Abgebrüht und geschlaucht. Meine Wangenknochen traten aus dem mageren Gesicht hervor. Unter den geröteten Augen lagen tiefe dunkle Schatten. Nur meine auffälligen roten Haare machten mir bewusst, dass ich es war, der mich da aus dem Spiegel anschaute.

Nun musste ich es tun, bevor ich den Mut verlor. Aus diesem Grund schrieb ich auch keinen Abschiedsbrief. Unzählige Versuche, meinem Leben ein Ende zu setzen, waren immer wieder an diesen verfluchten Briefen gescheitert. Ich schrieb und heulte dabei, und die Seiten füllten sich durch die Tränen, die auf das Papier tropften, mit unleserlichem verschwommenem Text. Danach konnte ich es einfach nicht mehr tun, weil in der Überlegung zu den letzten Worten, die ich hinterließ, plötzlich alles relativ und lächerlich erschien. Nichts war es wert, dass man seinem Leben ein Ende setzte. Aber diesmal, da zählte diese Überlegung nicht. Sie musste vermieden werden, damit keine Zweifel entstanden und damit das Selbstmitleid über den Willen und die Neugier zum Leben siegt.

Ich stellte den CD-Player an, drückte Play und die Repeat-Taste. Eine männliche Stimme raunte: *»Let me be your Hero.«* Dieses Lied von Enrique Iglesias bestimmte schon zuvor viele der Momente, in denen ich mich meinen befremdlich wirkenden Angewohnheiten hingab und mich selbst verletzte. Vielleicht erschien es mir passend, weil ich auch gern jemanden gehabt hätte, der mich darum bat, mein Held sein zu dürfen. Oder weil ich mir zynisch dachte, was für ein toller Held ich war, wenn ich mich selbst für alle Dinge bestrafte und aufgab, anstatt zu kämpfen.

Begleitet von der gepressten Stimme Iglesias' lehnte ich mich an die Wand und begann, die Tabletten einzeln mit etwas Rotwein hinunterzuschlucken. Ein nicht ganz einfaches Unterfangen, da das Schälchen so viele Tabletten bereithielt und ich schon bald einen unangenehmen Würgereiz verspürte. Ich nahm immer mehr Pillen auf einmal und immer größere Schlucke aus der Flasche. Dann wartete ich einen Moment und atmete ein paar Mal tief ein, nahm erneut eine Mischung aus Tabletten und Wein und versuchte sie herunterzubekommen. Ich musste mich konzentrieren, um mich nicht zu übergeben. Auch gegen das Verlangen Wasser zu trinken kämpfte ich an, da ich das Gemisch in meinem Magen nicht verdünnen wollte. Ich nahm erneut einen Schluck aus Flasche und war erleichtert, als die Schale endlich leer war.

In meinem Kopf drehte sich alles, aber ich war mir sicher, dass das nur eine Folge des Rotweins war und nicht durch die Medikamente verursacht wurde. Ich musste mir sicher sein, dass es zu Ende geht. Ich hoffte auf die schnelle Wirkung der Tabletten und fürchtete mich vor Schmerzen.

Die untergehende Sonne schien durchs Dachfenster, und der Raum wurde in ein sonderbares Licht getaucht. An die Wand gelehnt schaute ich durch das Fenster auf einen Baum, dessen Äste sich leicht im Rhythmus des Windes bewegten. Ab und zu flog ein Schwarm Krähen durch den Ausschnitt des Himmels, den ich von hier aus sehen konnte. Aus den unteren Etagen waren kaum Geräusche zu vernehmen. Sie essen wohl gerade, dachte ich.

Mir fiel das Päckchen in meiner Hosentasche ein. Ich zog es heraus und betrachtete die weiße Verpackung. Ich war mir nicht sicher, ob ich das wollte. Ich hatte nicht darüber nachgedacht, was das Leben für mich jetzt noch lebenswert machen könnte. Es sollten keine Zweifel aufkommen, die den Mut für den Schritt ins Ungewisse zerstörten. Ich versuchte mir Gedanken dieser Art zu verbieten, aber dadurch schienen sie nur noch stärker zu werden. Wenn man beschließt, über etwas nicht nachzudenken, dann denkt man automatisch daran.

Ich hatte zehn Rasierklingen, jede einzeln verpackt in Papier. Es waren gute und teure Rasierklingen. Nicht so wie sonst, wenn ich Einwegrasierer auseinandernahm, um an deren

Klingen zu gelangen und mich zu schneiden. Ich mochte auch keinen Wein, schon gar keinen Rotwein. Aber es war mir wichtig, dass mein Leben mit einem Hauch von selbstverstandenem Luxus aufhörte. Der Rotwein musste teuer sein, aber nicht zwangsläufig schmecken, die Klingen mussten eine Marke haben. Ich bezahlte all dies von dem Geld, mit dem ich meine Monatsfahrkarte für den Bus bezahlen sollte. Das Ticket würde ich sowieso nicht mehr brauchen. Wenn ich dann tot war, so überlegte ich mit bitterem Spott, konnte das Heim die Ausgabe beim Jugendamt als Verpflegungs- oder Hygienegeld abrechnen.

Ich nahm die erste Rasierklinge aus der Schachtel. Behutsam faltete ich das Papier auseinander, in das sie eingepackt war, und hielt sie ins Licht.

»Wie schön du bist«, flüsterte ich und musste lächeln. Solche Rasierklingen bergen tatsächlich eine gewisse Schönheit, wenn man ansonsten nur Provisorien benutzt hat, um sich zu verletzen und dadurch zu spüren.

Die ersten Schnitte macht man mit Vorsicht, langsam und mit sanftem Druck zieht man die Klinge über die Haut. Nicht mehr als ein kleines Kribbeln ist dabei zu spüren, die Verletzung ist ein kleiner oberflächlicher, kaum sichtbarer roter Strich.

Mit jedem neuen Ansetzen wurden die Bewegungen nun schneller und die Wunden größer. Die roten Tränen flossen warm über meinen Arm. Ich hatte ein bestimmtes System, nach welchem ich bei der Selbstverletzung vorging. Ich bin Rechtshänder, deswegen fing ich immer am linken Arm an zu schneiden. Die Narben aber waren dort weniger und kleiner, als die am rechten, weil der erste Arm dazu diente, die Hemmungen abzubauen und die Angst vor der Selbstverletzung zu verringern.

Auch diesmal war das nicht anders, abgesehen von der Tatsache, dass ich nicht nur in die Unterarme schnitt, sondern in jede freie Stelle bis zur Schulter, in die Hand und in meine Finger.

Ich wollte noch einen Schluck aus der Flasche nehmen und bemerkte, dass es mir schwerer fiel mich aufzurichten. Um mich herum schien sich der Raum zu drehen. Mein Kopf tat weh und mein Mund war trocken. Mit einem Gefühl der Erleichterung dachte ich, dass es jetzt losginge. Es fühlte sich wohlig an, wie eine Art Vorfreude. Aber auf was?

Die Schnitte am rechten Arm führte ich weniger sanft aus. Mit festem Druck zog ich die Klinge über die Haut. Ich tastete nach meinem Puls. Er ging schnell und unregelmäßig. Ich versuchte die Ader zu verletzen, aber es gelang mir nicht. Ich wiederholte den Versuch, parallel zum Handgelenk, aber auch da blieb nicht mehr als ein tiefer Schnitt, der genauso stark blutete wie die anderen. Ich bekam Zweifel an meiner Überzeugung. Woher sollte ich wissen, dass ich wirklich sterben wollte, wenn ich zu schwach war, um mir die Rasierklinge durch die Sehnen zu jagen? Vielleicht wollte ich unbewusst doch noch leben. Vielleicht war ich zu feige, wie immer. Ich wurde wütend. Ich hatte mir vorgestellt, dass in dieser Situation keine Gefühle aufkommen würden. Ich dachte, dass alles leer sein müsse, wenn man sich kaltblütig das Leben nimmt. Der Gedanke an den geplanten Selbstmord hatte mir im Vorhinein immer gefallen. Es war ein kleines Abenteuer, die Tabletten zu besorgen, den Tag zu planen, den Betreuern und Mitbewohnern etwas vorzuspielen, um keinen Verdacht aufkommen zu lassen. Alles stand fest. Am Tag zuvor hatte ich unter der heißen Dusche beschlossen, dass es gleich am nächsten Tag passieren müsse, um diese Uhrzeit und mit dieser Musik. Selbst die Kleidung, die ich tragen wollte, hatte ich schon am Sonntag ausgewählt. Und immer hatte ich dabei diese kühle Freude empfunden, die Ahnung, wie es sein könnte, mein eigener Mörder zu werden und Dirk nicht mehr sehen zu müssen. Aber die Wirklichkeit war anders. Ich hatte Angst zu scheitern, Angst vor dem Tod und vor dem Leben. Ich war wütend, weil ich diese Angst verspürte und mir die Kraft fehlte, die Klinge so bestimmt zu führen, dass dem Schnitt eine tödliche Fontäne aus Blut folgte. Ich versuchte es immer und immer wieder und wechselte erneut die Klinge. Die Wut erzeugte in mir einen altbekannten Druck. Es war das Gefühl platzen zu können, wenn ich versagt hatte, wenn ich jemandem wehgetan hatte oder irgendetwas schief lief. Manchmal reichten dafür schon Kleinigkeiten. Nach meinem Wechsel von der Hauptschule zur Realschule hatte ich oft im Mathematikunterricht gesessen und war fest davon überzeugt gewesen, die Aufgaben zu verstehen. Trotzdem kam ich nie auf das geforderte Ergebnis. Dann hielt ich den Zirkel so fest in meiner Hand, dass die Knöchel der Finger weiß durch die Haut schimmerten, und stach mir die Spitze immer wieder in den Arm oder in den Oberschenkel. Ich tat es unauffällig, so dass es niemand merkte. Erst dadurch löste sich der Klumpen in meinem Bauch auf.

Es war eine Matheaufgabe. Ich musste herausfinden, wie viel Druck auf die Klinge nötig war, um zu sterben. Doch ich kam nicht auf die Lösung. Es war wie in der Schule. Der Klumpen würde nur verschwinden, wenn ich ihm die Möglichkeit bot, aus mir heraus zu können. Dafür brauchte ich die Schnitte. Deshalb hatte ich mein Essen so oft erbrochen. Das, was da nicht hingehörte, musste raus. Und aus diesem Grund lag ich nun da und schnitt mit der Rasierklinge mein T-Shirt auf, als ich keinen Platz mehr auf den Armen fand und meine Kraft nicht mehr ausreichte, um es mir auszuziehen.

Das Cutten auf dem Bauch war immer ein sehr intensives Erlebnis. Eine unangenehme Mischung aus Kitzeln und Zwicken, die noch Tage danach anhielt. Und eine Art Sport, denn um möglichst tief schneiden zu können, musste man die Bauchmuskeln anspannen. Es gab einen gewissen Punkt, an dem es schön und warm wurde. Alles entspannte sich, und ich spürte die Gewissheit am Leben zu sein, weil ich *mich* spürte. Aber diesmal war es anders. Ich schnitt unkontrolliert drauflos. Ich wollte irgendetwas an mir kaputt machen und die Wut über mein Versagen loswerden. Und ich wollte hässlich sein. Wenn ich schon überleben musste, dann sollte jeder sehen, dass ich mich hasste. Dieser Körper und dieses Leben gehörten nicht zu mir. Das war fremd. Das, was man an mir anfassen konnte, gehörte eigentlich einem anderen. Ich war ein Versehen, aber niemand merkte es, geschweige denn, dass es jemand hätte begreifen können. Ich hätte nicht leben dürfen, und mit jedem Zug der Klinge verlieh ich dieser Gewissheit Ausdruck. Über die Brust, die Beine und das Gesicht. Bis neun von zehn Messern aufgebraucht waren und ich in einer Lache aus Blut lag, bis der fremde Körper immer schwächer und die Zeit langsamer lief. Aber die Wut verschwand nicht. Sie wurde stärker, und ich begann sie auf die Menschen zu richten, die mir in meinem Leben begegnet waren. Vielleicht waren sie daran schuld, dass es so weit gekommen war. Sie hatten mich übersehen und nicht verstanden, so als ob ich eine andere Sprache sprechen würde. Sie hatten nicht kapiert, wie groß dieser Schmerz war und woher er rührte. Selbst wenn ich mir vor ihnen den Finger in den Hals steckte, füllten sie mir den Kühlschrank, wenn ich mich schneiden wollte, boten sie mir das Messer an, wenn ich Drogen brauchte, gaben sie mir das Geld. Ich hasste sie alle und schrieb genau das mit meinem Blut an die Tür: *Ich hasse euch. Wegen euch will ich tot sein.*

Die Trockenheit aus meinem Mund kroch den Hals hinunter. Die Zunge klebte am Gaumen, das Zäpfen am Eingang zur Speise- und Luftröhre. Der Brechreiz war verschwunden. Ich lag auf dem Boden und griff nach der Flasche Rotwein. Ein guter Wein, Jahrgang 99. Es war das Jahr, in dem meine Eltern sich das Leben genommen hatten. Den Wein hatte ich in einem kleinen Weinladen gekauft, dem einzigen in der Stadt. Ich hatte gesagt, dass ich zwanzig Euro hätte und dafür eine Flasche Wein wollte.

»Was für einen?«, hatte man mich gefragt, und ich hatte keine Antwort gewusst.

»Rot«, antwortete ich verlegen, aber mit Bestimmtheit. Die Verkäuferin musste geahnt haben, dass ich keine Ahnung hatte und empfahl mir zwei Weine, einen Trockenen aus Afrika und einen Halbtrockenen aus Deutschland. Ich nahm den Halbtrockenen, weil er teurer war.

Auf dem Rücken liegend, den Mund geöffnet, schüttete ich mir etwas von dem Zeug in den Schlund. Wie ein Verdurstender gierte ich nach der Flüssigkeit, die Hälfte lief jedoch rechts und links an meinem Mund vorbei und vermengte sich auf den Fliesen mit dem Blut. Ich stellte die Flasche unsanft zurück auf den Boden, und sie fiel um. Die Pfütze wurde größer. Einen Moment überlegte ich, wer das alles saubermachen musste. Aber es tat mir nicht leid.

Eine Klinge hatte ich noch. Ich suchte mit meiner Hand den Boden nach ihr ab und fand sie. Das einst so weiße Papier war nun verklebt mit geronnenem Blut. Der letzte Schnitt ging durch die Schläfe. Der Druck war richtig, ich spürte, wie das Blut am Kopf herunterlief und meine Haare verklebte. Meine Anspannung löste sich, die Wut auf ungelöste Mathematikaufgaben verschwand, und ich wurde ruhig.

Nun wartete ich darauf, dass alles vorbei wäre, dass irgendein helles Licht erschien oder sich Schwärze über mich legte. Draußen wurde es tatsächlich dunkel, die Heimkinder kreischten, redeten und spielten. Die Betreuer schrien dazwischen, um sie zur Ordnung zu rufen oder sie aufzufordern ins Bett zu gehen. Es war das altbekannte Treiben wie an jedem anderen Tag auch. Eigentlich, so dachte ich, müsste jetzt doch mein Leben in Bildern an mir vorbeiziehen. Aber nichts geschah. Die Minuten schienen wie Stunden zu vergehen, und ich konnte nur daliegen, auf die Decke starren und den Geräuschen lauschen. Dabei kam es mir vor, als würde Iglesias immer lauter werden, das Lied hingegen immer monotoner.

Im Treppenhaus näherten sich Schritte. Ich wurde nervös, denn der Zugang zu den Badezimmern in unserer Etage lag in der Nähe der Treppe. Mein Herz klopfte, als ich die Vibrationen auf dem Boden spürte. In meinem Kopf drehte es sich wilder als zuvor und der Raum verschwamm immer mehr. Dann waren die Schritte wieder weg. Nichts passiert, flüsterte ich mir beruhigend zu, aber mein Herz wollte nicht aufhören zu schlagen. Mein Puls raste wie nach einem Dauerlauf. Ich konnte ihn hören. Mal schnell, dann wieder langsam. Dann wieder schnell. Bis plötzlich alles aufhörte.

KAPITEL 11

Die Folgen des Scheiterns

»O Gott, Timm!«, rief Schwester Lisa erschrocken. Es musste in der Tat ein eigenartiges Bild sein, das sich ihr bot. Die Schnitte im Gesicht waren verschorft, an der Schläfe klebte ein großes Pflaster, meine Arme und Beine waren verbunden wie bei einer Mumie.

Schwester Lisa war die Stationsschwester. Eine kleine Frau, mit blondem, gelocktem Haar und freundlichen großen Augen. Ich antwortete ihr nicht. Die Ärztin aus dem Krankenhaus, die den Transport in diese Klinik begleitet hatte, gab Lisa einige Unterlagen und verabschiedete sich von mir. Mein Anspruch an Höflichkeit war seit meinem Erwachen im Krankenhaus verflogen, deshalb reagierte ich auch darauf nicht.

»Frau Dr. Hübner wird gleich kommen«, sagte die Schwester mit ihrer rauchigen Stimme und bedeutete mir mit einem leichten Druck auf die Schulter, in den Speisesaal zu gehen.

In diesem Raum hatten die Patienten gerade Musiktherapie, und sie sangen *Hoch auf dem gelben Wagen.* Es waren Jugendliche in meinem Alter, manche etwas jünger, andere älter – aber alle unter achtzehn Jahren. Es war ein Jahr her, dass ich nach drei Monaten Behandlung von hier entlassen worden war, weil ich mich nach dem Aufenthalt bei Hanne und ihrer Familie selbst verletzt hatte. Hier hatte ich Leonie kennen gelernt. Und dabei hatte ich den Arzt im Krankenhaus gebeten, nicht wieder hierher verlegt zu werden, sondern wenn es unbedingt sein musste, in eine andere Klinik zu dürfen.

Ich sah in den Gesichtern meiner Mitpatienten nicht weniger Entsetzen als kurz zuvor noch in den Augen von Schwester Lisa. Man musterte mich mit Befremden, und ich überlegte, ob diese Konfrontation mit meinem Äußeren, das ich als Entblößung empfand, schon der Beginn von dem war, was Frau Dr. Hübner als Verhaltenstherapie bezeichnete. Passenderweise war die Gruppe in diesem Moment bei der letzten Strophe des Liedes angelangt:

Sitzt einmal ein Gerippe
hoch auf dem Wagen vorn,
hält statt der Peitsche die Hippe,
Stundenglas statt Horn.
Sag ich: Ade, nun ihr Lieben,
die ihr mitfahren wollt.
Ich wäre so gern noch geblieben,
aber der Wagen, der rollt.

Wie ein Affe im Käfig saß ich nun da und musste mich anstarren lassen. Ich starrte zurück und bot mich den Blicken geradezu dar. Viele wandten sich ab, als sie begriffen, dass ich trotz meines derangierten Aussehens einer von ihnen war. Ich hätte gern hinausgeschrien, dass ich einfach ein Mensch sei, traute mich aber nicht.

Die Fenster des Speisesaals waren mit Window-Color-Bildern zugeklebt. Neben dem Kartenspiel ›Phase 10‹ war das Basteln von Fensterbildern in dieser Klinik ein beliebter Zeitvertreib. An einer Pinnwand hingen Fotos, die ich auch schon vor einem Jahr hatte betrachten können. Sie zeigten Patienten beim Grillen oder bei Sportfesten, und ich vermutete, dass man sie aufgehängt hatte, um Eltern zu beruhigen, die sich mit dem Gedanken trugen ihr Kind an diesen Ort zu bringen. Den gleichen Zweck hatten die Faltblätter, die im Flur vor dem Schwesternzimmer auslagen. Darin war die Rede von ganzheitlicher Verhaltens- und Psychotherapie, von einem multiprofessionellen Team und qualifizierten Psychologen, Ärzten und Pflegepersonal. Die Eltern, die den Bildern Glauben schenkten, bekamen in kürzester Zeit die Einweisung oder den Gerichtsbeschluss vom Familiengericht für die Unterbringung ihres Kindes. Wenn es dann aber erst einmal eine Zeit lang in dieser Klinik war, bereuten viele ihren Entschluss, kritisierten die Methoden und verlangten eine vorzeitige Entlassung. Mehr als einmal hatte ich diesen Kampf von Kindern und ihren Eltern gegen die staatliche Klinik miterlebt. Es war schwer, die Gesundheitsfürsorge für sein Kind wiederzuerlangen.

Ich musste an Leonie denken. Ich hatte ihr versprochen, auf mich aufzupassen, und nun war ich wieder in dem Raum, in dem ich so oft neben ihr gesessen und darauf gewartet hatte, dass sie mit dem Essen fertig wurde.

Die Gruppe war unterdessen bei *Theo, mach mir ein Bananenbrot* angelangt. Es hat sich nichts verändert, dachte ich. Ich konnte mich an keine Musiktherapiestunde erinnern, in der wir nicht dazu gezwungen worden waren, dieses Lied zu singen.

Als Frau Dr. Hübner mich endlich abholte, gab sie mir zu verstehen, dass wir das Ende der Musikstunde noch abwarten würden. Sie nahm sich einen Stuhl und setzte sich neben mich. Die Ärztin war eine kleine rundliche Frau. Sie hatte ein blasses, kantiges Gesicht, das mit unzähligen kleinen roten Flecken übersät war. In ihren Mundwinkeln hing Speichel, und sie roch nach einer Mischung von Desinfektionsmittel und Schweiß. Fröhlich summte sie das Lied mit. Als das Spektakel endlich zu Ende war, bat sie mich, ihr ins Arztzimmer zu folgen.

Nach dem Eintreten wies sie mir rechts neben sich einen Platz zu und schlug meine Akte auf.

»Wie geht es dir?«, fragte sie mich einen Moment später.

Ich schaute sie mit großen Augen an und fragte sie zurück: »Wie geht es Ihnen denn?«

»Es hat sich also nichts geändert.«

»Hier ja auch nicht«, stellte ich fest, und sie richtete ihren Blick erneut auf die Unterlagen. Nach meiner ersten Entlassung hatte sie mich ambulant betreut. Ich mochte sie nicht, genauso wenig wie die andere Psychologin, die für diese Station zuständig war. Deswegen spielte ich mit ihnen. Wenn sie mich etwas fragten, dann stellte ich entweder eine Gegenfrage oder ich fragte nach dem Grund für ihre Frage und nach dem Schluss, den sie aus meiner Antwort ziehen wollten. Manchmal schwieg ich auch. Aus diesem Grund hatte man mich vor einem Jahr als ›untherapierbar‹ eingestuft. Für mich war dies eine Art Sieg und der Beweis für ihr Versagen.

»Du hast unzählige Schnittwunden, dreiundzwanzig davon wurden mit Strips geklebt und siebzehn genäht«, zählte sie auf. »Das muss sich noch mal ein Chirurg anschauen.«

Ich nickte.

»Es gibt auch immer noch Rückstände von der Tablettenvergiftung, dafür verschreibe ich dir für weitere drei Tag Kohle, die soll das Gift binden. Ein Blutbild werden wir morgen früh auch machen.«

Während sie sprach, schaute sie nicht einmal von der Akte auf. Es wirkte fast so, als würde sie mit sich selbst sprechen. Nebenbei machte sie sich Notizen.

»Dann mal zur Sache.« Sie stand auf und ging zum Schreibtisch. Aus einer der Schubladen nahm sie ein Diktiergerät heraus, setzte sich wieder und stellte es an. »Was war der Grund?«

»Für was?«

»Für deinen Selbstmordversuch.«

»Da muss ich überlegen«, sagte ich spöttisch, »vermutlich, weil ich sterben wollte. Warum fragen Sie das? Sie wissen doch, dass ich auf solche Fragen nicht antworte.«

Sie hob ihren Blick vom Papier und sah mich gereizt an. »Es ist mein Job, und ich werde deine Spielchen nicht mehr mitmachen.«

»Was für Möglichkeiten haben Sie denn, das zu unterbinden?« Ich ahnte, was ihre Antwort sein würde, denn mein ablehnendes Verhalten hatte mir schon im vergangenen Jahr einige Sanktionen eingebracht.

»Rauchverbot, Isolation, Punkteabzug, Ausgangssperre und im schlimmsten Fall einen Aufenthalt auf der Geschlossenen«, antwortete sie kühl.

»Ich rauche nicht! Isolation ist mir lieber als Musiktherapie. Punkteabzug bedeutet letztendlich auch nichts anderes als Ausgangssperre und geschlossen ist diese Station hier auch«, hielt ich ihr entgegen. Dabei war ich alles andere als überzeugt von der Richtigkeit meines Handelns. Aber ich war davon überzeugt, dass ich nichts mehr zu verlieren hatte.

»Timm«, sie blätterte wieder durch die Akte und redete ruhig, aber bestimmt und ohne mich dabei eines Blickes zu würdigen, »ich sitze am längeren Hebel. Es hängt schließlich von mir ab, wie lange du hierbleiben musst und wie angenehm sich dein Aufenthalt hier gestalten lässt.« Sie schaute mich an. »Ich hoffe, wir haben uns verstanden und du kooperierst.«

Ich schwieg. Sie hatte Recht. Ich war von ihr abhängig, und das würde wohl auch noch eine ganze Weile so bleiben. Doch das hinderte mich nicht, mich gegen dieses System zu wehren.

»Ich verstehe nicht«, sagte sie betont sanft, »warum du dir nicht helfen lassen willst.«

»Ich verstehe manches auch nicht«

»Zum Beispiel?«

»Das interessiert Sie doch gar nicht wirklich und selbst wenn, dann würden Sie mir nicht dabei helfen es zu ändern oder erträglicher zu machen.«

»Solange ich nicht weiß, worauf du anspielst, kann ich darauf nicht eingehen.«

Ihre Ruhe machte mich wütend.

»Sie wissen genau, was ich nicht verstehe«, fauchte ich sie an. »Das steht doch alles in Ihrer schlauen Akte.«

»Wenn du die Frage meinst, die du Dr. Moritz im Krankenhaus gestellt hast, die steht da drin. Aber es kann ja wohl kaum dein Ernst sein, dass du nicht verstehst, warum man dich da nicht einfach liegen gelassen hat. Oder glaubst du etwa, dass die Sonne sich um die Erde dreht?«

»Was hat denn das eine mit dem anderen zu tun?«

»Deine Betreuer und der Notarzt hätten sich strafbar gemacht«, sagte sie.

»Ja, und?«, fragte ich mit hochgezogener Stirn.

»Es kann sich nicht alles um dich drehen. Hast du dir mal überlegt, welche Konsequenzen es für die diensthabenden Betreuer gehabt hätte, wenn sie eine halbe Stunde später gekommen wären?«

»Es fehlte nur eine halbe Stunde?«

Mit großen Augen schaute sie mich an, wendete sich aber sofort wieder der Akte zu, bis sie zu einem Blatt mit dem Briefkopf des Kinderheimes kam.

»Was ist das?«, wollte ich wissen.

»Die offizielle Stellungnahme vom Kinderheim zu deinem Selbstmordversuch.« Sie machte eine kurze Pause, um das Schreiben zu überfliegen. »Du hast dich geoutet?«

»Ja.«

Ein unangenehmes Gefühl breitete sich in mir aus. In der letzten ambulanten Behandlungsstunde hatte sie mich gefragt, ob es sein könnte, dass ich homosexuell wäre. Ich hatte es damals abgestritten, obwohl ich es schon wusste. Kurze Zeit später hatte ich Dirk kennen gelernt und mich geoutet.

»Du bist oft unabgemeldet aus dem Heim verschwunden. Wo warst du?«

»Bei Dirk.«

»Wer ist Dirk?«

»Was? Das steht da nicht drin? Dabei war er doch sogar Gesprächsthema zwischen Jugendamt und Heim.« Ich kam mir mittlerweile selbst schon trotzig vor. Aber mit jedem Wort, das sie aussprach, breitete sich größere Wut in mir aus. Ich war es leid, dass alle Welt wusste, was ich wann, mit wem und wo tat. Ein Anruf genügte, und die Welt erfuhr pikante Details aus dem Leben des Timm F. Ganz egal, wie ich das fand.

»Ach, Dirk ist also Herr Rhoden?«

»Ja.«

»Er ist wesentlich älter als du. War das kein Problem für dich?«

»Warum sollte es?«

»Vielleicht hast du nach einem Ersatz für deinen Vater gesucht.«

Ihre Fragen und Vermutungen heizten meine Wut weiter an. Ich war mir sicher, dass sie mich aus der Reserve locken wollte, um hinter die Gründe für mein Verhalten zu kommen.

»Irgendwie ist es doch dämlich«, sagte ich spitz, »erst wollen Sie mir einreden, dass ich schwul bin, und nachdem Sie nun erfahren haben, dass sie mit Ihrer Vermutung richtig lagen, wollen Sie mir auch noch einen Komplex einreden.«

»Es wird von Seiten des Heims spekuliert, dass er dich weitergereicht haben soll«, ging sie über meine Frage hinweg, so als hätte sie meine Bemerkung gar nicht gehört. »Stimmt das?«

»Diana soll auch vom englischen Königshaus ermordet worden sein.«

»Du musst nicht darüber reden«, sagte sie und lächelte mild.

»Eine spannende Theorie, was? Stellen Sie sich nur vor, die englische Monarchie würde stürzen, wenn sich herausstellen sollte, dass das stimmt.« Ich redete immer lauter, meine Stimme kippte. Dirk war der Letzte, über den ich jetzt reden wollte, und sie ahnte das sicher.

»Also war es so?«, fragte sie mich.

»Was meinen Sie? Dass ich nicht wieder in dieses Loch wollte? Ja! Dass ich gerne gewusst hätte, warum man mich nicht liegen gelassen hat? Ja! Dass mir das geheuchelte Verständnis von Ihnen und allen anderen auf die Nerven geht? Und wie!«

Frau Dr. Hübner stand auf, und ich nahm an, dass sie einen Pfleger rufen wollte.

»Sie haben keine Ahnung.« Meine Augen füllten sich mit Tränen. »Sie verstehen es nicht.«

Sie beugte sich zu mir und legte mir die Hand auf die Schulter. »Ich denke, wir machen hier Schluss«, sagte sie sanft. »Ich muss dich nur noch untersuchen.«

Sie stellte mir noch ein paar Fragen zu meinem körperlichen Befinden, wie ich mit dem Entzug von Crystal klarkäme und wie die Wundheilung vonstatten ging. Ich antwortete mit wenigen Worten und ließ alles mit mir geschehen. Der Entzug war kein Problem. Schon im Krankenhaus hatte ich medikamentöse Unterstützung bekommen. Frau Dr. Hübner ordnete an, dass diese vorerst weiterhin beibehalten werden sollte. Wenigstens etwas, das an dieser Klinik gut ist, dachte ich, denn so blieben mir die körperlichen Entzugserscheinungen erspart und die psychischen gingen in meinem wirren Kopf unter. Depressiv war ich sowieso, schlafen durfte ich, so viel ich wollte, und die Aggressionen, die ich verspürte, schrieb ich dem Scheitern meines Suizids zu.

Eine halbe Stunde später fand ich mich in der Isolationszelle wieder, die von den Schwestern liebevoll ›Iso‹ genannt wurde. Dies war nach der Einweisung durch die Ärzte durchaus üblich, wie ich wusste. Vierundzwanzig Stunden sollte ich dort verbringen und mir Gedanken darüber machen, warum ich hier war. Dazu bekam ich zwei Blatt Papier, ein Arbeitsblatt mit Fragen, die mir dabei helfen sollten zu ergründen, warum es so weit gekommen war, und einen rund geschriebenen Bleistift. Für die nächsten zehn Tage hatte man mir Bettruhe verordnet, und bis auf weiteres sollte ich dem Gewichtspunkteplan folgen und Aufbaukost zu mir nehmen, da ich angeblich stark untergewichtig war. Durch eine Spritze wurde ich ruhiggestellt.

Ich hab komplett versagt, dachte ich und war mir sicher, dass man kaum tiefer sinken konnte. »Hätte ich …«, »Wäre ich …«, »Wenn ich doch nur …« – ich hatte mir meinen Tod so deutlich ausgemalt, und die Enttäuschung darüber, dass mein Vorhaben nicht gelungen war, saß tief. Nun lag ich auf dem Bett in diesem kleinen weißen Raum, der eine angrenzende Nasszelle besaß, dessen Fenster abgeklebt und dessen Heizkörper ummantelt waren, in dem es eine Kamera an der Decke und Neonlicht gab.

Willkommen in der Psychiatrie.

KAPITEL 12

Das Wiedersehen mit meinem Gott

Liebe Leonie,
heute kam dein Brief an. Leider hat man ihn hier schon gelesen und die CD eingezogen, da ich sie zerbrechen und mir etwas antun könnte. Trotzdem danke!

Seit ich dir das letzte Mal geschrieben habe, hat sich nicht viel verändert. Die Bettruhe besteht immer noch, und ich warte wie eh und je auf eine klare Ansage der Ärzte, wann ich entlassen werde. Es macht mich verrückt – jegliche Selbstbestimmung ist mir hier verloren gegangen. Ich weiß, dass du es nicht gern hörst, aber warum hat man mich nicht einfach liegen und sterben lassen? Stattdessen musste ich in der Psychiatrie Ostereier suchen und gute Miene zum bösen Spiel machen, demütig sein und so tun, als würde ich den Fehler in meinem Handeln erkennen. Leonie, ich sehe aber nicht, was ich falsch gemacht haben soll!

Jeden Tag nimmt sich Schwester Lisa eine Stunde Zeit, um meine Verbände zu wechseln und die Strips auszutauschen, die die Wunden zusammenhalten. Du müsstest mich sehen: Als ich hier ankam, schauten die Leute mich mit einer Mischung aus Ekel und Faszination an. Diesmal hatte ich auch mein Gesicht nicht verschont, aber so langsam heilt alles ab, und zumindest an meinem Kopf wird nur eine Narbe bleiben. Diese Stunde mit Schwester Lisa ist, neben deinen Briefen, der einzige Lichtblick hier. Ich mag Lisa wirklich, vor allem, da sie keine blöden Fragen stellt und meinen Selbstmordversuch nicht wertet. Wir reden über ganz normale

Dinge, während sie nebenbei meine Arme mit einer Kochsalzlösung besprüht oder die Antibiotikapflaster austauscht.

Neulich meinte sie zu mir, dass sie noch nie einem Patienten Blut abgenommen hätte. Sie könnte das nicht, weil es eine schreckliche Vorstellung für sie sei, einem anderen Menschen eine Nadel in den Arm zu rammen. Ich fand das lustig. Eine Krankenschwester, die Angst davor hat, ihren Patienten wehzutun.

Seit heute hat sie aber Urlaub, da sie die ganzen Feiertage um Ostern da war. Schwester Gertrud wechselte mir am Morgen die Verbände und erinnerte mich einmal mehr daran, wo ich mich befinde. Sie ist erst neu hier und das komplette Gegenteil von Schwester Lisa. Durch gefärbte Haare und viel Farbe im Gesicht versucht sie ihr Alter zu kaschieren, ihr Humor ist obszön und sie riecht nach 4711 Kölnisch Wasser – ein sehr penetranter Geruch, kann ich dir sagen. Der Verbandswechsel mit ihr dauert zwanzig Minuten. Heute Morgen hat sie mich gefragt, ob ich ›scheißen‹ gewesen wäre – alle anderen vom Pflegepersonal nennen es Stuhlgang. Ich denke, sie versucht dadurch jugendlich zu wirken. Ich tat so, als hätte ich sie nicht verstanden, und im zweiten Anlauf fragte sie dann auch nach meinem Stuhlgang. Anschließend gab sie mir deinen Brief, und ich habe mich darüber aufgeregt, dass er geöffnet war. Sie meinte, ich solle mal aus dem Fenster schauen, dann wüsste ich, warum der Brief geöffnet wäre. Erst verstand ich nicht, was sie damit meinte, als ich dann aber wieder in meinem Zimmer auf dem Fensterbrett saß, war es mir klar. Ich kann von hier aus genau auf den Käfig sehen, den hohen grünen Zaun, der sich am oberen Rand nach innen neigt und eine kleine Fläche, die ans Haus grenzt, vom Freigelände trennt – für Leute wie mich. Die Schwestern meinen, der Käfig sei komplett ausbruchs-

sicher, aber unter den Patienten munkelt man, dass es schon einigen gelungen sei, darüber zu klettern und abzuhauen. Aber keine Angst, ich habe nicht vor wegzurennen, auch wenn ich nicht gern hier bin.

Ich hoffe, dir geht es gut, meine liebste aller kleinen Prinzessinnen.

Dein Freund, Timm

Die Situation ließ mir keine Wahl, also musste ich mich mit ihr arrangieren, aber ich boykottierte die Klinikordnung, wo es nur ging, und versuchte meinem Unwillen Ausdruck zu verleihen. Allerdings ohne dabei zu viele Grenzen zu übertreten, denn das hätte mich noch mehr in meiner Freiheit eingeschränkt. So vergingen die ersten Tage in der Psychiatrie. Ich hatte immer noch Bettruhe. Anfangs, weil man meinte, dass ich zu schwach wäre, später, weil ich zu lange für eine Mahlzeit brauchte. Die Bettruhe hatte den Vorteil, dass man keine Bereitschaft zeigen musste, an sich zu arbeiten. Die hatte ich nicht, genauso wenig wie das Verständnis dafür, dass andere Leute über mich und mein Leben entscheiden durften. Allerdings hatte ich erkannt, dass an diesem Ort alles ›gut‹ war. Ich brauchte keine Angst vor dem Leben zu haben, weil Psychiatrie wenig mit dem zu tun hatte, was man eigentlich darunter verstand. Es war wie ein geschützter Raum, in den niemand eindringen konnte, und ich wusste, schlimmer als es war, konnte es nicht werden. Auf dem Grunde eines Loches zu sitzen, bedeutete Sicherheit für mich. Tiefer konnte es nicht gehen, und was ich zu tun hatte, war nicht mehr, als die Leiter hinaufzusteigen, die man mir reichte. Das da unten kannte ich. Das war das Einzige, was sicher war. Jede Stufe der Leiter, die ich hinaufstieg, bedeutete aber, dass ich auch wieder tief fallen konnte. Aber irgendwann traute ich mich dann doch. Mit der Unterstützung durch meine

Mitpatienten wuchs der Glaube an mich und das Leben und die Kraft, das Leben in der Klinik zu ertragen. Und so war irgendwann die Bettruhe beendet, die Fäden gezogen und die Isolation nur noch eine Erinnerung. Ich fand neue Freunde, und wir schmiedeten Fluchtpläne, deren Umsetzung absurd und unwahrscheinlich war. Aber es machte Spaß, sich als so genannter ›Irrer‹ auch irre zu verhalten und unter der Tischtennisplatte Proviantlisten zu schreiben, Aufrisse der Klinik zu zeichnen und sich mögliche Zugverbindungen zu überlegen.

Der Psychiatriealltag war dennoch allgegenwärtig. Zwar entsprachen die klischeehaften Vorstellungen nicht der Wirklichkeit, aber es gab genug Gründe, aus denen ich das Leben dort trotzdem als Tortur empfand. Es waren die Kleinigkeiten, die das Leben in der Psychiatrie zum Spiel der Schwestern und Ärzte gegen die Patienten machten. Neben dem allgegenwärtigen Punktesystem war die allmorgendliche Visite ein immer wiederkehrendes Übel. Man musste dort seine Befindlichkeiten äußern, und die Psychiater bewerteten das, was man gesagt hatte. Oft brachen die, um die es ging, dabei in Tränen aus, und manchmal gab es sogar Handgemenge oder Wortgefechte, weil Aggressions-Patienten sich in diesen Situationen nur schwer zügeln konnten. Auch ich konnte oft nicht ruhig bleiben, wobei ich aber nicht durch aggressives Verhalten auffiel. Meiner Wut verlieh ich durch harte Worte oder eisernes Schweigen Ausdruck. Ich war verstockt, baute Mauern um mich herum auf und ließ niemanden an mich heran.

Schlimmer noch als die Visite war für mich die Art, wie man mit einzelnen Patienten umging.

Ich teilte mir mit einem Jungen meines Alters namens Sven ein Zimmer. Man behandelte ihn in der Klinik wegen Magersucht, und er war in der Tat mehr als nur untergewichtig. Er und seine Mutter hatten mir allerdings erzählt, dass er nach einem längeren Krankenhausaufenthalt aufgrund körperlicher Beschwerden kein Essen bei sich behalten könnte. Die Einweisung war auf Empfehlung des behandelnden Krankenhauses geschehen. Sven sollte in der Klinik wieder aufgepäppelt werden. Wie alle Anorexie-Patienten bekam er Aufbaukost und wurde beim Essen betreut. Während der Mahlzeiten war es ihm schon geschehen, dass er sich übergeben hatte. Die Patienten hatte das in zwei Lager gespalten: Die einen konnten nicht verstehen, wieso er sich auf den Tisch erbrach, und die anderen hatten Mitleid mit ihm und sahen nicht ein, warum er danach noch einmal eine ganze Mahlzeit essen musste.

Die Schwestern und Pfleger hatten ihre eigene Art, mit seinem Leiden umzugehen. Wenn ihm anzusehen war, dass es ihm schlecht ging, kündigten sie schadenfroh an: »Achtung, jetzt kotzt er gleich wieder!« Manche der Patienten stimmten mit ein und drohten ihm wahlweise, seinen Kopf in das Erbrochene zu tunken oder ihn dazu zu zwingen, das hochgewürgte Essen erneut zu essen, wenn er sich übergeben würde.

Einmal beim Abendbrot spitzte sich die Situation zu. Wir saßen am Tisch, und Sven wurde schlecht. Er bat die Schwester um eine Pappschale, die ihm jedoch verwehrt blieb. Er solle sich anstrengen, bevor er noch einmal von vorn mit dem Essen beginnen müsse. Es war ihm deutlich anzusehen, wie er mit sich rang. Sein Körper spielte nicht mit, aber er hielt die Lippen fest zusammengepresst. Selbst dann noch, als ihm der Mageninhalt wieder hochkam.

»Schluck es wieder runter«, sagte Herr Heller, einer der Erzieher auf der Station. Plötzlich verstummten alle Gespräche, und jeder schaute zu Sven, der blass geworden war und mit den Tränen rang, während er zu schlucken versuchte. Aber mit dem nächsten Bissen von seinem Brot zeigte sich, dass sich dieser Kraftaufwand nicht gelohnt hatte. Er übergab sich am

Abendbrotstisch. Einige wurden ungehalten, beschimpften ihn und verlangten vom Personal, sich sofort vom Tisch entfernen zu dürfen oder ihn zu entfernen. Natürlich erst, nachdem er alles aufgewischt hätte. Andere blieben ruhig. Ich wurde wütend, und gern hätte ich Herrn Heller gründlich die Meinung gesagt. Sven musste den Rest seines Abendbrots aufessen und bekam dann eine neue Portion. Wieder aufwischen und wieder essen – so ging es den ganzen Abend. Später wurde diese Prozedur in unser Zimmer verlegt, aus dem ich für diese Zeit verbannt wurde. Es war mittlerweile einundzwanzig Uhr, drei Stunden nach der regulären Abendbrotzeit, als Schwester Jeanette plötzlich im Fernsehraum auftauchte und die Patienten zusammenrief. Sie forderte uns auf, anzuschauen, was es in Svens und meinem Zimmer Lustiges zu sehen gäbe. Ihr Verhalten widerte mich an, und deshalb blieb ich sitzen. Ich konnte mir durchaus denken, was es da zu sehen gab, und verstand nicht, wie man sich darüber lustig machen konnte. Was ich dann aber von meinen Mitpatienten hörte, war noch schlimmer als vermutet. Sven lag, im Schlafanzug und am Ende seiner Kräfte, in seinem Erbrochenen und wurde von Herrn Heller fotografiert, um das Ganze für die Nachwelt zu dokumentieren, wie dieser meinte. Einige unserer Mitpatienten lachten, andere waren genauso entsetzt wie ich.

Aber Svens Leiden war damit noch nicht vorbei. Er musste weiter essen, und als er Stunden später endlich sein Abendbrot bei sich behielt, sollte er nun auch noch das ›Spätstück‹ zu sich nehmen. Wir anderen hatten schon seit einer halben Ewigkeit Nachtruhe. Herr Heller, der sonst immer darauf bedacht war, rechtzeitig Feierabend zu machen, schien plötzlich seine Dienstzeit gern zu überziehen. Sven weigerte sich jedoch, noch mehr zu essen. Ein Fehler, denn Herr Heller rief zwei Pfleger von einer anderen Station zur Hilfe. Sven sollte, ersatzweise, für das verweigerte zweite Abendbrot, 500 Milliliter Fresubin eingeflößt bekommen. Allerdings hielt er seinen Mund so fest geschlossen, dass es auch drei Männern nicht gelang, ihm den Nahrungsersatz zu verabreichen. Irgendwann gaben sie es auf, und Herr Heller goss ihm das Fresubin über den Kopf. Mir ist bis heute nicht klar, warum er das tat. Welcher Zweck heiligt solche Mittel? Warum legte man ihm keine Sonde, wenn er das Essen verwehrte? Am nächsten Morgen rechtfertigten sich die Ärzte und die Stationsschwester damit, dass es in erster Linie darum gegangen wäre, sein körperliches Bestehen zu sichern. Hätte man das nicht auf eine weniger entwürdigende Weise tun können?

Sven durfte an jenem Abend in Anwesenheit von Heller duschen, bevor dieser ihn ins Bett schickte und unser Bad abschloss. Sven konnte sich kaum beruhigen. Er bettelte mich an, irgendetwas zu unternehmen, damit seine Mutter davon erfuhr, da er laut Gewichtsplan noch nicht telefonieren durfte. Ich versprach es ihm und rief sie am nächsten Tag an. In knappen Worten erzählte ich ihr von dem, was geschehen war, und kurz darauf wurde er entlassen. Er sagte mir noch, dass seine Eltern vorhätten, die Klinik anzuzeigen. Danach hörte ich nie wieder etwas von ihm.

Ich hatte danach noch weniger Vertrauen in diese Institution als vorher. Nur die Unterstützung durch meine Mitpatienten gab mir Kraft. Die einzige Form der Therapie, die ich nicht ablehnte, war die Kunsttherapie. Sie half mir, ohne dass ich dabei hätte sprechen müssen, und so wurde ich bald auch in stationsübergreifende Gruppen zur Kunsttherapie eingeteilt. Vermutlich sah man darin eine Möglichkeit, an mich heranzukommen, und die wollte man nicht verstreichen lassen.

Am Ende der Diagnostik, die vier Wochen dauerte, sagte man mir, dass ich unter einer ausgeprägten emotionalen Persönlichkeitsstörung vom Typus Borderline litt, die mit einer posttraumatischen Belastungs- und Angststörung einherging. Was das bedeutete, erklärte man mir nicht. Später kam noch der nicht ausreichend fundierte Verdacht auf Ansätze einer multiplen Persönlichkeit hinzu. Auch das wurde nicht erklärt, und ich beschloss, es selbst herauszufinden. Für das Heim war ich nicht mehr tragbar, was ich als nett formulierten Rausschmiss empfand. Daran änderte auch nichts, dass der Heimleiter sagte, wenn nur die Hälfte der Kinder und Jugendlichen im Heim so angepasst wären, wie ich es die meiste Zeit gewesen war, dann hätten die Erzieher nichts mehr zu tun. Mir war nicht ganz klar, ob ich das als Kompliment verstehen sollte. Bei mir kam es anders an, vor allem da ich wusste, dass ich von nun an in der Psychiatrie zu Hause sein würde, bis eine geeignete Einrichtung für meine Unterbringung gefunden wäre.

In der sechsten Woche meines Aufenthaltes bekam ich Besuch von Dirk. Ich hatte keine Ahnung, woher er wusste, dass ich dort war und wieso man ihn zu mir ließ. Als ich ihn sah, drehte sich in mir alles. Alte Bilder, die ich sorgfältig in meinen tiefsten Gehirnwindungen verschlossen hielt, kamen wieder hoch und zerstörten sämtliche Fortschritte, die ich in letzter Zeit gemacht hatte.

Er kam in mein Zimmer, so als wäre nie etwas gewesen. Er setzte sich neben mich aufs Bett, obwohl ich ihn nicht darum gebeten hatte. Und er schaute mich lange Zeit schweigend an, bevor er, scheinbar angewidert, den Kopf schüttelte und fragte, wie tief ich nur gesunken sei. Ich antwortete nicht, behielt aber jede Geste, jede seiner Bewegungen, sogar seine Atemzüge im Auge, um nur rechtzeitig ausweichen zu können, falls er versuchen sollte mir zu nahe zu kommen.

»Was willst du?«, fragte ich ihn, und er behauptete, dass er sehen wolle, wie es mir ginge.

»Gut geht es mir«, antwortete ich, »und jetzt kannst du ja gehen.«

Er wollte die Hand auf meine angezogenen Knie legen.

»Fass mich nicht an!« Ich stand auf. »Ich muss zum Abendbrot«, log ich und verließ das Zimmer ohne ein weiteres Wort. Einen Moment später kam er hinter mir her und drohte mir im Vorübergehen: »Wenn du deinen Mund zu weit aufmachst …«

Als die Stationstür hinter ihm zufiel, lief ich zurück in mein Zimmer. Auf meinem Bett saß eine Plüschmaus, die in ihren Händen ein Herz hielt. Ich holte die geschmuggelte Nagelschere aus ihrem Versteck und stach erst auf das Vieh ein, dann auf meine Arme und Oberschenkel. Bis Schwester Judith kam und das Blut sah. Ich musste in die Isolation und bekam Besuchssperre.

KAPITEL 13

Geburtstagsüberraschungen

In der Nacht vor meinem Geburtstag schlief ich schlecht. Es war lange her, dass ich mich auf diesen Tag gefreut hatte.

Über den Vorfall nach Dirks Besuch musste ich nicht reden, vermutlich reimten meine Mitpatienten sich ihren Teil zusammen und warteten ab, bis ich selber darüber sprechen wollte. Es war inzwischen vieles geklärt, was vor ein paar Tagen noch offen gewesen war. Ich wusste, wo ich nach dem Aufenthalt in der Klinik leben würde, und hatte von der Einrichtung bereits zwei Betreuer kennen lernen dürfen, die mich in der Klinik besucht hatten. Es war auch beschlossen worden, dass ich am darauf folgenden Wochenende für drei Tage zur Probe dort wohnen würde.

Zwei Mädchen aus meiner Klasse hatten für mich auf eine Kontaktanzeige geantwortet, und nun stand ich in regem Briefkontakt mit einem Mann namens Heiko Rosch. Es amüsierte mich, zum einen, weil alle zu denken schienen, dass sie sich in mein Leben einmischen könnten, zum anderen, weil ich neugierig auf diesen Menschen war, der mir geschrieben hatte, dass er wegen eines Komplotts im Gefängnis säße. Ich glaubte ihm.

In den letzten Wochen in der Klinik veränderte ich mich. Ich empfand es als schön und wichtig da zu sein. Ich mochte mich sogar fast, und das lag an den Menschen um mich herum, die mir das Gefühl gaben, wirklich liebenswert zu sein. Wenn das ein Mensch sagte, der aus beruflichen Gründen dazu verpflichtet war, dann war es schwieriger für mich daran zu glauben. Aber es musste wohl etwas dran sein, wenn ich es von so vielen Leuten zu hören bekam. Ich brauchte mich vor meinen Mitpatienten nicht zu verstecken und wurde so angenommen, wie ich war. Alle waren sie hier verrückt und kaputt, also saßen wir im selben Boot. Und ich mochte die anderen auch. Besonders Lara, die eine totale Chaotin war und sich, wie ich fand, oft zickig benahm. Trotzdem musste man sie mögen. Lara lag mit Patricia im Zimmer, die sich selbst als ›Gothic‹ bezeichnete, sich schwarz kleidete, viel nachdachte und behauptete, tiefgründig zu sein. Niemand machte sich darüber lustig, jeder nahm ihre Lebenseinstellung ernst.

Auf der Station gab es eine Schwester, die klar zu verstehen gab, dass sie Homosexualität abartig fand, und die der Überzeugung war, dass sich so etwas wie ein grippaler Infekt wegtherapieren lassen würde. Ich hatte besonderen Spaß daran, ihr die Tunte vorzuspielen, mit angewinkelter Hand und nasaler Stimme an ihr vorbeizulaufen. Sie machte ein angewidertes Gesicht und sparte nicht mit Beschimpfungen. Ich amüsierte mich darüber, doch Patricia und Lara fanden es diskriminierend und für eine Krankenschwester in der Psychiatrie erst recht nicht angemessen. Deswegen gaben sie sich als Lesben aus und turtelten offen miteinander herum, damit ich nicht so alleine mit dieser gewissen sexuellen Andersartigkeit dastand.

Das Leben in der Psychiatrie schweißte zusammen, wir lernten, uns loyal und solidarisch zu verhalten. Wir verschworen uns gegen das Personal und fanden gemeinsam Wege aus der Situation, die uns hierher gebracht hatte. Zusammen waren wir stark, Verbündete, die sich für die Rechte der Verrückten einsetzten, Gleichgesinnte, weil wir alle nicht fähig waren, draußen zu überleben.

Mein Geburtstag war an einem Sonntag, und ich ließ mich um acht Uhr von Schwester Lisa wecken, die mir als Erste gratulierte. Dann folgten die allmorgendlichen Rituale. Das nackte Wiegen und die davon abhängigen Entscheidungen, was ich an diesem Tag durfte und was mir verwehrt bleiben würde. Nach dem Duschen und der Medikamentenausgabe wäre das beobachtete Frühstück an der Reihe gewesen. Aber an diesem Tag durfte es ausfallen. Ich war mit Frau Steinmetz, einer Betreuerin aus dem Kinderheim, zum Picknick verabredet. Das Wetter war miserabel, deswegen durften wir den Aufenthaltsraum benutzen. Zwei Stunden hatten wir Zeit, und ich genoss unser Treffen in vollen Zügen. Wir redeten nicht über die Dinge, die im Raum zu stehen schienen. Stattdessen fanden wir heraus, dass ich während der Zeit in der Pflegefamilie nur wenige Häuser von ihr entfernt gewohnt hatte. Ich lernte Ziegenkäse kennen und bekam Kaubonbons, die nach Tomate, Rettich oder Knoblauch à la *Harry Potter* schmeckten.

Die Zeit verging schnell und Frau Steinmetz verabschiedete sich, um pünktlich ihren Dienst im Kinderheim anzutreten. Jetzt erst hatte ich die Gelegenheit, mich auf die anderen Geschenke zu konzentrieren, die auf zwei Tischen im Speisesaal aufgebaut waren. Ich wunderte mich, dass es so viele waren, und freute mich. Aber das schönste Geschenk sollte noch kommen.

Ich saß mit einigen meiner Mitpatienten zusammen im Fernsehraum, und wir schauten uns ein Video an, das ich geschenkt bekommen hatte, als ich plötzlich ans Patiententelefon gerufen wurde.

Es war Leonie.

»Alles Gute zum Geburtstag, mein Kleiner.«

»Danke, schön dass du anrufst!«, sagte ich mit ehrlicher Freude. »Geht's dir gut?«

»Ganz gut. Es würde mir aber besser gehen, wenn ich bei dir sein könnte, um dir persönlich zu gratulieren«, antwortete sie mir, aber ich hatte irgendwie das Gefühl, dass sich ihr Bedauern in Grenzen hielt.

»Wäre schon schön, aber es ist toll, dass du dran gedacht hast.«

Ich hörte das Geräusch der Stationstür und das Klicken von Absätzen auf dem Linoleum.

»Na hör mal, ich vergesse doch nicht deinen Geburtstag …«, sagte sie und fuhr in vorwurfsvollem Ton fort, »… so wie du meinen!«

Ich fühlte mich ertappt. Anfang März war Leonie neunzehn geworden, und sie war sehr enttäuscht gewesen, dass ich nicht daran gedacht hatte, obwohl sie verstand, dass mein Leben in dieser Zeit sehr chaotisch gewesen war. Ich entschuldigte mich erneut bei ihr. Sie erwiderte, dass es ja so schlimm auch nicht gewesen sei und dass sie jetzt losmüsse. Keine fünf Minuten gibt sie mir an meinen Geburtstag, um mit ihr zu sprechen, dachte ich, das sagt doch zur Genüge aus, wie sehr sie es mir doch noch nachträgt. Wir verabschiedeten uns und legten auf.

Ich griff nach einer Tafel Schokolade von meinem Geburtstagstisch, die ich meinen Mitpatienten spendieren wollte, und ging zum Schwesternzimmer, damit man dort den Anruf in meine Kurve eintragen konnte. Alles wurde genau überwacht. Jeder Anruf, jeder Brief und Besuch musste den Schwestern mitgeteilt und ins Patientenblatt eingetragen werden.

Ich sagte Schwester Lisa, dass Leonie angerufen hätte.

»Oh, schön. Wie geht es ihr?«, wollte sie wissen, da sie Leonie vom letzten Jahr noch in Erinnerung hatte.

»Ich glaube, ganz gut, sie war sehr kurz angebunden.«

Eine junge Frau, mit kurzen schwarzen Haaren saß am Kaffeetisch der Schwestern und blätterte in einer Zeitschrift. Vermutlich eine Betreuerin von einer anderen Station, dachte ich.

»Klingt ja nicht sehr begeistert«, mischte sie sich ein und legte die Zeitung zur Seite.

Verwundert schaute ich sie an. »Nur ein bisschen enttäuscht«, sagte ich dann, und plötzlich fingen beide Frauen herzhaft an zu lachen. Erst jetzt erkannte ich sie. Es war Leonie, die da saß und deren Äußeres sich seit unserem letzten Treffen sehr verändert hatte. Ich fiel ihr um den Hals und fühlte mich wie der glücklichste Mensch der Welt, weil ich sie endlich wiedersah. Meine kleine Prinzessin war da! Ich sagte ihr immer wieder, wie lieb ich sie hätte und wie schön es sei, dass sie da war. Bis wir uns irgendwann wieder voneinander lösten. Ich hielt sie an den knochigen Armen fest, machte einen Schritt zurück und betrachtete sie schweigend. Schön ist sie, eben so, wie es sich für eine Prinzessin gebührt, dachte ich. Schön und schlank, so schlank, dass ich ahnte, dass das Essen wieder zum Problem geworden war.

Schwester Lisa schickte uns aus dem Schwesternzimmer, da sie fand, dass ein Kaffee angebracht sei und ich endlich die Torte anschneiden sollte, die im Laufe des Vormittags als Gruß von der Wirtschaftsleitung des Kinderheims für mich abgegeben worden war. Auf dem Weg in die Küche kramte Leonie in ihrer Handtasche und zog ein kleines Tütchen daraus hervor.

»Hier, das ist für dich«, sagte sie und drückte mir das Geschenk in die Hand.

»Danke, aber es reicht doch schon, dass du da bist.«

Sie lächelte und bat mich, es erst am Abend aufzumachen. Ihr Lächeln war das Weltschönste für mich.

»Wie geht es dir?«, fragte ich vorsichtig.

»Ganz gut, wieso?«

»Du hast wieder abgenommen!«

»Das liegt am Stress«, behauptete sie.

»Wirklich?«

Schwester Lisa kam hinzu und rollte den Essenswagen in den Speiseraum. Sie wollte, dass wir den Tisch decken. Ich nahm mir vor, das Thema später wieder aufzugreifen, in der Hoffnung, dass Leonie noch ein wenig bleiben würde.

Während des Kaffeetrinkens erfuhr ich, dass sie ihren Besuch schon seit zwei Wochen geplant hatte und bestimmten Leuten auf der Station immer wieder auf die Nerven gegangen war, um die Erlaubnis zu bekommen. Erst zwei Tage zuvor hatte sie die Zusage erhalten.

Schwester Lisa teilte mir mit schönen Grüßen von Frau Dr. Hübner mit, dass ich nach mittlerweile zehn Wochen Therapie alleine Ausgang nehmen dürfe und mir an meinem Geburtstag sogar die Erlaubnis erteilt wurde, das Klinikgelände zu verlassen. Ich war erstaunt über die so plötzlich gewonnenen Freiheiten und wollte wissen, was dahintersteckte, aber die Schwester meinte nur, dass nicht sie diejenige sein wollte, die das Geheimnis lüftete, und dass ich mich noch bis zum Abend gedulden müsste. Also wartete ich auf des Rätsels Lösung. Und auf Leonie, die unglücklich vor ihrem Stück Torte saß und mit der Gabel in der Buttercreme herumstocherte.

»Du willst das nicht essen, stimmt's?«, fragte ich sie, als sich alle anderen schon wieder aus dem Speisesaal verabschiedet hatten.

»Schlimm?«

»Ich weiß nicht. Ich möchte dich zu nichts zwingen.«

Fast erleichtert schob sie den Teller von sich weg. Ich nahm ihn und warf das Stück Kuchen in den Papierkorb.

»Danke«, sagte sie lächelnd. »Mein Vater wartet draußen auf dem Parkplatz. Wenn du willst, dann könnten wir jetzt noch in die Stadt fahren.«

Natürlich wollte ich. Es war ein gutes Gefühl, das Klinikgelände nach so langer Zeit verlassen zu können, und das ohne

Begleitung vom Personal. Wenn man sie hat, dann schätzt man Freiheit viel zu wenig, dachte ich.

Wir liefen Hand in Hand durch die Stadt. Mittlerweile schien die Sonne auch wieder, und es war ein angenehmer Spätfrühlingstag geworden. Nachdem wir Leonies Vater abgeschüttelt hatten, wagte ich es, das Thema Essverhalten erneut anzuschneiden.

»Du steckst wieder mittendrin, oder?«

»Worin?«

Leonie suchte bei Gesprächen, die ihr zu anstrengend erschienen, eine Art Ausweg, in dem sie Gegenfragen stellte. So wie ich auch.

»Du weißt genau, was ich meine!«

»Nein!«

»Ach, hör auf, dich dumm zu stellen«, sagte ich gereizt. »Ich habe Angst um dich.«

Sie machte große Augen, so als hätte ich das noch nie zuvor gesagt.

»Schau dich doch mal an, du bist vollkommen abgemagert. Das ist nicht gesund, und es hat auch nichts mit Stress zu tun. Du hast mir doch vorgeworfen, ich hätte dich alleingelassen, wenn mein Selbstmordversuch geklappt hätte. Aber was machst du denn? Ist Selbstmord auf Raten etwa besser?«

Ich hoffte auf eine Antwort, die allerdings ausblieb.

»Ich will dich nicht verlieren, Leonie. Das würde mich kaputtmachen. Ich brauche dich nämlich.«

Sie seufzte. »Du hast ja vielleicht Recht, aber deine Moralpredigt hilft mir dabei auch nicht weiter. Ich habe nicht die Kraft, etwas dagegen zu tun, und zudem fehlt mir auch die Zeit. Ich muss arbeiten und kann keine Therapie machen. Aber ich habe deswegen nicht weniger Angst als du.«

Ich schüttelte unwillig den Kopf. »Ist die Angst denn angenehm, um sich auf ihr auszuruhen? Und ganz nebenbei brauchst du doch erst mal nur einen minimalen Kraftaufwand zu investieren, und zwar, um schleunigst eine geeignete Klinik zu finden. Alles andere wird sich dann schon finden.«

»Ich sagte doch, ich kann in keine Klinik gehen«, rief sie laut. Sie errötete, als sie bemerkte, dass die umstehenden Passanten zu uns herüberschauten. »Ich verliere sonst meinen Job«, fuhr sie mit gedämpfter Stimme fort, »dann könnte ich meine Miete nicht mehr zahlen, und was ist dann? Sag es mir!«

»Du kannst, wenn du willst, es gibt staatliche Institutionen, die dir helfen können.«

»Ach so. Ich soll also zum Sozialamt gehen, oder was? So einfach ist das leider alles nicht, Timm! Das wirst du früher oder später schon noch merken«, sagte sie heftig.

»Und der Tod ist einfacher?« Nun wurde ich laut. »Ich verstehe dich nicht. Wir sind uns einig, dass du es nicht allein in den Griff bekommst, also brauchst du Hilfe. Du hättest dich beobachten sollen, wie du vor dem Stück Kuchen gesessen hast. Das sah nicht aus, als ob du es essen wolltest, sondern als ob es dich gleich auffrisst. Ich meine es doch nicht böse mit dir, wirklich.«

Sie begann zu weinen.

»Ich hab dich verdammt lieb«, fuhr ich fort, »und ich habe Angst um dich. Es wäre schrecklich, dich zu verlieren. Du bist mir das Wichtigste auf der Welt.«

Wir umarmten uns, und Leonie flüsterte unter Tränen: »Ich weiß. Es tut mir leid! Ich kann dir nichts versprechen, aber ich werde es versuchen. Vielleicht schaffen wir es ja beide, wenn wir zusammenhalten.«

»Das klingt auf jeden Fall schon besser.« Ich gab ihr ein Taschentuch, und wir liefen weiter schweigend durch die Fußgängerzone. Ich genoss jede Minute mit ihr und konnte sie in einem Café sogar zu einem Eis überreden.

Über den Eisbecher hinweg blickte Leonie mich an. »Darf ich dich mal etwas fragen?«

»Ja klar, du darfst alles«, sagte ich grinsend zu ihr.

»Du redest immer noch nicht über Dirk, oder?«

Nur das nicht, dachte ich. Ich schüttelte mit dem Kopf und hoffte, dass sie das Thema fallen lassen würde.

»Das solltest du aber«, fuhr sie fort.

»Aber ich habe doch schon mit dir darüber geredet.«

»Ja, und das kannst du gern auch weiter tun, aber ich weiß nicht, ob ich dir helfen kann, damit klarzukommen.«

Ich wusste, dass sie Recht hatte. Aber ich mochte das Thema trotzdem nicht. Zwischen Verstehen und Umsetzen liegen nun mal Welten. Meist gelang es mir, meine Zeit mit Dirk zu verdrängen, aber sobald sein Name fiel, war alles da. Wut, Hass, Enttäuschung und Ekel bestimmten mittlerweile mein Bild von ihm. In der Zeit nach Dirk und bis zu meinem Selbstmordversuch hatte Leonie immer wieder auf mich eingeredet, ihn anzuzeigen, aber aus irgendeinem Grund konnte ich das nicht. Sie hatte mir damals gesagt, dass ich vielleicht nicht der Erste war, mit dem er so umgegangen war, und vielleicht nicht der Letzte.

»Schon allein der Drogengeschäfte wegen hättest du mit der Polizei sprechen sollen«, meinte sie nun. Aber sie merkte, dass ich es für heute dabei belassen wollte, und nun war sie diejenige, die mich in den Arm nahm und tröstete. Für den Rest des Tages sparten wir beide unangenehme Themen aus, denn wir wollten, dass es dem anderen gut ging. So verging die Zeit mit ihr viel zu schnell.

Zurück in der Klinik wurden wir traurig, und keiner wollte es den anderen merken lassen. Aber wir kannten uns zu gut, als dass wir uns etwas hätten vormachen können. Es war eigenartig, wie schnell ich mich wieder an ihre Nähe gewöhnte, so als wäre zwischen unserem letzten Treffen und diesem Tag keine

Zeit vergangen. Deswegen war der Abschied traurig, und ich hätte sie am liebsten gar nicht gehen lassen. Wir hielten uns eine Weile ganz fest.

»Pass auf dich auf, ja?«, sagte ich zu ihr.

»Versprochen! Und du passt auf dich auf. Bringst du mich noch zum Auto?«

»Sowieso!«

Wir lächelten uns an und nahmen uns auf dem Weg zum Parkplatz bei den Händen. Dort standen wir einen Augenblick schweigend in der Nähe des Autos, weil wir nicht wussten, was wir hätten sagen können. Leonies Vater stand unbeholfen daneben und bot uns dann irgendwann eine Zigarette an. Danach verabschiedete er sich von mir und stieg in den Wagen. Wir rauchten, ohne dabei zu reden.

Erst als sie ihre Zigarette ausgedrückt hatte, sagte Leonie: »Ich steige jetzt ein, und du gehst wieder auf die Station zurück. Wir sehen uns ganz bestimmt bald wieder.« Sie klang nicht sonderlich überzeugend, denn sie weinte dabei. »Ich habe zwar Angst«, fügte sie leise hinzu, »aber ich werde für dich versuchen, etwas gegen die Krankheit zu tun.«

Ich nahm sie in den Arm. »Ich will gar nicht, dass du für mich kämpfst. Du sollst das für dich selbst tun, und du musst endlich begreifen, wie wichtig es ist, dass du gesund wirst.«

»Wir beide kämpfen für uns, okay?«, schlug sie vor und ich stimmte zu.

»Stell keinen Blödsinn an, Kleiner, versprichst du mir das?«

»Ich versuche es!«

»Ich hab dich lieb, Timm.«

Sie lächelte mir tapfer zu und stieg zu ihrem Vater ins Auto. Ich versuchte zurückzulächeln, aber der Versuch scheiterte kläglich. Mir war auch gar nicht fröhlich zumute, auch wenn ich glücklich war, sie wiedergesehen zu haben. Das Auto fuhr rückwärts aus der Parklücke heraus und entfernte sich immer weiter von mir. Leonie winkte bis zum letzten Augenblick, als sie aus meinem Sichtfeld verschwand. Ich lief dem Auto langsam hinterher, und mir fiel ein, dass ich ihren letzten Satz nicht erwidert hatte.

»Ich hab dich auch lieb«, sagte ich leise, und ich hoffte, dass sie es wusste. Dann ging ich zurück auf die Station. Ich wischte mir noch die Tränen aus dem Gesicht, bevor ich mich im Schwesternzimmer zurückmeldete.

Auf der Station herrschte unterdessen schon wieder reges Treiben. Viele meiner Mitpatienten waren von der Wochenendbeurlaubung zurückgekommen und gratulierten mir. Von einigen bekam ich sogar ein Geschenk, und ich war immer noch verblüfft, wie viele Leute an meinen Geburtstag gedacht hatten.

Zum Abendbrot gab es die nächste Überraschung, denn ich musste nicht in der Klinik essen. Stattdessen kamen meine Schwester und Heike, unser Vormund, vorbei. Ich freute mich, sie nach langer Zeit wiederzusehen. Mit Heike hatte ich mich nach meinem Selbstmordversuch versöhnt. Sie war in der Zeit danach bedingungslos für mich da gewesen und hatte mir zugehört.

Von meiner Schwester bekam ich einen riesigen Blumenstrauß zum Geburtstag und einen Briefumschlag, in dem irgendetwas Schweres war. Heike überreichte mir einen Blumentopf, der mit Steinen gefüllt war. Ich fragte mich, was ich damit sollte.

»Danke, wie nett«, sagte ich mit einem Stirnrunzeln.

»Lies einfach mal, was auf dem Topf steht«, sagte sie schmunzelnd.

Um zu finden, was man sucht, muss man manchmal auch Steine aus dem Weg räumen.

Also nahm ich die Steine aus dem Blumentopf. Ganz unten war Geld versteckt, was mir schon wesentlich besser gefiel als Steine.

»Danke!«

Ich bedankte mich auch bei meiner Schwester, nachdem ich den Briefumschlag geöffnet und darin eine Holzperlenkette gefunden hatte.

»Und warum sollte ich jetzt wegen euch das Abendbrot ausfallen lassen?«, fragte ich Heike.

»Weil wir jetzt mit dir essen gehen.«

»Wow, so viel Freiheit an einem Tag, das bin ich gar nicht mehr gewohnt.«

»Dann wird es aber Zeit. Du wirst nämlich am zehnten Juni entlassen.«

Ich freute mich wie ein Schneekönig über das, was Heike mir da so ganz nebenbei sagte. Es gibt einen Entlassungstermin, es gibt einen Entlassungstermin, dachte ich immer wieder überglücklich.

Die Freude meiner Schwester war eher verhalten, denn sie fühlte sich sichtlich unwohl. Aber sie hatte auch noch nie eine Anstalt von innen gesehen, und vermutlich war es ganz anders als das, was sie sich bisher darunter vorgestellt hatte. Unser Verhältnis war angespannt, und ich sah sie kaum mehr als meine kleine Schwester an. Sie wurde erwachsen. Ihr mädchenhafter Charme war verschwunden und ihr Körper hatte sich verändert. Wenn wir miteinander telefonierten, dann unterhielten wir uns meist nur über Oberflächlichkeiten und nicht darüber, warum ich in der Klinik war. Sie fragte mich zwar immer, wie es mir ginge – so wie ich auch –, aber dies war in etwa mit der Frage nach dem Wetter zu vergleichen. Wir kannten uns kaum noch. Das Interesse am anderen war zwar nicht gänzlich verschwunden, aber wir hatten Angst, etwas Falsches zu tun oder zu sagen. Wobei alles von dem falsch war, was wir nach dem Tod unserer Eltern taten. Ich hatte sie vermutlich oft enttäuscht, weil wir uns schworen, dass wir uns nicht alleinlassen wollen. Aber ich flüchtete ins Heim, hatte Probleme damit, den Kontakt zu ihr aufrechtzuerhalten, stürzte mich von einer seltsamen Verhaltensweise in die andere, und hatte schließlich versucht, mein Leben zu beenden. Dann wäre sie ganz allein gewesen.

Als wir die Klinik verließen, wurde Nathalie merklich lockerer und redete, ohne zwischendurch Luft zu holen. Das war typisch für sie und hatte ihr früher den Spitznamen ›Schnatterinchen‹ eingebracht. Heike und ich versuchten ihr zu folgen, aber manchmal war es schwer, ihre Gedankensprünge nachzuvollziehen. Was sie erzählte, wirkte kindlich, und ich hatte das Gefühl, sie zu kennen. Aber wenn ich sie ansah, wirkte sie abgeklärt, erwachsen und reif auf mich.

Es war ein schöner Abend mit den beiden, beschwingt, leicht und unverbindlich. Ich genoss die Zeit mit ihnen, die Freiheit und das Wissen, dass auch die Psychiatrie ein Ende haben würde.

Zurück in der Klinik, musste ich noch die späte Mahlzeit essen, packte das Geschenk von Leonie aus, in dem ein Parfüm und ein kleiner Teddy waren, und ging dann ins Bett. Mitten in der Nacht wachte ich durch einen heftigen Schlag auf. Es dauerte eine Weile, bis ich begriff, dass es mein eigener Kopf war, und dass das dumpfe Geräusch beim Zusammenprall mit dem Nachtschrank entstanden war. Es tat weh und ich betastete die schmerzende Stelle. Sie war feucht, und im Schein des Nachtlichtes erkannte ich, dass ich blutete. Benommen wie ich war lief ich zum Schwesternzimmer, dabei wurde mir schwindlig, und ich konnte mich kaum auf den Beinen halten. Schon auf der Hälfte des Weges fiel mir ein, dass ich von meinem Bett aus nur die Notklingel hätte drücken müssen, damit eine Schwester zu mir kam. An die Wand gelehnt rief ich nach der Nachtwache, und die verständigte nach kurzer Zeit den Bereitschaftsarzt.

KAPITEL 14

Ganz plötzlich behindert

Ich erholte mich rasch von dem nächtlichen Zusammenstoß meines Kopfes mit der Nachtkommode. Zurück blieb nur eine kleine Narbe, da die Platzwunde mit einem Stich genäht worden war, und die Erkenntnis, dass ich wegen meines unruhigen Schlafes den Nachtschrank zur Seite rücken sollte.

In der Woche nach meinem Geburtstag begann die Wiedereingliederungsarbeit. Ich musste mir Gedanken darüber machen, wie es mit meiner Ausbildung weitergehen sollte, welche Praktika anstanden und wo ich diese absolvieren wollte. Ich hatte meinen ersten Termin bei einer Schuldnerberatung, da ich die Rechnungen aus dem Handyvertrag, den Herr Günther aus dem Kinderheim für mich abgeschlossen hatte, nicht bezahlen konnte. Ich erhielt Sozialkompetenztraining, erreichte endlich mein Zielgewicht und konnte nun selbst entscheiden, was ich essen wollte. Endlich würde ich Genaueres über die neue Einrichtung erfahren, in die ich nach der Therapie kommen sollte. Frau Jansen, die Sozialarbeiterin der Kinder- und Jugendstation, legte mir eine Mappe vor und meinte, ich solle sie mir durchlesen, und wir würden anschließend darüber sprechen. Auf dem Deckblatt stand: ›Betreutes Wohnen nach §35a des SGB VIII, Einrichtung für seelisch Behinderte oder von der Behinderung bedrohte Kinder und Jugendliche‹.

»Ich bin nicht behindert«, sagte ich entsetzt.

»Was heißt denn behindert für dich?«, fragte sie mich herausfordernd.

»Gestört zu sein!«

»Und seelisch behindert?«

»Bekloppt zu sein«, antwortete ich ohne nachzudenken.

»Das stimmt noch nicht einmal annähernd«, begann sie mich zu belehren. »Kann es sein, dass du dich an dem Wort ›behindert‹ stößt?«

»Vermutlich. Ich bin bisher davon ausgegangen, dass ich nicht behindert bin.«

»Timm, es wurde ein Gutachten erstellt, ohne das du nicht in diese Einrichtung kommen würdest. Dieses Gutachten sagt aus, dass du Borderliner bist – und das bedeutet, dass du seelisch behindert bist, aber nicht bekloppt oder so etwas. Versuch doch mal, Behinderung in ein Wort zu fassen.«

»Kann ich nicht.«

»Okay. Es geht darum, dass deine Seele daran gehindert wird, sich frei zu entfalten. Aber man kann es auch anders ausdrücken. Was hältst du von gehandikapt? Könntest du dich damit eher anfreunden?«

»Es klingt besser.« Dennoch war ich weit entfernt davon, mit dieser Wortjongliererei zufrieden zu sein. Ich hatte das Gefühl, dass wieder über meinen Kopf hinweg entschieden worden war. Dass ich Borderliner war, hatte ich in der Psychiatrie erfahren. Niemand hatte es mir erklärt, und alles, was ich darüber wusste, hatte ich mir angelesen: Dass es eine Störung zwischen Neurose und Psychose ist. Dass man zu Selbstverletzungen neigt. Dass es zu ausgeprägten Stimmungsschwankungen kommt. Das wusste ich bereits. Nichts von alledem erklärte in irgendeiner Weise, was mit mir geschah. Und nun hatten die Ärzte ohne mich davon zu unterrichten ein Gutachten über mich erstellt, das mich an meiner geistigen Zurechnungsfähigkeit zweifeln ließ. Ich fühlte mich nicht ›behindert‹ und hatte bisher immer geglaubt, weit davon entfernt zu sein. Und jetzt, ganz plötzlich lernte ich, dass es so etwas wie eine seelische Behinderung gab und dass andere darüber entschieden hatten, dass ich gut in diese Schublade passte. Auch wenn ich nicht wusste, was das in der Konsequenz bedeutete, hatte ich ein Problem mit dem Begriff ›Behinderung‹ und hatte den Eindruck, dass mit dem vorangestellten Wort ›seelisch‹ mein Geisteszustand angezweifelt wurde.

Frau Jansen bat mich, erst das Konzept der Einrichtung zu lesen, bevor ich mir ein Urteil bildete. Die Mappe war schön aufgemacht. Darin waren viele farbige Abbildungen und Zeitungsartikel, die das Geschriebene belegen, ergänzen oder unterstreichen sollten. Ich erfuhr, dass in dieser Form des betreuten Wohnens psychologische, soziopädagogische und heilpädagogische Zusatzleistungen angeboten wurden, dass jeder Bewohner ein Einzelzimmer bekam und dass es ein auf den Jugendlichen zugeschnittenes Betreuungsteam gab, damit in Krisensituationen eine Eins-zu-eins-Betreuung gewährleistet werden konnte.

Der Klient wird als Individuum betrachtet, daher wird auch der Therapieplan individuell gestaltet, stand dort, und ich erfuhr, dass die Betreuung nach Abschluss einer stationären Behandlung an der vorangegangenen Therapie ausgerichtet sein würde.

Um mir einen besseren Eindruck machen zu können, hatte Frau Jansen noch für denselben Tag einen Termin vor Ort ausgemacht. So könnte ich es mir zumindest mal anschauen und dann immer noch nein sagen, erklärte sie.

Vor dem Besichtigungstermin war ich nervös, und meine Anspannung wuchs, als ich den Fuß über die Schwelle der Betreuungsstätte setzte. Empfangen wurden wir von Mirjam Winkler, die mich, zusammen mit Thorsten Pelzer, dem Leiter der Einrichtung, schon in der Klinik besucht hatte. Mirjam arbeitete dort als Psychologin. Sie zeigte uns die Einrichtung und erklärte alles ein wenig, dann stellte sie mich der Heilpädagogin Christine Heckmann vor, die auch gerade im Dienst war. Als ich sie begrüßte, musste ich gähnen, und Christine meinte scherzhaft, wenn wir uns besser kennen würden, dann hätte sie mich jetzt am Gaumen gekitzelt. Sie gefiel mir auf Anhieb. Ich lernte auch einen Teil meiner zukünftigen Mitbewohner kennen und war erleichtert, als ich erfuhr, dass die WG mit ihren acht Plätzen derzeit noch nicht ausgelastet war. Das bestärkte mich darin, mich darauf einzulassen, weil ich mich nur mit wenigen Menschen auseinandersetzen musste. Dennoch hatte ich die Befürchtung, dass die Jugendlichen, die mich neugierig musterten, mich nicht leiden können würden oder dass ich nicht in die Gruppe passen würde. Aber ich war angenehm überrascht von der Einrichtung. So wie ich mir eine Einrichtung für Behinderte vorstellte, sah das Ganze jedenfalls nicht aus.

Nach meinem Probewochenende wurde es daher sehr bald amtlich, dass ich in diese stationäre Einrichtung gehen würde, und somit rückte der Tag meiner Entlassung immer näher. Das Entlassungsdatum war wie in meinem Gedächtnis eingebrannt. Ich freute mich darauf, die Klinik nach einem Vierteljahr endlich verlassen zu dürfen, war aber gleichzeitig traurig, Abschied von den Mitpatienten nehmen zu müssen, die in den vergangenen Monaten zu Freunden geworden waren und an die ich mich gewöhnt hatte. Ich ahnte, dass vieles wieder anders sein würde und dass mir ein neues Leben, mit neuen Menschen, in einer neuen Umgebung bevorstand. Davor hatte ich Angst. Das Neue erwies sich allerdings als weniger schlimm, als ich erwartet hatte.

Dadurch, dass ich wusste, wohin es mich verschlagen würde, war meine Angst wesentlich geringer, als es sonst der Fall gewesen wäre. Zwar war mir auch klar, dass der Umzug dorthin den Anfang von etwas Neuem bedeutete, aber damit konnte ich mich abfinden. Die Jahre zuvor haben mir keine andere Wahl gelassen, dachte ich.

Ich kam in eine Einrichtung für seelisch Behinderte. Es war inzwischen nicht mehr das Wort ›behindert‹, das mich störte, sondern ich hatte Angst, wie andere darauf reagieren würden, weil sie den Begriff ›seelische Behinderung‹ vielleicht ähnlich deuten würden, wie ich es zu Anfang getan hatte. Eigentlich mochte ich Gedanken dieser Art nicht, da ja Menschen einer geistigen Behinderung keinen minderen Wert haben als andere. Aber ich befürchtete, dass ich mit Vorurteilen zu kämpfen haben würde, wenn jemand erfuhr, dass ich seelisch behindert war.

An dem Morgen des Tages, an dem mich ein Betreuer der WG abholen sollte, war ich genauso hellwach wie an meinem Geburtstag. Es fühlte sich nur anders an. Mir war eigenartig zu Mute, und ich hatte einige Mühe, das Frühstück herunterzubekommen.

Abgeholt wurde ich von Frau Hein, was mir mehr als recht war, da ich sie schon in der Kur kennen gelernt hatte. Sie war mittlerweile zum betreuten Wohnen gewechselt. Sofort hatten wir ein Gesprächsthema. Sie war damals zwar nicht für die Gruppe zuständig, in der ich untergebracht worden war, aber sie hatte genau wie ich eine lebhafte Erinnerung an die Kurklinik. Jeden Freitag waren wir auch von der Psychiatrie aus dorthin gefahren, um die Schwimmhalle zu nutzen, und so konnte ich Frau Hein ein wenig von den Veränderungen erzählen, die sich ergeben hatten, seit ich von dort entlassen worden war.

Irgendwann waren wir da, und es kostete mich etwas Überwindung, aus dem Auto zu steigen. Ich atmete tief durch und öffnete dann die Tür.

Frau Hein stellte mir eine weitere Betreuerin vor, die am Wochenende mit ihr gemeinsam Dienst hatte, bevor sie mir mein Zimmer zeigte. Ich war mir sicher, auch diese Frau von irgendwoher zu kennen, konnte sie aber in diesem Moment nicht einordnen.

Mein Zimmer war zwar nicht sonderlich groß, dafür aber hatte es hohe Decken und große Fenster, durch die es sehr hell war.

Später ging ich wieder nach draußen. Ich dachte, dass es vielleicht gut sein könnte, mich zu zeigen und mich nicht gleich von Anfang an abzusondern. Außerdem wollte ich eine Zigarette rauchen und war mir nicht sicher, ob man das auch drinnen durfte. Von den anderen Jugendlichen war weder etwas zu sehen noch zu hören. Beim Ausatmen des dritten Zuges fiel mir wieder ein, woher ich die zweite Betreuerin kannte. In meiner Heimatstadt hatte sie nicht weit von uns entfernt gelebt. Die Erinnerung kam zurück. Klar und deutlich sah ich es vor mir: Die Öko-Oase, den alten Schuppen, die gefällten Bäume und unsere Mäusezucht. Das lag alles genau hinter dem Haus, in dem sie zusammen mit ihrem Hund wohnte. Als Kinder hatten wir es geliebt, in den alten Häusern zu spielen und uns darin einzurichten. So war es auch mit diesem Schuppen gewesen, der auf einem verwahrlosten und von Unkraut überwucherten Grundstück stand. Anfangs war es nur das Gebäude, das unser Interesse auf sich zog. Später wollten wir auch einen ansehnlichen Garten vor unserem Haus haben. Dieser Garten war die Öko-Oase. Aber leider drang kaum Licht bis zum Boden, da es zu viele halbhoch gewachsene Bäume gab, die wir daraufhin kurz entschlossen fällten. Dies gefiel der Frau nebenan überhaupt nicht, und sie schimpfte mit uns. Wir schworen, es nie wieder zu tun. Später wurde unsere Mäusezucht zum Problem. Die kleinen weißen Viecher vermehrten sich in rasantem

Tempo, und bald wussten wir nicht mehr, wohin mit ihnen und fragten deshalb Angelika, die Frau aus dem Nachbarhaus. Sie riet uns, sie in den Zoo zu bringen.

Ich war so meinen Gedanken vertieft, dass ich gar nicht merkte, dass Angelika sich neben mich setzte. Wenn ich alte Bilder aus meinem Gedächtnis heraufbeschwören wollte, schloss ich oft die Augen und lächelte.

»Was gibt es denn so Lustiges?«, holte sie mich zurück in die Wirklichkeit.

Ich zuckte mit den Schultern.

»Erzähl mal ein bisschen von dir«, forderte sie mich auf.

»Sie haben doch sicher meine Akte.«

»Die lese ich prinzipiell nicht vorher. Ich mache mir lieber selbst ein Bild.«

»Ich kenne Sie«, sagte ich zu ihr.

»Ich habe auch schon gedacht, dass ich dich irgendwo schon mal gesehen habe, aber ich komme nicht darauf. Hilfst du mir weiter?«

»Sie haben einen Hund. Wir haben damals als Kinder Bäume gefällt, was Ihnen nicht sonderlich gut gefiel, und wir haben Mäuse gezüchtet.«

»Stimmt«, ihr ging ein Licht auf, »das war doch in eurer Öko-Oase, oder?«

»Ja, stimmt.« Ich war froh, dass sie sich erinnern konnte und es nun noch jemanden hier gab, der mir nicht ganz unbekannt war. »Wohnen Sie jetzt nicht mehr dort? Wie geht es Ihrem Hund? Wie hieß der noch mal?«, wollte ich wissen.

»Kurt, aber der ist inzwischen gestorben. Wie kommt es, dass du jetzt hier bist?«

»Tut mir leid ... wegen dem Hund.«

»Ist schon okay. Wie alt bist du?«

»Siebzehn geworden, letztes Wochenende.«

Sie gratulierte mir nachträglich und sagte dann, dass wir später noch einen WG-Ausflug machen würden und dass ich die Sachen zusammenpacken sollte, die ich in den nächsten drei Stunden brauchen würde. Dann ging sie rein, und fast zeitgleich trat einer meiner Mitbewohner aus dem Haus.

»Bist du der Neue?«, fragte er überflüssigerweise. Wer hätte ich denn sonst sein sollen?

»Scheint so.«

Er schnorrte eine Kippe von mir, ich gab sie ihm und erfuhr später, dass ich das lieber nicht hätte tun sollen, da er nun nicht mehr von meiner Seite weichen würde. Er hieß Timo Lehmann und war der älteste Jugendliche. Sein Schaden war genauso wenig äußerlich zu erkennen wie der von den anderen. Aber aus irgendeinem Grund mussten sie ja hier sein. Timo war ein FAS-Kind. Das war die Abkürzung für Fatales Alkohol Syndrom, und entstand, wenn die Mutter während der Schwangerschaft getrunken hatte. Timo konnte weder lesen noch schreiben, und diese Vorstellung fand ich gewöhnungsbedürftig. »Hast du mal ’ne Kippe für mich?«, war das, was man gewöhnlich von ihm zu hören bekam.

Dann trat ein weiterer Junge aus dem Haus, der kurz schreiend über das WG-Gelände lief und dann wieder hineinging.

»Was ist das für einer?«, fragte ich Timo.

»’ne Krachwurzel«, antwortete er knapp.

Immerhin, dachte ich, bin ich im Gespräch mit einem meiner zukünftigen Mitbewohner. Der kreischende Junge hieß Pascal, wie sich später herausstellte, und er litt an ADS, am Aufmerksamkeitsdefizit-Syndrom. Dies war keine Bequemlichkeitsdiagnose, damit die Eltern ihn loswurden, denn die saßen im Knast. Pascal war von uns allen am problematischsten. Er war dreizehn, verhielt sich aber wie sechs. Wenn ihm etwas nicht passte, warf er sich auf den Boden oder zerstörte irgendetwas, und das war meist mit einem nicht unwesentlichen Sachschaden verbunden.

Über uns ging ein Fenster auf, und ein Mädchen schaute heraus. Timo begrüßte sie, sie grüßte zurück. Ich sagte ebenfalls »Hallo«, aber sie antwortete nicht. Ich nahm meinen Gedanken zurück, dass man es den Leuten hier nicht auf den ersten Blick anmerkte, dass sie in die Kategorie ›behindert‹ fielen. Das kann ja lustig werden, dachte ich, ging rein, zog mir eine Jacke über und wartete dann auf den Ausflug. Aber der Aufbruch verzögerte sich noch, da das Mädchen am Fenster sich weigerte, mit mir in den WG-Bus zu steigen. Frau Hein flüsterte ihr etwas zu und zeigte dabei auf mich. Daraufhin kam das Mädchen zu mir herüber und sagte: »Hallo! Ich bin Denise!«, und wir konnten endlich losfahren.

»Du bist doch geoutet?«, fragte mich Frau Hein.

»Ja, wieso?«

»Na ja, sie hat ein Problem«, sie zeigte dabei auf Marie, »mit fremden Männern, und ich habe ihr gesagt, dass du schwul bist.«

Ich schaute zu Denise, und sie winkte mir zu, ob wohl sie nur einen Sitz von mir entfernt saß.

»Hallo«, sagte sie erneut und strahlte dabei übers ganze Gesicht.

»Hallo«, erwiderte ich und wandte mich dann wieder Frau Hein zu. »Ist schon okay.«

Der Ausflug war ein wenig langweilig, aber sonst ganz in Ordnung. Ich fühlte mich wie ein Außenseiter. Ich war der Neue, ich war fremd. Das bekam ich besonders durch Denise zu spüren, obwohl sie mit Sicherheit versuchte, es mich nicht zu deutlich merken zu lassen. Es schien, als hätte sie keinerlei Vertrauen in andere Menschen. Sie interessierte mich, weil sie sich in vielen

Dingen ähnlich wie ich verhielt. Immer wieder überlegte ich, was ihr wohl widerfahren war und warum sie in dieser Einrichtung lebte. Dabei sprachen schon die Narben auf ihren Armen eine deutliche Sprache. Narben, die ich auch hatte. Ich hoffte, mich mit ihr anfreunden zu können.

KAPITEL 15

Der Herzinfarkt des kleinen Froschs

Nach dem Ausflug entspannte sich die Stimmung mir gegenüber, und ich wurde schneller in der Gruppe aufgenommen, als ich es mir hätte träumen lassen. Selbst mit Denise verstand ich mich recht gut.

Und das Leben ›draußen‹ schien zu funktionieren. Ich konnte meine Ausbildung zum Kinderpfleger wieder aufnehmen und freute mich, meine Mitschülerinnen in der Berufsschulklasse wiederzusehen. Den verpassten Unterrichtsstoff holte ich schnell auf. Es ging mir gut, bis die Zeugnisse kamen und eine Note Drei in Erziehungslehre mir die Stimmung vermieste. Das Zeugnis landete zerknüllt im Papierkorb. Einer der Betreuer im Wohnprojekt hatte mir gesagt, dass mein übertriebener Ehrgeiz und das ständige Streben der Beste zu sein, mit diesem Borderline-Syndrom zusammenhingen. Ich würde damit ausgleichen, dass ich mich mit bestimmten Dingen nicht auseinandersetzen wollte, und nach einem Grund suchen, der destruktives Verhalten wie das Ritzen rechtfertigte: Wenn ich mir zu hohe Ziele setzte, bei denen von vornherein klar war, dass ich sie nicht erreichen konnte, dann hatte ich eine Entschuldigung für mein zerstörerisches Verhalten. Dieses ersparte es mir, Worte für meine Gefühle zu finden. Zu diesem Zeitpunkt konnte ich noch nicht verstehen, was das bedeutete, und ich schob diese Erklärungen beiseite.

In den Sommerferien fuhr ich zusammen mit der WG in den Urlaub an einen See in der Nähe von Berlin. Wir waren vier Jugendliche, und auf Grund des Paragraphen 35a im achten Sozialgesetzbuch, der uns in Krisensituationen eine Eins-zu-eins-Betreuung gewährte, begleiteten uns vier Betreuer.

Denise und ich verstanden uns inzwischen sehr gut, vor allem deswegen, weil wir beide auf Grund der gleichen Diagnose in der WG waren. Sie war die erste Borderlinerin, die ich kennen lernte und die mir dabei half, zu verstehen, was dieses Syndrom bedeutete. Wir taten uns gut, verbrachten viel Zeit miteinander und vertrauten uns nach kürzester Zeit blind, weil wir beide ähnliche Erfahrungen gemacht hatten. Auf den Kanutouren, die wir unternahmen, teilten Denise und ich uns ein Boot, wenn wir zum Essen gingen, saßen wir nebeneinander, genau wie bei Ausflügen, die wir mit dem WG-Bus unternahmen. Schnell war auch den Betreuern klar, dass wir uns scheinbar gesucht und gefunden hatten. Fortan wurden wir, wenn wir zusammen waren, nur noch Hänsel und Gretel genannt.

Wir erfanden eine eigene ›Sprache‹, die wir ›Ikeaisch‹ nannten und mittels derer wir uns verständigen konnten. In dieser Sprache gab es nur vier Wörter, denen wir eine Übersetzung zuteil werden ließen, der Rest war Kauderwelsch. *Quie*, *Qua*, *Seberante* und *Schissebretta* brachten die Außenstehenden zur Verzweiflung. Dabei bedeutete *Quie* nicht mehr als ›links‹ und *Qua* stand für ›rechts‹. *Seberante* hingegen konnte, je nach Situation und Betonung ›Danke‹, ›Ich hab dich gern‹, ›Der stinkt‹ oder ›Wie geht es dir?‹ heißen, und *Schissebretta* war dann immer die passende Antwort auf *Seberante*. Die eigentliche Verständigung aber geschah durch Blicke und unauffällige Zeichen, von denen die anderen nichts merken sollten. Ich habe keine Ahnung wie, aber es funktionierte. Ich war zugleich begeistert und fasziniert von Denise. Sie war eine hübsche junge

Frau, mit kurzen rot gefärbten Haaren und einem Lachen, das bis in alle Poren drang. Und sie war zerbrechlich, hatte einen schwachen Willen und eine melancholische Ausstrahlung. Ihre Vergangenheit war so düster und traurig, dass sie sich in Narben und Wunden an ihren Armen und dem Erbrochenen in der Kloschüssel widerspiegelte. Es half mir zu sehen, dass es da noch jemanden gab, der sich so verhielt wie ich. Sie konnte genauso wenig mit Verletzungen und Gefühlen anderer Menschen umgehen. Auch ihr fiel es schwer zu spüren und auszudrücken, wie es ihr ging. Ihre Tränen waren rot wie meine. Essen war für uns beide ein Mittel zum Zweck – es konnte dazu verwendet werden, sich selbst zu schädigen, indem man es verweigerte, wieder erbrach oder zu viel auf einmal aß. Auch Denise zweifelte an sich und allen anderen, vertraute niemandem und glaubte nicht an sich selbst. Sie handelte aber auch spontan und auf extreme Weise. Mit ihr die Welt zu erkunden war ein Abenteuer, mehr aber noch Erholung. Sie war so wie ich. Sie verstand, was ich meinte, selbst wenn ich nur ein Wort sagte oder meinem Drang, mich zu verletzen, nicht widerstehen konnte. Wir hatten keine Angst davor, uns zu vertrauen. Vermutlich reichte auch deswegen der geringe Wortschatz unserer Geheimsprache und die Blicke aus, um uns zu verständigen. Man sagt Borderlinern Antennen nach, die es ihnen ermöglichen, die Emotionen anderer Menschen eher zu erkennen als Nicht-Borderliner das könnten. Borderliner gelten als so sensibel, dass sie auf die kleinsten Gesten und mimischen Regungen achten und daraus ihre Schlüsse ziehen können. Ich habe festgestellt, dass es mir so geht und dass diese Fähigkeit nicht immer von Vorteil ist, weil ich mir die Gefühle des Gegenübers zu eigen mache oder überlege, wie ich mich darin spiegele.

Nach dem Sommerurlaub begann das alltägliche Leben in der WG. Ich musste das Praktikum nachholen, das ich durch den Klinikaufenthalt versäumt hatte, damit ich im nächsten Schuljahr eine ausreichende Anzahl praktischer Tage nachweisen konnte, um zur Prüfung zugelassen zu werden. Das war schwieriger, als ich anfänglich gedacht hatte. Meine Praktikumskolleginnen waren ältere, konservative Krankenschwestern, die darauf bestanden, dass ich ein kurzärmeliges Hemd trug, obwohl dadurch alle meine vernarbten Arme sehen konnten. Es machte mir schwer zu schaffen, jeden Tag kranke Kinder zu sehen. Dabei berührte mich das Schicksal eines dreijährigen Jungen, dem man den Arm amputieren musste, am stärksten. Er hatte sich nach der OP eine Infektion zugezogen und lag tagelang im Fieber.

Es wollte mir nicht gelingen, die Arbeit nach Feierabend einfach Arbeit sein zu lassen. Ich wurde krank, verpasste dadurch erneut Praktikumstage, und als ich zurückkam, ging es dem Jungen besser. Dafür gab es eine weitere Praktikantin, die am ersten Tag nach meiner Rückkehr ein Baby aus dem offenen Gitterbett klettern und auf den Kopf fallen ließ. Da ich mit ihr zusammen für ein Patientenzimmer eingeteilt war, schob man mir, zumindest von Seiten der diensthabenden Schwestern, an dem Ereignis ein Stückchen der Schuld zu. Ich kam zu der Überzeugung, dass dieser Beruf nicht der richtige für mich sein konnte. Die Betreuer aus der WG erwiesen sich nun zum ersten Mal als rettender Anker, der mich vor Kurzschlusshandlungen bewahrte. Ein paar Tage darauf gab es in der Wohngemeinschaft über uns einen so genannten ›Engelstrompeten-Vorfall‹: Die Jugendlichen hatten ein Getränk mit Engelstrompete, einer giftigen Zierpflanze, zubereitet, das eine halluzinogene Wirkung entfaltete, mehr oder weniger schwer berauschend war. Dies kam hin und wieder vor. So auch an diesem Tag, der damit endete, dass Polizei und Notarzt zwei von den drei Jungs vom Fensterbrett holen mussten, die dort auf den Fahrstuhl warteten, stattdessen aber auf direktem Weg ins Krankenhaus fuhren. Am nächsten Morgen, ich hatte Frühschicht, war ich für ein Zimmer zuständig, in dem die besagten Jugendlichen lagen. Ich sollte dort acht Stunden lang Sitzwache halten. Was harmlos mit dem Erzählen ihrer Drogenerfahrungen begann, endete mit Gewaltandrohungen. Sie bezeichneten mich als ›Schwuchtel‹ und beharrten darauf, dass ich ihnen gar nichts zu sagen hätte. Und so kletterten sie aus dem Fenster, während ich ihnen ihr Mittagessen holte. Diese Erfahrung ließ mich nicht nur an meiner sexuellen Orientierung, sondern auch an meiner Berufswahl zweifeln – war ich in Ordnung, so wie ich war? Verhielt ich mich richtig, war ich den Anforderungen gewachsen? Ich versuchte mich zu verhalten wie ein richtiger Mann: grob und ungehobelt, heterosexuell und machohaft. Zwei Tage lang hielt ich das aus.

Kurz darauf war ich glücklich, am letzten Praktikumstag mit einer erstaunlich guten Beurteilung in der Tasche die Tür des Krankenhauses hinter mir zufallen zu hören.

Zu dem Alltag im betreuten Wohnen gehörte auch die psychologische und heilpädagogische Versorgung. Für die psychologische Betreuung war Mirjam Winkler zuständig. Wir besprachen die Stimmungen, in denen ich mich befand, und sie erklärte mir, was es bedeutete Borderliner zu sein. Ich lernte, dass ich dadurch eine verschobene Wahrnehmung hatte, die sich auf mich selbst, aber auch auf andere Dinge bezog. Ich konnte nur schwarz oder weiß sehen, die Farben dazwischen existierten nicht. Ein Mensch war entweder gut oder schlecht und das absolut. Eine Situation bedrohlich oder schön. Das jemand aber auch gut sein kann und dennoch Eigenschaften besitzt, die mir nicht gefallen könnten, leuchtete mir nicht ein. Mirjam meinte, dass würde daran liegen, dass die Kindheit von Borderlinern von Extremen geprägt sei, in der Erziehung und in den Erlebnissen. Und je länger ich darüber nachdachte, umso mehr erkannte ich, dass ich für meine Eltern entweder ein braves Kind und somit auch ein lieber Junge war, oder aber ein Gör, das nicht tat, was man von ihm verlangte und dafür bestraft werden musste. Momente, in denen ich mich sicher fühlte, wurden oft wieder zerstört, indem man mir Angst machte, mich an Grenzen meines Daseins führte und mit Dingen konfrontierte, die ich nicht verstehen konnte und die unerklärt blieben.

»Borderline ist eine frühkindliche Störung, die unter anderem durch das Fehlen der Symbiose zur Mutter ausgelöst wird«, sagte Mirjam. Dies führte zu einem stetigen Misstrauen, weil ich nicht die Möglichkeit hatte, Urvertrauen aufzubauen. Auch instabile Beziehungen hätte es zur Folge, weil ich als Borderliner versuchte, mit anderen immer eins zu werden. Wenn ich damit scheiterte, würde ich den Menschen, der mir gerade noch so nah schien, wieder wegstoßen. »Das Problem mit Nähe und Distanz«, nannte Mirjam es immer. Ich müsse mir bewusst machen, dass ich mein Verhalten erst dann kontrollieren könnte, wenn ich mir stetig vor Augen führte, dass ich Borderliner bin. Also sollte ich darauf achten, wie ich in bestimmten Situationen reagierte. Achtsamkeitstraining nannte sie das. Dadurch würde ich lernen, mich selbst einzuschätzen. Mirjam zeigte mir *Skills*, die ich statt der Selbstverletzung einsetzen sollte. Zum Beispiel ein heißes Bad nehmen, statt mich zu ritzen, oder ein Gummibändchen um das Handgelenk tragen, damit ich daran schnipsen kann, wenn der Druck zu groß wird oder ich mich nicht spürte. Vor allem aber sollte ich mich selbst wahrnehmen und beobachten, aber mein Verhalten nicht werten, indem ich täglich in ein therapeutisches Tagebuch schrieb und Wochenprotokolle führte. In unregelmäßigen Abständen nahm Mirjam das Tagebuch an sich, um es zu lesen und zu kommentieren.

Manchmal stellte sie mir auch Aufgaben oder Fragen. Eine davon war, wie in meinen Augen der ›perfekte Timm‹ aussehen würde und was ich mir für mein Leben wünschte. Die Protokolle wurden immer am Sonntagabend mit dem diensthabenden Betreuer ausgewertet, darin musste ich täglich meine wechselnden Stimmungen notieren, die dann damit verglichen wurden, wie die Betreuer mich am entsprechenden Tag empfunden hatten.

27. Juli 2002

Wie der ›perfekte Timm‹ sein müsste:
einfach normal, mit ein paar Idealen (z.B. besseres Zeugnis). Ich will einfach dem entsprechen, was andere von mir erwarten. Ich weiß nicht, ob ich sagen soll, dass ich so sein möchte, wie mich die anderen haben wollen, denn ich bin ja keine Gummipuppe, die man nach Belieben formen kann. Es würde allerdings vieles einfacher, wenn man so flexibel wäre ... es gäbe jedenfalls keine Konflikte. Ich möchte mich gern allen Situationen gewachsen fühlen, nicht vor irgendwelchen Dingen flüchten und keine Stimmungsschwankungen oder Launen haben.

Der perfekte Timm müsste außerdem eine feste Beziehung haben und überhaupt beziehungsfähig sein.

Er dürfte keine Fehler machen, dürfte nicht mit Narben herumlaufen und müsste klar im Kopf sein!

Aber ich erreiche mein Ideal nicht! Immer wenn ich ein Stück davon erreicht habe, weiche ich davon ab und fange bei null oder noch tiefer im Loch bei minus irgendwas an.

Es ist wie bei diesem Sisyphos, man erreicht einen bestimmten Punkt und rutscht dann wieder ab. Meist geht das mit ›Verletzungen‹ und ›Narben‹ einher, die einen für immer kennzeichnen!

Ich bin nicht perfekt und werde es auch nie sein!

Meine Wünsche im Leben:
Ich weiß nicht, Wünsche habe ich schon, aber ob die fürs Leben sind ... Ich hätte gern einen Freund, jemanden, den ich richtig doll lieb haben kann und der mich auch liebt. Jemanden, der mich so nimmt, wie ich bin, der mir Nähe geben kann, der aber auch Abstand hält, wenn ich welchen brauche, und der das am besten noch versteht, ohne dass ich was sagen müsste! Manchmal denke ich, es wäre wahrscheinlich das Beste, mit einem anderen Borderliner zusammen zu sein, oder mit einem Klon von mir, obwohl ich nicht wüsste, ob ich mich in mich verlieben könnte, wenn ich jemand anders wäre.

Ich möchte nicht mehr verletzt werden, aber vor allem auch nicht mehr andere verletzen!

Ich möchte gern an irgendetwas glauben können – nicht an einen Gott, meine ich – sondern an etwas, das es wirklich gibt. Es sollte etwas sein, das da ist und bei dem nicht die Frage am Anfang steht, ob es wirklich ist oder nur ein Traum, eine Inszenierung oder eine Intrige! Ich möchte nicht immer an allem zweifeln.

Und dann wünsche ich mir zu wissen, was ich mir fürs Leben wünsche!

Die Arbeit in den heilpädagogischen Stunden war eher praktischer Natur. Christine Heckmann, meine Heilpädagogin, war eine hübsche schlanke Frau mit blonden Haaren, die stets ein Lächeln auf dem Gesicht trug. Anfangs unternahmen wir viel zusammen, damit sich langsam Vertrauen aufbauen konnte, bevor man längerfristige Vorhaben anging. Aus diesem Grund empfand ich die Stunden mit Tine, wie ich Christine immer nannte, nicht als therapeutische Maßnahme, sondern als Vergnügen. Sie war meine Lieblingsbetreuerin, von Grund auf ehrlich und nicht, wie die anderen Betreuer, immer auf ihre Professionalität bedacht. Wir waren zusammen Eis essen, unterhielten uns oder gingen ins Theater. Dadurch entstand die Idee, dass unser erstes Projekt ein Zwei-Mann-Stück sein sollte, das wir selbst schreiben und einstudieren würden.

Obwohl ich die Zeit mit Tine genoss, glich mein Leben oft einer emotionalen Achterbahnfahrt. Meine Stimmungen schwankten immer wieder, von himmelhochjauchzend im einen Moment, bis zu Tode betrübt im anderen.

Im späten Sommer kam meine Schwester mich besuchen, und ich merkte zum ersten Mal, dass sie mir tatsächlich gefehlt hatte. Das ganze Wochenende hatte ich das Gefühl, etwas falsch machen oder etwas Falsches sagen zu können. Ich befürchtete, Nathalie könnte meine Mitbewohner nicht mögen, aber sie schien sich wohl zu fühlen, und ich war traurig, als sie am Sonntagabend wegfuhr.

Ich vermisste Nathalie, machte mir Sorgen um sie und stellte fest, wie sehr sie sich verändert hatte. Sie wurde langsam aber sicher eine Frau und war doch ein Mädchen, das viel zu erwachsen zu sein schien. Ich hatte oft gedacht, dass sie den Tod unserer Eltern leichter wegsteckte, als ich es tat, und musste dann bei ihrem Besuch merken, dass sie nur anders versuchte, das alles zu verarbeiten, und dass ihre Art, das zu tun, mir gar nicht so fremd war. Sie nahm Drogen, und was ich anfänglich aus irgendwelchen moralischen Vorstellungen heraus kritisiert hatte, schien nach meinen eigenen Erfahrungen und angesichts ihrer Depression ein wirkliches Problem zu sein. Sie mied das Thema wie kein anderes und wich aus, wenn ich darauf zu sprechen kam. Ich beließ es dabei, weil ich unser Wochenende nicht verderben wollte und weil ich mit mir selbst nicht klarkam. Ich hätte kein Vorbild für sie sein können.

1. August 2002

Andauernd stelle ich mir die Frage, was das noch soll? Wofür lebe ich? Gegen was versuche ich anzukämpfen?

Ich habe heute im Garten einen kleinen Frosch gefunden und ihn in meine Hand genommen. Er war so hilflos und konnte sich nicht wehren. Ich dachte, dass die Situation sich für ihn nicht ändern lässt, es sei denn, ich selbst treffe die Entscheidung und öffne meine Hand. Da wurde mir klar, dass ich mich wie der Frosch fühle, genauso gefangen, genauso abhängig von anderen.

Ich kann nicht aus meiner Haut. Es gibt Tage, da fühle ich mich gut und bin fast schon manisch, und dann muss nur eine Kleinigkeit passieren und ich bin wieder depressiv...

Lieber Timm,
es gibt für uns alle Tage, an denen es uns gut geht, und Tage, an denen es uns weniger gut geht – das Leben ist eben so. Entscheidend ist nur, was jeder Einzelne daraus macht – ob er/du/ich das Leben selbst in die Hand nimmt. Das Leben ist bunt: Es hat schwarze, graue und schöne Seiten. Dafür gibt es Ziele. Was sind deine Ziele im Leben?

Wichtig ist nicht, was die anderen von einem erwarten, sondern was du von dir erwartest. Außerdem: Woher willst du wissen, was die anderen von dir erwarten – frag mal ein paar Leute aus deiner Umgebung, was sie von dir erwarten –, vielleicht relativieren sich dann deine Ideale ein wenig.

Wenn die Erwartungen, die an mich gestellt werden oder die ich an mich stelle, zu hoch sind, dann werde ich sie nie erreichen können. Dann wird mich das immer wieder frustrieren, und schon stecke ich in einem Teufelskreis fest. Stattdessen sollte ich mir erreichbare Ziele stecken, dann kann ich stolz auf mich sein, und es motiviert mich, neue Ziele zu verfolgen.

Es ist schön, ein nicht perfekter Mensch zu sein!
Sei weiterhin so offen wie bisher!

Mirjam

6. August 2002

Morgen fahre ich in die JVA, um meinen Brieffreund Heiko Rosch zu besuchen. Mir ist ein wenig bange. Was ist das wohl für ein Mensch? Was hat er gemacht? Werde ich ihn so akzeptieren können, wie er ist? Ich glaube, mir fehlt der Mut, mit ihm etwas anzufangen, er sitzt in U-Haft.

Der gestrige Abend war merkwürdig. Christine und ich wollten den Akt des Einhorns für das Theaterstück mit Musik unterlegen, und sind dabei auf das Lied The last Unicorn *von America gestoßen. Als wir die Texte probten und das Lied dabei lief, machte es mir nichts aus, doch am Abend hörte ich das Lied noch einmal allein, und das Gefühl dabei war fast erdrückend. Dieses Lied hat eine Geschichte für mich. Es lief im Autoradio, als wir zu Vatis Abschiednahme gefahren sind, und genau vier Wochen später, auf dem Weg zu Muttis Abschiednahme lief es wieder. Warum tut das immer noch weh? Es sind jetzt über drei Jahre, nie ist es besser geworden, sondern nur noch schlimmer, und ich stelle immer noch so oft die Frage nach dem Warum.*

Besser, ich denke nicht darüber nach!

Aber ich konnte nicht anders, als es doch zu tun. Ich schlug mein Tagebuch zu und setzte mich aufs Fensterbrett. Im Hintergrund lief immer noch dieses Lied. Ich schaute in den Himmel, der ganz klar war und an dem tausende von Sternen prangten.

Mit den Erinnerungen, die durch das Lied in mir aufstiegen, kamen auch die Gefühle von damals zurück und mit ihnen diese unsägliche, kaum aushaltbare Traurigkeit, die ich weder verstand, noch allzu oft zuließ. Es muss einen Ort und eine Zeit für Trauer geben, dachte ich, man muss sie ausleben, weil man sonst daran ersticken würde. Ich konnte nur weiterleben, wenn ich mich in bestimmten Situationen der Vergangenheit auslieferte. Ich fragte mich immer wieder, warum das alles passieren musste. Warum hatten sie uns allein gelassen? Wer trug daran die Schuld? Aber ich fand die Antworten nicht, und deswegen überließ ich mich in diesem Moment einfach der Erinnerung.

Nach einer Weile klopfte es an meine Zimmertür, und Mirjam trat ein. Ich wischte mir schnell die Tränen aus dem Gesicht.

»Alles klar bei dir?«, wollte sie wissen.

»Ja«, sagte ich.

»Hast du schon Tagebuch geschrieben?«

Ich nickte.

»Kann ich es mitnehmen?«

Ich reichte ihr das Tagebuch.

»Ich gehe jetzt nach Hause, leg vielleicht mal andere Musik ein, die bringt dich auf andere Gedanken.«

»Das ist schon okay so«, antwortete ich und versuchte zu lächeln.

Mirjam umarmte mich, wie sie es immer tat, wenn sie Feierabend hatte und sich noch von mir verabschiedete.

Als sie gegangen war, hörte ich das Lied erneut, weil sie mich aus meinen Gedanken gerissen hatte. Diesmal jedoch dachte ich an die schlechten Erinnerungen, die ich an meine Mutter hatte.

Ich vermisste sie, obwohl ich inzwischen wusste, dass sie kaum wie eine Mutter gewesen war. Dennoch konnte ich sie dafür nicht verurteilen. Weil ich sie nicht verstand, hatte ich sie idealisiert: Sie hatte nichts Falsches getan. Sie hatte nicht getrunken. Sie hatte für uns gekämpft und uns auf ihre Art ihre Liebe gezeigt. Sie musste uns geliebt haben. Sie musste einfach. Jede Mutter liebt doch ihre Kinder.

Ich ahnte, dass meine Mutter eine schwache Frau gewesen war. Manchmal bemerkte ich, dass ich mich wie sie verhielt. Sie wirkte immer reserviert und kühl. Zwei Mal hatte sie mir gesagt, dass sie mich liebte. Das erste Mal muss ich etwa acht Jahre alt gewesen sein. Ich war das Wochenende über bei meiner Großmutter gewesen. Als ich am Sonntagmittag nach Hause kam, war meine Mutter betrunken. Sie nahm mich in den Arm und drückte mich fest an sich. Dann sagte sie, dass sie mich lieben würde.

Ich verstand nicht, was sie meinte, und merkte nur, dass sie nach Wein roch. Trotzdem antwortete ich: »Ich dich auch«, und hielt sie dabei ganz fest. Plötzlich stieß sie mich weg, schaute mit bösen Augen auf mich herab und spuckte mir ins Gesicht. Ich sah sie an, traute mich nicht, mein Gesicht abzuwischen und merkte, wie mir die Tränen in die Augen stiegen. Sie lachte laut auf und ging in die Küche. Ein Leben lang hatte ich das damit entschuldigt, dass sie betrunken gewesen war.

Das zweite Mal, dass sie mir ihre Liebe zeigte, schrieb sie das in einem Brief. Es war immer das gewesen, was ich mir am meisten gewünscht hatte: ihre Liebe, ihre Anerkennung und ihre Zuneigung, auch wenn ich nicht wusste, was diese Worte eigentlich bedeuteten. Aber es musste etwas Tolles sein, denn alle sprachen davon. Aber als ich ihre Worte las, wünschte ich mir, sie hätte uns gehasst und ich hätte diesen Wunsch nie gehabt. Ich war dreizehn, und es war der Abschiedsbrief meiner Mutter, den ich in der Hand hielt.

Ich hielt diese Gedanken nicht mehr aus. Ich brauchte Gesellschaft, und so beschloss ich vor dem Schlafengehen mit der Nachtwache noch eine Zigarette zu rauchen.

KAPITEL 16

Blind Date im Knast

Ich stand auch nach der Entlassung aus der Psychiatrie in regem Briefkontakt mit Heiko Rosch, der im Gefängnis saß und schon seit einiger Zeit auf einen Besuch von mir drängte. Alleine traute ich mich nicht, und so sprach ich mit Tine darüber. Sie war zwar skeptisch, bot mir aber dennoch ihre Unterstützung an. So gingen wir gemeinsam zum Gericht, um eine Besuchserlaubnis zu beantragen, die wir ohne Probleme bekamen.

Einen Monat darauf war es dann so weit. Ich hatte inzwischen mehr Angst vor dem Treffen, als dass ich mich darauf freute, weil ich befürchtete, etwas zu erfahren, das ich eigentlich nicht wissen wollte. In seinen Briefen war er ein wunderbarer Mensch, und das Foto, das er mir geschickt hatte, zeigte einen attraktiven Mann. Die Träume von ihm waren zu schön, als dass ich sie wie eine Seifenblase zerplatzen lassen wollte. Irgendwie war alles zu perfekt, immerhin saß er im Gefängnis. Es sollte alles ein Komplott gewesen sein, hatte er mir geschrieben. Aber konnte man tatsächlich so schnell unschuldig ins Gefängnis kommen? Und wenn es ein so großer Komplott gegen ihn war, musste er mit Sicherheit auch große Feinde haben. Und warum hatte er diese? Doch sicher nicht einfach nur, weil ihnen seine Nase nicht passte? Und so siegte meine Neugier über die Angst, und Tine und ich fuhren zusammen zu dem Gefängnis, in dem Heiko Rosch inhaftiert war.

Am Eingang mussten wir unsere Ausweise abgeben und man händigte uns dafür Plastikchips mit einer Zahl darauf aus. Anschließend wurde die erste Tür geöffnet, durch die man in einen Vorraum gelangte, in dem man von einem Beamten belehrt wurde, dass man den Inhaftierten kein Geld geben durfte. Er sagte aber, es gäbe Automaten, aus denen man Geschenke ziehen könnte. Dann wurden wir mit einem Metallsensor abgetastet und durch die nächste Tür in eine Art Warteraum geführt. Dort sollten wir uns an einer verglasten Durchreiche melden und die Plastikchips abgeben, damit der Häftling aus seiner Zelle geholt werden konnte. Wir wurden gebeten, einen Augenblick zu warten.

»Ich will wieder heim«, sagte ich zu Christine.

»Warum?«, fragte sie.

»Weil ich müde bin, warum sonst?«

»Komm, jetzt sind wir schon mal hier.« Sie drückte meine Hand.

»Ich hab aber trotzdem Angst, und mir ist schlecht.«

»Vielleicht ist er ja ganz nett.«

»Vielleicht.«

Unser Gespräch wurde unterbrochen, als ein Beamter eintrat und uns durch die nächste Tür führte, die hinter uns laut ins Schloss fiel. Er wies uns erneut auf die Geschenkautomaten hin, doch wir lehnten dankend ab.

In dem Besucherraum waren drei Tische mit jeweils vier Stühlen aufgestellt. Die Tapete und die Möblierung schienen noch aus DDR-Zeiten zu stammen und wirkten alt und schäbig. Durch die vergitterten Fenster konnte man in den Gefängnishof sehen, in dem es eine große Grünfläche gab, mit einem Basketballkorb und einer, wie ich fand, hässlichen Metallskulptur.

Ein Mann wurde in den Besucherraum geführt, und ich hoffte sehnlich, dass nicht er es war, den wir besuchten. Doch leider kam er geradewegs auf uns zu.

»Timm?«, fragte er.

»Ja!«

Christine und ich wechselten einen flüchtigen Blick, standen der Höflichkeit halber auf und gaben ihm die Hand.

»Hallo, wie geht's?«, wollte er wissen.

»Gut«, sagte Tine, die gemerkt hatte, was in mir vorging und deswegen für uns beide antwortete. Doch Heiko schaute mir nun direkt in die Augen.

»Geht schon«, antwortete ich ihm ausweichend, »und selbst?«

Tine konnte sich ein Grinsen nicht verkneifen, denn sie spürte, dass ich sprachlos war. Alles hatte ich erwartet, aber nicht das. Wie dämlich war es nur, sich auf ein Date im Knast einzulassen? Das war nicht der Mann auf dem Foto, und wenn doch, dann musste ich mich sehr täuschen. Dieser Mann hatte fettige Haare, schlechte Zähne, abgekaute Fingernägel und schmutzige Hände. Er trug ein hellblaues Hemd, dessen oberste zwei Knöpfe geöffnet waren und eine beträchtliche Brustbehaarung preisgaben. Das Hemd steckte in einer dreckigen Hose. Er hatte karierte Socken und nicht mehr ganz weiße Turnschuhe an.

Mir wurde flau, als ich an den Besuchsantrag dachte, auf dem stand, dass wir eine Stunde Zeit hätten. Ich begann zu überlegen, wie man die Zeit verkürzen könnte, da ich es dort niemals so lange aushalten würde. Ob er darauf bestand, dass wir die ganze Zeit blieben?

Tine fragte Heiko Rosch nach dem Grund seines Aufenthaltes in der U-Haft, und mein Entsetzen wich der Neugier. Ich hörte gespannt zu, was er zu erzählen hatte.

»Ein Komplott«, antwortete er ihr auf die Frage, warum er denn säße.

»Ach komm schon, erzähl mir nicht so was.«

Sie duzte ihn.

»Ist aber so«, versuchte er sich zu rechtfertigen.

»Und was soll das für ein Komplott gewesen sein?«

Plötzlich erschien mir seine ganze Geschichte so unglaublich wie die Tatsache, dass ich tatsächlich gerade mit diesem Menschen an einem Tisch saß.

»Ein paar Leute haben Scheiße über mich erzählt, und da ich mal mit dreizehn wo eingebrochen bin, haben die Bullen nur drauf gewartet, mich einbuchten zu können.«

Jetzt wird es absurd, dachte ich.

»Mit dreizehn?«, fragte Christine ungläubig. »Du sitzt wegen einer Sache hier drin, die du mit dreizehn Jahren gemacht hast, weil irgendwelche Polizisten dich nicht leiden können?«

»Richtig.«

»Ah ja …«, sagte sie gedehnt, und ich konnte mir das Lachen kaum verkneifen, obwohl mir eigentlich gar nicht nach Lachen zu Mute war.

Aber Heiko schien weder zu merken, dass Christine ihm kein Wort glaubte, noch dass ich mich unwohl fühlte. Er wandte sich mir erneut zu: »Was machst du jetzt so?«

»Meine Ausbildung«, antwortete ich knapp.

»Cool, immer noch Kinderpfleger?«

»Was denn sonst.«

Christine schmunzelte vor sich hin, und ich warf ihr erst einen vernichtenden, dann einen Hilfe suchenden Blick zu.

»Na ja, hätte ja sein können, dass du was Neues begonnen hast«, hakte er nach.

»Wieso sollte ich?«

Er wechselte das Thema. »Danke für deinen letzten Brief. Ich hätte ja nicht damit gerechnet, dass du mich so schnell besuchen würdest.«

»Ich auch nicht«, sagte ich und dachte, dass es vermutlich gar nicht dazu gekommen wäre, wenn ich gewusst hätte, was mich erwartet. Ich schaute Christine schon fast flehend an, in der Hoffnung, dass sie irgendetwas unternehmen würde. Und ich war unendlich erleichtert, als sie die erlösenden Worte »Timm, denk bitte an deinen Zahnarzttermin« aussprach. Die Erleichterung wich jedoch einem beklemmenden Gefühl, als sie hinzufügte: »Ich geh schon mal vor und lass euch noch zehn Minuten allein.« Christine stand auf und ging aus dem Raum. Diese dämlichen erzieherischen Maßnahmen, dachte ich, als ich allein mit Heiko am Tisch saß.

»Ich hätte dich gern zur Begrüßung umarmt«, sagte er, als die Tür hinter Christine zugefallen war, »wusste aber nicht, ob es richtig ist und hab mich dann nicht getraut.«

Ich rang einen Moment lang nach Worten. »Ich denke, es war schon richtig so«, antwortete ich dann. »Wir kennen uns ja nur durch Briefe. Außerdem hab ich gerade ein Nähe-Distanz-Problem.«

»Was ist das?«

»Ich kann grad keine Nähe von anderen Menschen ertragen«, log ich und kam mir dabei schäbig vor, weil er mir auch leid tat. Ich stand auf. »Ich muss jetzt los, du hast ja gehört, Zahnarzttermin.«

»Schade. Kommst du mich mal wieder besuchen?«

»Mal sehen, ich habe gerade viel zu tun, wegen der Theateraufführung, von der ich dir geschrieben habe. Mach's gut.«

Ich stand auf, gab ihm flüchtig die Hand und ging ohne auf eine Antwort zu warten aus dem Besucherraum direkt zu Christine, die in ein Gespräch mit einem Beamten vertieft war.

»Können wir los, ich will in die WG zurück«, sagte ich leicht gereizt. Der Beamte musterte mich. Er gab uns die Plastikchips zurück und öffnete dann die Tür zum Warteraum mit dem Hinweis auf das Waschbecken und Desinfektionsmittel an der Seite. Ich benutzte beides sofort, und Tine schloss sich mir an. Nachdem ich mich vor Ekel geschüttelt hatte, mussten wir lachen. Auf dem Weg zurück in die WG klagte ich über mein Pech in Bezug auf Kerle. Ich tat mir schrecklich leid.

KAPITEL 17

Die Gegner aller Grenzen

24. August 2002

Ich glaube nicht, dass ihr denkt, ich könnte meine Ziele erreichen, auch wenn ihr es sagt. Es ist doch euer Job uns aufzubauen, und dazu gehört es wahrscheinlich auch, Dinge zu sagen, von denen ihr nicht wirklich überzeugt seid.

Aber macht euch nichts daraus, ich glaube selber nicht an mich. Also sagt mir doch einfach ins Gesicht, was ihr wirklich denkt, denn sonst kann ich liebend gern auf eure Hilfe verzichten.

Ich glaube euch auch nicht mehr, dass euch das Theaterstück gefallen hat. Ich vertraue euch einfach nicht mehr!

Im August teilten uns die Betreuer mit, dass sie den Sommerurlaub gern wiederholen würden und über ein verlängertes Wochenende mit uns an einen See zum Kanufahren verreisen wollten. Unsere Begeisterung hielt sich in Grenzen, abgesehen von Timo und Pascal, die fast Freudentänze veranstalteten. Ich hatte ein schlechtes Gefühl dabei, schon deshalb, weil ich nach einem Streit nicht sonderlich gut auf die Betreuer zu sprechen war. Es war darum gegangen, was wichtiger war: mein beruflicher Werdegang oder meine psychische Entwicklung. Ich hätte einen ambulanten Termin in der Klinik gehabt, parallel dazu fand allerdings auch ein Bewerbungsgespräch für einen neuen Praktikumsplatz statt. Mir war das Gespräch wichtiger, zumal ich die Psychologin, mit der ich in der Klinik verabredet war, nicht sonderlich leiden konnte. In der WG hingegen meinte man, dass der Termin in der Klinik absolute Priorität hätte. Voller Wut und in dem Wissen, dass ich den Bewerbungstermin nach diesem Wochenende nicht wahrnehmen konnte, fuhr ich widerwillig mit und ließ die Betreuer meinen Unmut spüren. Sie wurden plötzlich zum Feind, etwas, das sich mir in den Weg stellte und glaubte festlegen zu können, wo meine Prioritäten lagen.

In mir breitete sich das Gefühl aus, dass von allen Seiten Forderungen an mich herangetragen wurden und dass der Alltag mich überrannte. Die Ausbildung, die Erwartungen der Betreuer, der Urlaub und ein vorangegangener Selbstmordversuch von Denise zermürbten mich. Letztlich waren all dies nur Vorwände, um meine Stimmung zu erklären, denn selbst ich verstand sie nicht. Ich hatte kein Gespür dafür, was mich tatsächlich störte oder anstachelte und es rechtfertigte, dass ich über Tage hinweg allen Leuten mit schlechter Laune begegnete. Eigentlich war es mir bewusst, dass die Betreuer es nicht schlecht mit mir meinten, nur das so einfach zu akzeptieren, lag mir fern. Ich braucht jemanden, auf den ich meine Hilflosigkeit projizieren konnte, und ich brauchte das Gefühl, nicht der handzahme Timm zu sein, den man so gerne gehabt hätte.

Als Denise nach der Krisenintervention wegen ihres Suizidversuches aus der Klinik zurückkam, verbündeten wir uns gegen die Betreuer. Ihr ging es ähnlich wie mir, sie wusste sich und ihre Stimmung nicht einzuordnen, fühlte sich wie in einem luftleeren Raum. Glücklicherweise hatte die WG Zuwachs bekommen. Das Mädchen hieß Jessica und war eine ehemalige Mitpatientin von mir aus der Psychiatrie. Jessica war wegen Magersucht zu uns gestoßen und machte bei unserem Aufstand gegen die Betreuer mit, weil sie gern dazugehören wollte und das ist ja bekanntlich Grund genug. Wir ignorierten alle Regeln der Wohngemeinschaft und sehnten uns danach, dass etwas passierte.

Eines Nachmittags hingen Denise und ich allein auf dem Sofa im Gemeinschaftsraum herum, als sie plötzlich unruhig wurde und in ihr Zimmer ging. Sie brachte eine halbe Zigarette mit und etwas, das aussah wie ein kleiner brauner Stein. Sie kokelte mit dem Feuerzeug daran herum und zerbröselte etwas von dem braunen Brocken auf einem Stück Papier. Dann gab sie Tabak aus der Kippe dazu und erhitzte das Gemisch erneut.

»Was machst du da?«, fragte ich, obwohl ich es wusste.

»Mischung.«

»Was ist das?«

»Shit!«

Shit ist Glück zum Rauchen. Ich erinnerte mich an Dirk und an die braunen Platten, die er damals verkauft hatte, und bekam plötzlich das Verlangen danach, wieder glücklich zu sein.

»Darf ich auch was haben?«

»Klar.«

Wir gingen zusammen ins Bad, das wir hinter uns abschlossen. Sie füllte Wasser in einen Eimer, stellte ihn zur Seite und holte eine unten aufgeschnittene Plastikflasche mit einem selbst gemachten, verrußten Aluminiumverschluss hervor. Den Verschluss nannte man ›Köppel‹, und er war das Wichtigste an dieser selbst gebastelten Wasserpfeife, wie mir Denise erklärte.

»Es ist wichtig, dass die Löcher da drin nicht zu klein aber auch nicht zu groß sind«, sagte sie, während sie die Flasche in den Eimer stellte. Dann gab sie auf den Verschluss etwas von ihrer Mischung, kokelte diese an und zog nebenbei die Flasche hoch. »Die Flasche darf nicht ganz aus dem Wasser gezogen werden, da sonst der ganze Rauch verschwindet.«

Jetzt drehte sie das Köppel ab, schüttete die verbrannte Mischung ins Wasser und setzte ihren Mund an die Flasche, welche mit weißem undurchsichtigem Rauch gefüllt war. Sie drückte die Flasche langsam nach unten und zog sie gleich wieder schnell hoch. Alles in einem Zug. Als sie wieder ausatmete, sah man nur noch ein bisschen von dem Rauch, den sie eingeatmet hatte. Ich machte es ihr nach. Dann versprühten wir Deo im Raum und öffneten die Fenster, damit die Betreuer nichts merkten.

Wir versteckten die Utensilien und legten uns anschließend im Gemeinschaftsraum auf den Fußboden, um dort darauf zu warten, dass die Wirkung einsetzte. Sie kam schleichend, und ich nahm kaum den Übergang zum Rausch wahr, bis ich das Gefühl hatte, im Raum zu schweben. Alles war leicht und unbeschwert, und wir lachten, obwohl wir keinen Grund dafür hatten. Ich hatte kein Gefühl mehr für Zeit, und jede Bewegung schien Ewigkeiten zu dauern.

»Ist das das Paradies?«, wollte ich von Denise wissen.

»Du bist breit ...«, sagte sie mit einem schiefen Grinsen, griff nach der Fernbedienung und zappte durch die Programme, bis sie auf irgendeinem Sender ›Micky Maus‹ entdeckte.

»Denise?«

»Ja?«

»Ich hab Hunger.«

»Ich auch.«

»Ich hab Croissants und Nutella bei mir im Zimmer, wollen wir die essen?«, fragte ich.

»Aber die ganzen Micky Mäuse, wie kommen wir an denen vorbei?«, wollte sie wissen.

Ich prustete vor Lachen, versprach aber ihr beizustehen, und so machten wir uns auf den gefährlichen Weg vorbei an Micky Mäusen, die uns bedrohten, und Betreuern, die nichts merken durften, hin zum Kühlschrank in meinem Zimmer.

Allerdings mussten wir feststellen, dass die Croissants tiefgefroren waren.

»Egal«, sagte Denise und riss die Tüte mit den Blätterteigbrötchen auf, nahm sich eins und tunkte es in das Nutella-Glas. Ich tat es ihr gleich, griff dann aber schnell zu Lachsschinken, den ich in Erdbeermarmelade dippte, da ich schnell die Freude daran verlor, an Croissants zu lutschen. Irgendwann kamen noch Thunfisch und Wassereis hinzu. Wir schmeckten nichts, fühlten kein Sättigungsgefühl und uns war sowieso alles egal. Als der Kühlschrank mit dem Proviant für eine Woche fast leer war, legten wir uns in mein Bett, lehnten unsere Köpfe aneinander, starrten die Decke an und grinsten, bis die Wirkung begann nachzulassen. Erst dann spürten wir die Übelkeit in uns aufsteigen.

Am nächsten Nachmittag fanden wir bei einem Spaziergang einen Plüschhund, der auf der Straße lag. Er tat uns leid, und so beschlossen wir, ihn mitzunehmen. Zurück in der WG tauften wir ihn kurzerhand auf ›Moppi‹, da er erstaunlich viel Ähnlichkeit mit der Figur aus der Fernsehserie des Sandmanns hatte. Im Zusammenspiel von verrückten Ideen und Langeweile kam es irgendwann dazu, dass dieser Plüschhund das Symbol einer neuen Glaubensrichtung wurde: *Es lebe Moppi, der heiligste Gott unser aller Seelen.* Denise und ich gründeten eine Art Moppi-Sekte und fanden schnell unser erstes Opfer in Jessica, die sich unserem Spiel schnell anschloss, schon allein deswegen, weil wir sie den Tag zuvor ausgeschlossen hatten. Außer ihr wollte keiner der WG-Mitbewohner unserer Glaubensgemeinschaft beitreten, und wir blieben eine Drei-Mann-Sekte.

Wir bauten einen Altar mit Kerzen, Blumen, dem Kleinen Prinzen als Räuchermännchen, welchen Christine mir als Talisman lieh, und dem Stoffhund Moppi, der als Abbild unseres Gottes an ein Kreuz gebunden war. Unser Motto lautete: »Freiheit der Seele und ihrer Unangreifbarkeit.« Moppi war das Symbol für diesen Grundsatz. Er sollte uns helfen, uns vor Angriffen zu schützen, um das leben zu können, was wir leben wollten. Das Beste aber war, dass der Glaube unsere Krankheit in sich aufnahm und uns eine gewisse Stärke verlieh. Niemand wurde so wie er war, ohne dass es dafür einen Sinn gab. Deshalb musste ausgelebt werden, was schon mal da ist, auch wenn dies zerstörerisch war. Schneller als wir bemerkten, begann eine regelrechte Manie um Moppi, den Plüschhund, der auf einem Planeten namens ›Pittiplatsch‹ lebte. Der Name war naheliegend, weil auch Pittiplatsch eine Figur aus der Sandmann-Serie war.

Zusammen waren Jessica, Denise und ich unschlagbar und hatten das Gefühl, wir könnten gegen die ganze Welt bestehen. Wir hielten ›Gottesdienste‹ ab, entwarfen Gebetssprüche, Lieder und Jenseitsphantasien. Bei uns gab es weder Himmel noch Hölle, kein Paradies und auch keine Wiedergeburt im üblichen Sinne. Nach dem Tod, so waren wir überzeugt, würden wir auf den Planeten ›Pittiplatsch‹ kommen, und dieser würde so sein, wie wir uns die Erde gewünscht hätten. Dort gab es keine Verletzungen und keine Einschnitte in unsere Seelen. Wir konnten Kind sein, um Geraubtes wieder aufzuholen. All unsere Sehnsüchte spiegelten sich in dem Bild dieses Planeten wider. Liebe, Glück, bunte Blumen, zwitschernde Vögel, Sonnenschein, blauer Himmel, all das war dort selbstverständlich. Moppi würde unsere geschundenen Seelen versorgen und unsere Tränen trocknen.

Wir sangen immer wieder ein Lied, das wir uns selbst ausgedacht hatten: »*Pittiplatsch is a wonderful place, filled with glory and grace. I want to see my Moppi's face, Pittiplatsch is a wonderful place.*«

Ich wünschte, ich hätte den Mut zu springen, dachte ich, dann wäre endlich alles vorbei.

Ich hatte das Gefühl, mein Leben nicht mehr ertragen zu können. Erst lachten sie über unsere Moppi-Sekte, und dann wurde sie uns verboten. Ich überlegte, ob das Verhalten der Betreuer vielleicht ein Grund für meine Unsicherheit war. Vielleicht lag es ja nicht nur an uns?

Ob der Sprung von hier oben überhaupt was bringt?, schoss es mir durch den Kopf. Vielleicht sollte ich doch lieber was anderes ausprobieren.

Irgendwann kam Christine, setzte sich neben mich und legte mir den Arm um die Schulter.

»Uh«, sie schüttelte sich, »ist das hoch.«

Ich antwortete ihr nicht.

»Gibt es was, das dir jetzt gut tun würde?«, fragte sie, »du hast Krisenbetreuung.«

»Du hast so laut geschrien, das hat mir Angst gemacht.«

»Das wollte ich nicht. Aber du musst zugeben, dass ihr euer Spiel nicht mehr im Griff hattet. Und ich war auch so wütend, weil ihr die Räucherfigur benutzt habt.«

»Tut mir leid«, sagte ich ihr, und es war mir ernst.

Sie wuschelte mir durchs Haar und lächelte. »Was ist nun?«

»Stausee«, antwortete ich kurz, und so fuhren wir zum Stausee am Stadtrand. Die Sonne ging gerade unter.

»Du weißt doch, wenn man recht traurig ist, liebt man die Sonnenuntergänge ...«, zitierte ich aus *Der kleine Prinz.*

»Bist du traurig?«, wollte sie wissen, und ich zuckte nur mit den Schultern.

»Im Dunkeln kann man deine Tränen nicht sehen, dann darfst du auch mal schwach sein.«

Ich schaute sie fragend an.

»Ich werde es bestimmt nicht weitersagen, versprochen. Es tut verdammt gut, mal all den Mist aus sich rauszuheulen«, sagte sie und nahm meine Hand.

Ich lehnte mich an sie. Für einen Moment war sie nur meine Tine. Ich wollte und musste ihr vertrauen, also begann ich, ihr alles über die letzten Tage zu erzählen. Sie hörte zu und schwieg.

Als ich an diesem Abend zurück in die WG kam, schrieb ich einen langen Brief an Mirjam in mein Tagebuch und entschuldigte mich bei ihr für mein Verhalten.

Der Brief, den sie mir zurückschrieb, war freundlich wie immer.

29. August 2002

Lieber Timm,
zunächst einmal finde ich es gut, dass du so ehrlich bist – sprich bitte das nächste Mal Probleme von selbst an.

Kann es sein, dass du dir vieles zu schwer machst, indem du dich in Selbsthass-Gedanken hineinsteigerst?

Versuche dich auf neue Dinge und Personen einzulassen. Selbstmitleid ist, denke ich, nicht der richtige Weg, um mit dir selbst klarzukommen.

Du musst lernen, mit der Krankheit umzugehen. Und dazu gehört an erster Stelle ein Klinikgespräch, das zu deiner Gesundung und Stabilisierung beitragen kann. Das ist manchmal sogar wichtiger als ein Vorstellungsgespräch, denn ich bin mir sicher, dass du eine Arbeitsstelle findest – weil ich weiß, dass du gut in deinem Job bist.

Konzentriere dich bitte nicht nur auf das, was in deinen Augen schlecht ist. Das Leben macht mehr Spaß, wenn man auch in nicht so guten Situationen das Positive daran hervorhebt.

Ich bin nicht sauer auf dich.

Eines wollte ich noch sagen: Das Theaterstück war wirklich super – und zwar nicht nur, weil ihr überhaupt so etwas auf die Beine gestellt habt, alles organisiert und vorbereitet, Texte gelernt und so weiter, sondern weil das Lachen während des Stückes das Stück erst lebendig und perfekt gemacht hat!

Mirjam

KAPITEL 18

Das alte Haus

Kaum hatte sich die Situation in der Wohngemeinschaft wieder eingerenkt, erreichte mich von Heike eine Hiobsbotschaft: Nathalie war abgehauen. Angeblich führte eine Spur nach Ungarn, aber als ich sie auf dem Handy erreichte, erzählte sie mir, dass sie die dreihundert Kilometer zu unserem Pflegevater getrampt war. Am Telefon hörte sie sich ganz anders an als sonst, und ich bekam es mit der Angst zu tun. Sie wirkte überheblich und kühl, und das verletzte mich. Auf mein stetiges Drängen hin rief sie Heike an, die sich auch furchtbare Sorgen um Nathalie gemacht hatte und sofort hinfuhr, um sie abzuholen. Meiner Schwester schien es völlig egal zu sein, dass sie nun wahrscheinlich ins Heim musste, da sie es schon zuvor durch ihr ständiges Wegbleiben und Schuleschwänzen so weit getrieben hatte, dass Heike keine andere Lösung sah, als Nathalie mit dem Heim zu drohen. Und diese Drohung meinte sie durchaus ernst, nachdem all ihre vorangegangenen Bemühungen gescheitert waren. Selbst die Familientherapie hatte meine Schwester nur ein einziges Mal wahrgenommen und auch nur deshalb, weil ich zu diesem Zeitpunkt gerade bei den beiden zu Besuch war und ihr ins Gewissen redete. Dennoch glaubte ich nicht, dass ich Einfluss auf sie nehmen konnte. Ich sprach mit ihr, weil ich ihr großer Bruder war und weil ich Heike gegenüber ein schlechtes Gewissen hatte und dachte, es abgelten zu können, wenn ich mich bemühe, Nathalie dazu zu bringen, wieder ›lieb‹ zu sein. Heike hatte ihr gesamtes Leben für uns aufgegeben. Das wollte ich früher nie sehen, aber nachdem sie sich von ihrem Mann trennte, mich in der Psychiatrie besuchte und nicht mehr versuchte ›Mama‹ zu spielen, fiel mir die Erkenntnis wie Schuppen von den Augen. Meine Verantwortung meiner Schwester gegenüber nahm ich jedoch nicht wahr. Das war mir zu viel, sie war mir zu viel, mit all ihren Problemen und dem Wandel, der mit ihr vorging. Manchmal erschien sie mir sogar bedrohlich, weil ich mir einredete, sie könnte meine Stabilität gefährden. Dabei gab es die gar nicht. Ich suchte nur nach Gründen, sie nicht zu nah an mich heranzulassen und mich nicht mit uns und unserer nicht mehr vorhandenen Familie befassen zu müssen. Ich wollte diese Verantwortung nicht. Wohl auch, weil ich Angst hatte, etwas falsch zu machen und sie ganz zu verlieren.

1. September 2002

Jessica hat Mirjam und mir ihr Fotoalbum gezeigt. Ihre heile Welt kotzt mich an. »Da war ich mit meiner Omi in der Eifel«, »Das war mein dreizehnter Geburtstag … das sind Tante Erika und ihr Mann, und das ist meine Cousine, und da hinten stehen meine Eltern« – und überhaupt, sie hat ja so wahnsinnig tolle Eltern. Warum verdammt, ist sie dann hier?

Es war ein Fehler, die Bilder anzusehen! Warum war ich so dämlich, mir das freiwillig anzutun?

Ich nahm die Kiste mit den Bildern meiner Kindheit und begann die Fotos einzeln zu zerreißen. Fotoapparat-Familie, dachte ich und sagte es dann zu jedem Foto, das ich zerstörte. Ich heulte und musste feststellen, dass nichts von dem, was passiert war, verarbeitet war. Immer hieß es nur, ich sollte an die Zukunft denken und die Vergangenheit ruhen lassen, man könne sie nicht mehr ändern. Aber das war zu einfach, das wollte ich nicht.

Ich wollte es verstehen, lernen, damit klarzukommen, und es verarbeitet wissen.

Thorsten Pelzer, der die Einrichtung leitete, kam in mein Zimmer und wollte wissen, was ich da tat.

»Nichts«, sagte ich, als wäre es tatsächlich so, und ließ mich bei meiner Arbeit nicht stören.

»Warum zerreißt du die Bilder?«

»Was getan werden muss, muss eben getan werden.«

Er nahm mir die Fotokiste weg, um die noch übrig gebliebenen Bilder zu retten.

»Es sind meine Bilder, und wenn ich die zerreißen will, dann mache ich das auch«, schrie ich ihn an, »gib mir die Kiste wieder, du Arschloch!«

»Irgendwann wirst du es bereuen!«

»Na und, dann werde ich es eben bereuen. Das geht dich gar nichts an!«

Er begab sich mit mir auf eine Höhe, indem er sich zu mir auf den Boden setzte. Irgendwie beruhigte mich das, da er mir so das Gefühl nahm, dass er sich über mich stellte. Aber es war Taktik. Ein blöder Sozialpädagogen-Trick. Blickkontakt aufbauen, um zu intervenieren, und dabei möglichst empathisch zu wirken. Ich riss ihm die Kiste wieder aus der Hand, setzte mich vom Boden auf mein Bett und zerstörte weiter die Bilder.

»Ich hasse die«, erklärte ich ihm.

»Das geht auch vorbei«, wollte er mir einreden.

»Nichts geht vorbei. Als hättest du eine Ahnung davon, wie sich das anfühlt. Aber du weißt gar nichts, absolut nichts.«

Mirjam kam ins Zimmer.

»Alles okay?«

»Nichts ist okay. Könnt ihr nicht abhauen?«

»Ich bringe jetzt die Kiste ins Büro und schaue mal, ob ich einen Schuhkarton für die Schnipsel finde, ja?«, sagte Thorsten.

»Mach, was du willst ...«, fuhr ich ihn an.

Thorsten verschwand und Mirjam setzte sich neben mich aufs Bett.

»War es zu viel für dich, dass wir Jessicas Bilder angesehen haben?«

»Vielleicht. Ich versteh nicht, warum die eine heile Familie hat und ich nicht. Ich will auch Verwandte haben, die mich besuchen kommen.«

Sie schwieg und ich ahnte, dass es ihr schwerfiel, die richtigen Worte zu finden. So was war immer gut, weil ich dann die Machtrolle innehatte. Macht ist wichtig, vor allem den Therapeuten gegenüber. Und erst recht bei einer sprachlosen Psychologin, die mich nicht trösten konnte, sondern gleich mit irgendeinem Vorwand kommen würde, um vom Thema abzulenken, dachte ich mir.

Im nächsten Moment wollte sie wissen, was mir jetzt gut tun würde.

Ich lachte sie aus.

»Was ist los?«, fragte Mirjam verwundert.

»Ich wusste, dass du das sagen würdest. Das fragt ihr immer, wenn ihr nicht mehr weiterwisst. ›Was würde dir jetzt gut tun?‹«, äffte ich sie nach. So leicht würde ich es ihr nicht machen. »Warum kommen mich meine Eltern nicht besuchen, aber die da drüben bekommt von ihren Eltern Besuch?« Ich deutete nach nebenan, wo Jessica ihr Zimmer hatte.

»Weil deine Eltern tot sind«, sagte sie.

»Na, das ist ja mal was ganz Neues! Und warum sind meine Eltern tot und Jessicas nicht?«

»Deine Eltern sind tot, weil sie es so wollten.«

Mirjam hatte begriffen, dass ich mit ihr spielte, und nun drehte sie den Spieß um. Ihre Stimme war spitz, und ich fühlte mich dadurch angegriffen. Ich wurde wieder laut.

»Warum wollten sie es? Na, kannst du mir das nicht sagen? Du weißt doch alles. Glaubst du, es ist leicht mit dieser Unwissenheit zu leben?«

»Das Warum kann dir keiner beantworten, aber meinst du denn, dass es dir hilft, ständig darüber nachzugrübeln? Du siehst doch, was es mit dir macht.«

Ich schwieg. Alles, was ich noch gesagt hätte, hätte mir eine Niederlage eingebracht. So ging es zumindest unentschieden aus.

Thorsten kam mit einer Kiste zurück, und ich musste mit den beiden die Überreste meiner Bilder einsammeln.

Für den restlichen Tag erhielt ich Krisenbetreuung.

4. September 2002

Heute war ein guter Tag im Vergleich zu den anderen in dieser Woche. Ich werde die Bilder, die ich kaputt gemacht habe, nicht wieder kleben, denn ich denke, dass damit der Lebensabschnitt, zu dem die Bilder gehörten, einfach beendet ist.

Aber wirklich beendet war nichts. Es fing damit erst an, und es folgten Wochen, an die ich mich kaum mehr erinnern kann. Mein Tagebuch war nachträglich der verlässlichste Zeuge für diese Zeit. Ich war ständig verunsichert, bei allem was ich tat, ohne zu wissen warum. Und ich merkte, dass mir immer mehr das Gefühl für mich selbst abhanden kam. Dabei brauchte ich Kontrolle, und um die zu besitzen, brauchte ich ein Gefühl dafür. Ohne die Kontrolle über mich selbst hätte jeder mit mir machen können, was er wollte. Man hätte mich fernsteuern können, und um das zu verhindern, spielte ich mit den Betreuern, vor allem mit Mirjam und in den Therapiestunden. Ich baute Mauern aus eisernem Schweigen oder Belanglosigkeiten vor mir auf. Fragen wurden mit Gegenfragen beantwortet, unangenehme Themen wurden überhört, Regeln missachtet – das altbekannte Spiel, bei dem ich eigentlich nur als Verlierer hervorgehen konnte. Aber diese Tatsache ignorierte ich. Ich schnitt mir in die Arme, benutze das Essen als Druckmittel und ging in meiner Rolle als Borderliner voll auf. Schließlich trichterte man mir ja auch schon seit einigen Monaten ein, ich solle nicht vergessen, dass ich Borderliner sei. Damit entschuldigte ich nun vieles. Selbstverständlich zählte es nie, wenn ich sagte: »Ich darf das, ich bin doch einer von den Gestörten«, aber es beruhigte mein Gewissen.

Weil ich während der Therapiesitzungen nicht mitarbeitete, wurden die Stunden bald auf das Nötigste gekürzt. Ich bekam Aufgaben, die ich erfüllen konnte, wenn ich wollte, wurde aber nicht dazu gezwungen. Für mich war das ein kleiner Sieg, weil man sich plötzlich nach mir richtete. Im nächsten Moment überlegte ich aber, welche Taktik dahinter stand und zog meine eigenen Schlüsse daraus: Vielleicht dachten die Betreuer genauso wie ich und gingen davon aus, dass ich wieder mitmachte, wenn sie alldem nachgaben, was ich forderte. Diese Schlussfolgerung wiederum machte mich wütend, weil ich dachte, dass man mich für so bescheuert hielt, dass ich auf so einen billigen Trick hereinfallen würde. Ich gab mich überheblich und besserwisserisch und hörte im Gegenzug das Wort Omnipotenz, ohne dass man es mir erklärte. Das kannte ich: etwas nicht erklärt bekommen. Nicht wissen, was es hieß und warum man es zu mir sagte. Plötzlich war da wieder die altbekannte Hilflosigkeit, die mir gar keine andere Wahl ließ, als ein ›ungezogener Junge‹ zu sein. Das war die Spirale, die mich nach unten zog, die Erinnerung an eine verdorbene Kindheit, die ich mir selbst nur selten eingestand. Es war der Punkt, der mich angreifbar machte, der offenbarte, dass beim Mauern der Mörtel vergessen worden war und dass schon ein kräftiger Tritt ausreichte, um die Mauer zum Einstürzen zu bringen. Und das tat sie dann auch.

Tine, Ulf, ihr Lebensgefährte und gleichzeitig ein Betreuer in der WG, und ich unternahmen am Wochenende einen Ausflug zu einem Hof, der gerade ausgebaut wurde. In ein paar Jahren sollte die WG dort einziehen. Ich war an diesem Wochenende der einzige Jugendliche, der nicht beurlaubt war, um ›nach Hause‹ zu fahren, dennoch waren zwei Betreuer für das Wochenende eingeteilt. Wir entschlossen uns, nach den Fortschritten auf der Baustelle zu sehen. Dabei entdeckten wir gegenüber vom Hof ein altes kleines Haus. Das interessierte mich viel mehr als die Zukunft der WG, und ich konnte Tine und Ulf überreden, das kleine Haus zu erkunden. Nachdem wir das mit Gerümpel angefüllte Erdgeschoss durchquert und über eine Treppe die zweite Etage erreicht hatten, offenbarte sich uns das Haus wie ein offenes Buch. Es musste vor vielen Jahren abrupt verlassen worden sein, da kaum etwas mitgenommen worden war. Ein Künstler oder eine Künstlerin schien darin gewohnt zu haben, denn überall lagen Skizzen, Zeichnungen, Gemälde, Notizen und Fotografien, neben Stapeln vergilbter Papiere, Farben, Stifte und Pinsel. Es war faszinierend, weil das Haus eine Geschichte erzählte und es mich an die alten Häuser erinnerte, in denen wir als Kinder gespielt hatten. Damals war es uninteressant für mich gewesen, wann und wie jemand in diesen Häusern gelebt hatte, das Spiel stand im Vordergrund. Aber in diesem Künstlerhaus war so viel Leben, und es war eine einzige Geschichte, die in Erfahrung gebracht werden wollte. Wohl aber eine mit traurigem Ende, weil niemand etwas mitgenommen zu haben schien und es auch niemanden gegeben haben konnte, der sich darum kümmerte, dass das Haus ausgeräumt wurde. Und das mitten in einem Viertel der Stadt, in dem die Mieten kaum bezahlbar waren. Es war ein Haus, das verkam und für das sich keiner interessierte, außer irgendwelchen Leuten, die ihren Müll darin abstellten oder randalierten.

Hier und da fand ich Briefe und Schulhefte. Es mussten also auch Kinder in dem Haus gelebt haben. Auf dem Dachboden standen gut erhaltene alte Möbel und anderer Krimskrams, der in Kisten verstaut war. Und auf dem Dachboden dachte ich zum ersten Mal daran, wie es wohl wäre, in diesem Haus zu sterben. Dieser Gedanke ließ mich das gesamte Wochenende über nicht mehr los – nur fehlte mir der Plan, wie ich es anstellen sollte.

Am Montagmorgen bot sich mir unverhofft eine Möglichkeit: Die Tür des Betreuerzimmers, das sonst immer verschlossen war, stand offen. Weit und breit war kein Erzieher in Sicht, und so nutzte ich die Möglichkeit, mich in den Raum zu schleichen, um ein paar Medikamente aus dem Medizinschrank mitgehen zu lassen. Dieser war gut gefüllt, angefangen bei Ritalin, über Zoloft und Cipramil, Dipiperon und Eunapan, Lexotanil und Valium. Schlafmittel, Neuroleptika und Antidepressiva – all das, was das Herz eines Selbstmörders höher schlagen lässt. Wäre ich nur nicht erwischt worden …

Ich redete mich damit heraus, dass ich einen Betreuer gesucht hätte und in das Büro gegangen wäre, weil ich mich wunderte, dass die Tür offen stand. Wirklich zu glauben schien das keiner der beiden diensthabenden Betreuer, und sie kündigten an, nach der Berufsschule noch mal mit mir darüber sprechen zu wollen. Noch ein Grund mehr, so dachte ich, es diesmal zu vollenden, allerdings musste ich nun auf eine Alternative zurückgreifen. Ich suchte meinen Einwegrasierer, packte ihn in meine Schultasche, steckte sicherheitshalber noch das Stromkabel vom Radio ein und ging nicht, wie man es von mir erwartete, in die Schule, sondern zu dem alten Haus.

Dort angekommen fragte ich mich, was ich eigentlich gerade tat. Vermutlich wusste die WG schon Bescheid, dass ich nicht in der Schule war, da es zwischen der Ausbildungsstätte und dem Betreuten Wohnen die Vereinbarung gab, anzurufen, wenn ich nicht zum Unterricht erschien. Das Betreten des Büros in Abwesenheit der Betreuer war genug Grund, misstrauisch zu werden. Außerdem wurde mein Vorhaben nur durch eine nicht begründbare Verzweiflung und Angst vor dem Leben vorangetrieben. Ich verstand mich nicht und dachte, dass ich komplett irre sei. Völlig bescheuert im Kopf und noch dazu feige, das war ja eine tolle Mischung.

Mit einem Gefühl aus Angst und Wut versuchte ich den Einwegrasierer auseinanderzubauen und schnitt mir dabei in die Fingerkuppen. Irgendwann wurde ich ruhiger und dachte daran, dass mich nichts drängte. Ich hatte alle Zeit der Welt zu sterben. Niemand würde auf die Idee kommen, dass ich in diesem Haus war, denn die Einzigen, die überhaupt wussten, dass ich es kannte, Tine und Ulf, hatten an diesem Montag frei. Also suchte ich im Durcheinander des Hauses nach einem geeigneten Gegenstand, um den Rasierer auseinanderzunehmen. Ich stieß dabei immer wieder auf Dokumente, die etwas über die ehemaligen Bewohner des Hauses preisgaben, nicht aber über die Geschichte des plötzlichen Aufbruches. So erfuhr ich, dass ein Mädchen in dem Haus gewohnt hatte, die Briefe von einer christlichen Freundin erhielt. Diese beendete ihre Briefe immer mit »Gott sei mit dir« oder »Ich bete für dich« und fragte das Mädchen aus dem Haus, was sie bei den Jungpionieren so machen würde. Es war ein seltsames Gefühl in den Leben fremder Menschen herumzuschnüffeln. Es beschämte mich beinahe, weil es mich eigentlich nichts anging. Dennoch war die

Neugier größer, und ich merkte gar nicht, wie viel Spaß es mir machte, zu spekulieren, was dort wohl passiert war. Vielleicht war die Familie aus der DDR geflohen, aber wieso kamen sie dann nach der Wende nicht zurück?

Nach einer Weile fand ich eine verrostete Schere, die mir geeignet erschien, um die Klingen aus dem Rasierer zu lösen. Ich schnitt schnell drauflos, weil ich mir nicht die Zeit geben wollte, das Gefühl aufkommen zu lassen, dass ich mich in diesem Haus wohl fühlte. Ich wollte es nicht spannend finden und daraus den Schluss ziehen, dass das Leben spannend war. Das Leben war genauso wenig spannend, wie ich es schaffte, mir mit den stumpfen Klingen richtig tiefe Verletzungen zuzufügen, die ausreichten, meinem Leben ein Ende zu setzen. Also machte ich mich erneut auf die Suche nach einem scharfen Gegenstand, der mir nicht noch Kraft für das Durchtrennen der Pulsschlagader abverlangte, da mein Mut bereits schwand. Wirklich fündig wurde ich nicht, aber ich fand, vergraben unter Skizzen und leeren Blättern, ein kleines Medizinschränkchen mit alten Medikamenten. Ich beschloss sie mit nach oben unters Dach zu nehmen, wo ich meine Tasche abstellte, in der noch eine Flasche Wasser war, die ich sonst immer mit in die Schule nahm. Ich träufelte die Tropfen, die ich im Schränkchen fand, in die Flasche, schüttelte das Gemisch kräftig und stellte die Flasche ab, um die Tabletten, die ich im Medizinschrank gefunden hatte, aus der Packung zu drücken. Ich wurde immer unsicherer und dachte, was es für ein Irrsinn sei, jahrzehntealte Medikamente zu schlucken, und wie seltsam sich die Situation des Selbstmordes in diesem Haus bisher gestaltete … Dennoch schluckte ich die Tabletten zusammen mit dem durch die Tropfen leicht trüben Wasser herunter. Ich konnte jetzt nicht mehr zurück. Ich würde mich komplett zum Affen machen, wenn ich erneut versagte, ganz abgesehen davon, dass ich dann hätte erklären müssen, was ich im Büro gewollt hatte und warum ich nicht in der Schule war. Es war zu spät um umzukehren, definitiv.

Die Wirkung der Medikamente ließ auf sich warten, während ich schon wieder auf der Suche nach spannenden Geschichten auf dem Dachboden war und mich nebenbei nach dem passenden Ort für Plan C umschaute. Schließlich hatte ich als letzten Ausweg noch das Kabel.

Ich probierte an einem der Balken aus, ob er stabil genug war, dann band ich das eine Ende vom Kabel erst zu einem Knoten, der eine Schlaufe übrig ließ, durch die ich dann das andere Ende zog, welches ich an dem Träger befestigte. Bevor ich mich auf den Stuhl stellte, überprüfte ich noch, ob die Länge des Kabels stimmte, um zu vermeiden, dass meine Füße auf dem Boden aufkamen, dann legte ich das Kabel um meinen Hals. Es war ein befremdliches Gefühl, und ich stellte mir vor, dass sich so wohl meine Eltern gefühlt haben mussten, kurz bevor sie sich erhängten. Mir gefiel diese Methode nicht, weil der Körper dann so schlaff am Seil hing und alles so nüchtern wirkte. Ein blutiger Tod wäre schöner gewesen, weil er mir heldenhafter vorkam, oder ein Tod, der mit dem Schlaf begann und bei dem man einen friedlichen Eindruck machte. Ich sprang vom Stuhl und merkte, wie es mir die Kehle zuschnürte, dabei versuchte ich nach Luft zu hecheln. Irgendwann war alles schwarz.

Doch nicht für immer. Das wurde mir bewusst, als ich auf dem Boden liegend mit dem unteren Ende des Kabels um den Hals wieder zu mir kam. Es war gerissen, doch ich brauchte eine Weile, um das zu begreifen. Erst wusste ich gar nicht, wo ich mich befand und was geschehen war, aber schneller als mir lieb war kehrte mein Gedächtnis zurück, und damit stieg auch wieder die Verzweiflung in mir auf, die ich spürte, als ich das Haus am Morgen betreten hatte. Ich blieb noch eine ganze

Weile auf dem Boden liegen und beobachtete den Staub, der im durch die Dachluke einfallenden Licht tanzte. Ich wollte an nichts denken, wollte einschlafen und nicht in die WG zurück. Mein Magen rebellierte, ich bekam Krämpfe und hoffte, dass es mit den Medikamenten zusammenhing und es nun alles ganz schnell gehen würde. Aber auch diese Hoffnung schwand, als die Dämmerung einsetzte und ich die Bauchschmerzen nicht mehr aushielt. Es ist vermutlich das kleinere Übel, wenn ich in die WG zurückgehe, dachte ich. Der Weg bis dorthin kam mir viel zu lang vor, aber wenigstens dort angekommen hatte ich Glück. Es war kein Betreuer in der Nähe, nur aus dem geschlossenen Büro hörte ich Stimmen. Vermutlich waren sie gerade bei der Dienstübergabe, und so konnte ich mich fast unbemerkt in mein Zimmer schleichen. Abgesehen von Jessi, die sofort wissen wollte, wo ich gewesen war, bemerkte mich niemand. Sie erzählte mir, dass man mich als vermisst gemeldet hatte. Seit dem Mittag suchte die Polizei nach mir. Ich bat sie darum Stillschweigen darüber zu bewahren, dass ich wieder da war, und versprach, mich am nächsten Morgen bei den Betreuern anzumelden. Sie versprach es, und doch kamen wenige Minuten später zwei Betreuer in mein Zimmer geeilt, die auch gleich den Krankenwagen riefen. Eine Nacht verbrachte ich im Krankenhaus zur Beobachtung und am Tag darauf wurde ich erneut in die Psychiatrie eingewiesen.

KAPITEL 19

Eine neue Krise

An meinem Zustand änderte sich auch nach dem erneuten Klinikaufenthalt nur sehr wenig, und es sollte noch einige Zeit dauern, bis ich anfing, über Perspektiven nachzudenken. Der Aufenthalt in der Klinik veränderte mich. Nicht unbedingt zum Positiven, aber auch das war besser als Stillstand. Nach den Ereignissen im ›Künstlerhaus‹ wurde ich auf neue Medikamente eingestellt, da man der Meinung war, dass die vor weniger als sechs Monaten aufgestellte Medikation nicht die gewünschten Ergebnisse erzielte. Ich war ständig müde und fühlte mich durch die neuen Neuroleptika aufgedunsen.

Ich musste vier Wochen in der Psychiatrie bleiben, und es gelang dem zuständigen Pflegepersonal, mich einzuschüchtern und gefügig zu machen. Ich hatte danach das Gefühl, dass die Therapie insofern erfolgreich beendet war, als es eine Garantie für ein Wiedersehen gab. Angst vor der Psychiatrie allein bedeutete eben noch keine Heilung.

Die Zeit nach der Entlassung war wie immer ernüchternd. Vielleicht war es die schlimmste Zeit, die ich je nach einer Entlassung erlebt habe. Ich kam mit der Realität, in die ich zurückgeworfen wurde, nicht klar. Schutzlos ist man dem Leben ausgesetzt, mitsamt seinen Schwierigkeiten, die ich eigentlich nicht bewältigen wollte. Aber ich hatte keine andere Wahl, als mich zu fügen, denn nun achtete man noch mehr darauf, wann ich was machte und wann es den Anschein hatte, dass ich kurz davor stand, in eine Krise abzurutschen. ›Krise‹ war in dieser Zeit das meistverwendete Wort in der WG. Denise wurde, während ich dort noch bleiben musste, aus der Psychiatrie entlassen, und als ich zurückkam, schien unser altes Team – Denise, Jessi und ich – wieder vollständig zu sein. Bereit sich dem Alltag zu stellen, wenn auch mit Widerwillen. Aber es kam anders. Denise zu entlassen war nur eine Übergangslösung bis zu dem Tag, an dem sie die WG verlassen würde, weil sie einen Platz für eine Langzeittherapie hatte. Um dort aufgenommen zu werden, musste sie zuvor drei Monate clean sein. Die Krankenkasse wollte jedoch nicht die Kosten für den Aufenthalt in der Psychiatrie übernehmen. Nur aus diesem Grund war sie in die WG zurückgekommen. Und mit ihr war auch das alte Problem wieder da, der Versuchung nicht widerstehen zu können. Sie kiffte, mehr als sie es vor ihrer Einweisung getan hatte, und sie kotzte nach dem Essen. Und Jessi kiffte mit. Ich verstand Denise nicht. Es würde ihr nur noch das Pflegeheim bleiben, wenn sie den Platz für die Langzeittherapie verlor. Denn dann wäre die Wiedereingliederungshilfe nach §35 a SGB VIII als gescheitert anzusehen. Mir ließ die Vorstellung keine Ruhe, dass eine so junge Frau ins Pflegeheim kommen sollte. Es irritierte mich, weil sie letztendlich ein Opfer war. Sie konnte nichts für ihren Zustand, und es steckte in meinen Augen keine Gerechtigkeit dahinter, dass ihr Leben so verpfuscht und mit dreiundzwanzig Jahren so vollkommen ohne Perspektiven war. Sie war Borderlinerin wie ich. Bis dahin hatte ich das Ausmaß dieser Störung nicht begriffen, aber ganz plötzlich war es mir bewusst. Von einem Moment auf den anderen sah ich mich in die Lage eines richtigen ›Geisteskranken‹ versetzt, der sich eigentlich gar nicht anstrengen muss, wenn so die Zukunft aussah. Auf die Idee, dass es auch an mir selbst liegen könnte, wie sich alles entwickelte, kam ich nicht.

Ich schloss mit Jessica den Pakt, dass wir Denise gemeinsam unterstützen würden, und irgendwie gelang es uns, sie davon zu überzeugen, ihr Dope im Klo herunterzuspülen und die Kifferutensilien zu verbrennen. Der gute Wille hielt aber weder bei Jessi noch bei Denise lange an. Ein paar Tage darauf meldeten sich beide in die Stadt ab, und ich ging eigentlich davon aus, dass man sich keine Sorgen machen müsste, wenn Jessi dabei war. Aber irgendwas war seltsam, als sie zurückkamen. Die Mädchen waren aufgekratzt und hatten glasige Augen, aber Jessi versicherte mir, dass sie weder gekifft noch andere Drogen genommen hätten. Später gestand sie mir dann, dass Denise in ein Haus gegangen sei und sie vor der Tür gewartet hätte und die Zeit durchaus ausgereicht hätte, um ein ›Köppel‹ zu rauchen. Um ihr schlechtes Gewissen zu beruhigen erzählte sie mir kurz darauf, dass sie mit in dem Haus gewesen sei, aber nichts geraucht hätte. Schlussendlich flog auch diese Lüge auf, und sie gestand, auch in der vorangegangenen Zeit immer wieder etwas genommen zu haben.

So weit geht also ihr Anpassungswille, dachte ich mir, dass aus einer Magersüchtigen eine Frau mit Drogenproblemen wird. Aber immerhin hatte es die WG geschafft, ein Problem zu beseitigen. Ihre Magersucht war Jessi nämlich mittlerweile los, zumindest nach ihrem Gewicht zu schließen, das den Betreuern aber nun erneut Sorgen machte, da aus dem ursprünglichen Untergewicht ein Übergewicht geworden war.

Ich sprach eine Weile nicht mit Jessica, und wenn ich es tat, dann nur, um ihr die Meinung zu sagen. Ich war enttäuscht, weil ich dachte, dass es bei der Sache mit den Drogen darum ging, Denise beizustehen und ihr zu helfen clean zu werden. Jessi nannte das ›Moralapostel-Getue‹. »Du warst doch früher immer der Erste, wenn es darum ging, die Betreuer zu ärgern«, meinte sie achselzuckend. Solche Sprüche kamen mir leer vor und ließen mich an ihrem Verstand zweifeln. Es war für mich der beste Beweis dafür, dass ihr Verhalten dadurch bestimmt wurde, irgendwo dazugehören zu wollen.

Meine Meinung über sie änderte sich an einem Wochenende, als alle Betreuer auf einer Klausurtagung waren. Es klopfte an meine Zimmertür. Eigentlich war schon Nachtruhe, aber die Aushilfsbetreuer aus anderen Einrichtungen des Trägers, dem auch unsere Wohngemeinschaft unterstellt war, nahmen es damit nie so genau. Ich öffnete meine Tür. Davor stand Denise, schaute mich mit großen Augen an und grinste verlegen. Das war die zerbrechliche Denise, die auf seltsam traurige Art lächelte, die lächelte, um keine Schwäche zu zeigen, und die wollte, dass man erriet, was los war. Die fehlenden Worte sind ein Problem von Borderlinern, das hatte ich in der Wohngemeinschaft gelernt. Dass wir nicht über Dinge sprechen, liegt nicht daran, dass wir es nicht *wollen*, sondern daran, dass wir es nicht *können*. Diese Hemmschwelle kannte ich von mir. Sie verhinderte, dass man über ein bestimmtes Problem oder eine Begebenheit sprach, so sehr man es auch wollte.

Denise setzte sich auf mein Bett, und ich nahm ihr gegenüber auf dem Fußboden Platz, weil ich dachte, dass es ihr die Situation einfacher machte, wenn sie sie von oben kontrollieren konnte. Mir half das immer.

Sie hatte eine Banane in der Hand, und ich fragte sie, ob sie die Banane nicht essen wolle. Aber Denise schüttelte nur den Kopf, grinste erneut und schob sich die Banane samt der Schale in den Mund, um sie gleich darauf wieder herauszuziehen. Sie wiederholte das Ganze mehrmals.

»Willst du mir damit was sagen?«, fragte ich sie und Denise nickte. »Du hast jemandem einen geblasen?« Sie nickte erneut und vergrub dann ihr Gesicht in den Händen, um die Scham zu verstecken. Nun musste ich grinsen, denn die gleiche Geste verwendete auch ich, genauso wie das apathische Hin- und Herschaukeln des Oberkörpers.

Ich fragte Denise, bei wem sie das getan hätte, und sie druckste erst herum wie ein kleines verstörtes Kind. Und das war sie in diesem Moment auch. Sie sagte den Namen eines unserer Mitbewohner. Ich begriff das Ganze erst nicht, bis sie aus der Tasche einen kleinen braunen Stein zog und sich dabei genüsslich über die Lippen leckte und mit einer Hand über den Bauch strich. Es war Shit. Die Situation überforderte mich. Ich wollte ins Betreuerzimmer, weil ich mich der Situation nicht gewachsen fühlte, aber Denise hielt mich fest, als ich ihr das sagte. Wir diskutierten an meiner Zimmertür, und plötzlich wirkte sie wieder ganz erwachsen, aber ängstlich, weil sie fürchtete, dass man ihr die hart ›erarbeiteten‹ Drogen wieder wegnehmen könnte. Unverhofft bekam ich Unterstützung von Jessi, die mein Zimmer betrat und die Hand nach dem Steinchen ausstreckte. Als Denise es ihr nicht geben wollte, bat Jessie sie sich hinzusetzen. Plötzlich erlebte ich eine ganz souveräne und selbstbewusste Jessica, die das gesamte Gespräch durch die Tür hindurch mit angehört hatte und nun mit mir an einem Strang zog. Wir überredeten Denise zur Betreuerin zu gehen und ihr davon zu erzählen, das Shit abzugeben, damit sie ihre Langzeittherapie nicht gefährdete. Falls es nötig wäre, würden wir auch für sie sprechen. Nach einer Ewigkeit, wie es mir schien, erklärte sie sich bereit. Unser Mitbewohner wurde nach noch nicht einmal einer Woche aus der WG entlassen. Denise schaffte es jedoch nicht lange ohne Drogen und wurde erneut in die Klinik eingewiesen. Die Krankenkasse übernahm nun plötzlich widerspruchslos die Kosten.

Auch meine Schwester kam mit ihrem Drogenproblem nicht mehr klar. Es kam, wie es kommen musste. Heike gab sie in die

Obhut eines Betreuten Wohnprojekts in Berlin. Ich war der Meinung, dass es das Beste für alle Beteiligten war. Nathalie sah das jedoch ganz anders und wandte sich von Heike und mir ab.

In einem erneuten Stimmungstief angekommen, erhielt ich dann auch noch einen Anruf von Leonies Schwester. Leonie war durch ihre Magersucht an Organversagen gestorben.

11. November 2002

Es ist viel passiert in den letzten Tagen, was meinen Kopf fast zerbrechen lässt. Vermutlich dreh ich bald durch.

Mir ist schlecht, weil ich zu viel gegessen hab. Jetzt hasse ich mich! Ich höre Musik, weiß aber nicht so recht, ob ich sie wirklich höre. Das ist alles nicht real! Das kann nicht real sein. Die Musik macht mich traurig und macht mir Angst. Sie erinnert mich an etwas. Nur an was?

Liege auf dem Fußboden, aber irgendwie auch nicht, ich schwebe, falle, fliege!

Heute ist Faschingsanfang.

Meine Schwester ist in der Psychiatrie, das habe ich heute Nacht geträumt. Hab eigentlich gehört, dass man nicht träumt, wenn man Schlaftabletten bekommt. Ich träume aber!

Meine Schwester ist im Heim, das ist real.

Silvio hat einen neuen Freund, das auch.

Denise hat ihren Körper verkauft; auch das, leider.

Leonie ist tot! Verhungert, vor dem vollen Kühlschrank. Meine kleine Prinzessin.

Mein Kopf ist voll, meine Seele platzt, mein Geist stirbt, mein Körper geht ein.

Hänge fest zwischen Schein und Realität, gehe an meiner verdammten Idealisierung zu Grunde. Warum habe ich anderen und mir etwas vorgemacht?

Halte es nicht mehr aus: Ich falle!

KAPITEL 20

Comeback in der Psychiatrie

Lass die Scheiße.«

»Aber ich kann doch fliegen«, sagte ich zu Nadja, die ich während meines letzten Psychiatrieaufenthaltes kennen gelernt hatte.

»Du rennst doch nur vor dir selber weg«, schrie sie mich an.

»Manchmal muss man einfach springen und sich auf dem Weg nach unten Flügel wachsen lassen ...«

»Nicht jetzt, und nicht hier! Bitte komm wieder her, wir gehen noch was trinken.«

Sie reichte mir die Hand, die ich zögernd ergriff. Ich kletterte über das Geländer der Friedensbrücke, das ich fünf Minuten zuvor im Vollrausch erklommen hatte.

Am späten Nachmittag hatte ich mir von Frank mein Taschengeld auszahlen lassen, angeblich, um die Teilnahmegebühr für einen Kunstzirkel zu bezahlen. Doch ich hatte nie die Absicht, dorthin zu gehen. Stattdessen war ich mit Nadja verabredet. Unser Ziel war das Diego's, dort wollten wir uns betrinken. Ich tat dies jedoch nicht, um Spaß zu haben. Ich brauchte Mut oder zumindest Unzurechnungsfähigkeit, um mein Verlangen nach Leben auszutricksen. Dieser Widerspruch war immer allgegenwärtig. In der WG und der Psychiatrie hatte man mir Freude eintrichtern wollen oder zumindest ein Interesse am Leben geweckt, aber einem Teil von mir war das scheißegal. Ich stand dem Leben mutlos gegenüber, konnte darin keinen

Sinn erkennen, und die stetigen Tiefpunkte schienen mir Grund genug zu sein, um es wegzuwerfen. Eigentlich, so dachte ich, könnte es mir gut gehen, wenn nur diese Macke Borderline nicht wäre. Schicksalsschläge muss jeder ertragen – aber in Kombination mit Borderline wirkten sie sich anders auf mich aus. Die Mauern, die ich aufgebaut hatte, und das Misstrauen, das ich hatte, verhinderten, dass ich mich anderen anvertraute, anstatt mir selbst zu schaden. Der erste und logische Weg war stets gewesen, dass ich sichtbare Hilfeschreie setzte, indem ich mir in die Arme schnitt, mich nicht meinem Alter entsprechend verhielt, hungerte oder Alkohol trank, damit mir die Höhe der Brücke weniger schmerzhaft vorkam. Ich wusste nicht, ob ich wirklich springen wollte. Vielleicht wollte ich auch nur anderen Ärger machen und damit Aufmerksamkeit bekommen. Vielleicht wollte ich spüren, wie es sich anfühlt – um zu wissen, wie all die Menschen, die von dort oben schon heruntergesprungen waren, sich gefühlt haben. Es könnte auch ein Experiment sein, um zu sehen, ob die unzähligen Autos, die in die Stadt fuhren und über diese Brücke mussten, anhielten. Keiner hielt an. Weder damals, als Denise nach dem Sommerurlaub mit ihrer Familie, in dem ihr Stiefvater sie misshandelt hatte, auf der Brücke stand, noch heute. Das war ja immer so. Es würde vermutlich immer so sein, dass die Leute die Augen vor so etwas verschlossen. »Was geht mich das an?« Nichts. Ich stellte mir vor, wie es wohl war, wenn man am nächsten Tag in der Zeitung las, dass einer gesprungen war, an dem man auf der Brücke vorbeigefahren war. Wenn man den Selbsttöter gesehen hatte, noch bevor er von der Straße unter der Brücke aufgekratzt wurde. Ärgerte man sich dann darüber, dass man kein Foto gemacht hatte?

Bestimmt schaute man sich am nächsten Tag den Blutfleck an und fragte sich, wie die Leute dort noch ruhig in ihren Häusern schlafen konnten. Sie werden sie nicht los. Wer will schon ein Haus, neben dem vom Himmel herab Menschen auf die Straße fallen? So einfach ist das. Immer. Selbst wenn jemand vor ihren Augen verhungert, schauen die Leute dabei zu und zerreißen sich höchstens hinter vorgehaltener Hand die Mäuler. Man sieht ja nicht alle Tage ein mit Haut überzogenes Skelett. Ein solch ekliger Anblick fasziniert. Das eingefallene Gesicht kommt einem selten hässlich vor, und doch schaut man hin, weil die herausstechenden Wangenknochen und die tiefen Augenhöhlen so befremdlich anziehend wirken. Ein solcher Mensch wird ganz schnell zum Außenseiter. So jemand hat keine Wahl, er muss sich zurückziehen. Plötzlich war mir so klar, warum ich nie eine Antwort auf meine Briefe erhalten hatte und warum Leonie nicht ans Telefon ging. Ich hätte es nie erfahren, wenn ich nicht immer wieder geschrieben hätte. Wer war ich auch schon, in ihrem Leben? Nicht mehr als ihr ›Kleiner Prinz‹, den sie als besten Freund bezeichnete, der achthundert Kilometer entfernt wohnte und verrückt war. Das kann man doch nicht ernst nehmen. Ich erfuhr erst, dass sie gestorben war, als ihre Schwester anrief, die beim Abholen der letzten Sachen aus Leonies Wohnung im Briefkasten meinen letzten Brief entdeckt hatte.

Seither macht es mich wütend, wenn ich sehe, wie Produkte in der Werbung von halb verhungerten Models präsentiert werden und wie die Medien den Schlankheitswahn noch fördern.

Als ich wieder auf der sicheren Seite der Brücke stand, wollte ich Nadja an ihr Versprechen erinnern, noch etwas mit mir trinken zu gehen, als ihr Handy klingelte und ein Betreuer aus ihrem Betreuten Wohnen anrief. Wir wurden vermisst. Es sei mittlerweile schon nach Mitternacht und wir sollten uns nicht von der Stelle rühren, es würde uns jemand abholen.

Zurück in der WG wurde ich von Silke, einer aufgebrachten Betreuerin, empfangen. Silke war eine so genannte AsS-Kraft, was ›Arbeit statt Sozialhilfe‹ bedeutete, und sie war meist in den Nachtschichten da.

»Was ist dir nur eingefallen? Wo warst du?«, rief sie außer sich. »Hast du mal eine Minute dran gedacht, dass wir uns Sorgen um dich machen könnten?«

Von Nadja und der Betreuerin ihrer WG erfuhr Silke, wo wir gewesen waren. Daraufhin verständigte sie jemanden aus meinem Betreuerteam, der entscheiden sollte, wie man mit mir verfahren würde. Ich musste danebensitzen und zuhören, dann warten, bis ein weiterer Betreuer eintraf, damit Silke in dieser Nacht Sitzwache in meinem Zimmer halten konnte. Was für ein Aufstand, und das wegen einer Sache, die es eigentlich gar nicht wert ist, dachte ich. Die Hälfte dieser Überfürsorge für Leonie und sie wäre noch da.

Völlig durchgeschwitzt wachte ich am nächsten Morgen auf. Ich hatte in der Nacht viel wirres Zeug geträumt und unruhig geschlafen. Dass ich mich in meinem Zimmer befand, beruhigte mich ungemein. Der Wecker zeigte 5.34 Uhr an, und ich hätte noch eine ganze Stunde schlafen können, bevor ich aufstehen musste, aber ich war so unruhig, dass noch nicht einmal der Gedanke an Schlaf möglich gewesen wäre. Also stand ich auf und ging duschen. Die gewonnene Zeit verlor ich dabei wieder. Ich fühlte mich schmutzig und hatte kein Gefühl für mich und meinen Körper. Das Wasser gab es mir zurück. Es war zu heiß und ich verbrühte mich, konnte aber nicht aufhören.

Nach Frühstück war mir nicht zumute, ich trank nur einen Kaffee und rauchte eine Zigarette. Dann packte ich meine Sachen für die Berufsschule zusammen und bemerkte, dass ich zehn Minuten zu spät dran war. Schnell lief ich zum Büro, um mich abzumelden. Ich klopfte an die verschlossene Tür. Silke machte mir auf.

»Ich muss jetzt los«, sagte ich.

»Judith hat gesagt, dass du heute nicht in die Schule gehst.«

»Wieso? Da kann ich mich wenigstens ablenken.«

»Nein«, antwortete sie und klang dabei sehr entschlossen, »es muss erst mal im Team besprochen werden, wie wir mit den gestrigen Ereignissen umgehen.«

»Ich will aber zur Schule gehen!«, schrie ich sie an.

Judith, die zweite Psychologin der WG, mit der ich aber nie gearbeitet hatte, mischte sich ein: »Du bleibst erst mal hier!«

»Warum?«, wollte ich wissen, und als ob es etwas Neues für mich wäre, hielt sie mir vor, dass ich gestern auf der Friedensbrücke gestanden hätte.

»Na und, ich war betrunken.«

»Eben«, sagte sie.

»Das bin ich jetzt aber nicht mehr«, versuchte ich mich zu verteidigen, »also kann ich auch zur Schule gehen.«

»Hör auf zu diskutieren, Timm, du bist in einer Krisensituation, und keiner von uns kann garantieren, dass du auch wirklich in die Schule gehst.«

»Mir geht es gut«, entgegnete ich.

»Du siehst aber nicht danach aus. Ich mache dir einen Vorschlag: Du rufst in der Klinik an und sprichst mit der Psychologin Frau Wittke darüber, und sie soll entscheiden, ob du gehen darfst oder nicht.«

»Die lässt das sowieso nicht zu. Wenn ich ihr erzähle, was los war, werde ich gleich wieder eingewiesen.«

»Das hättest du dir dann selbst zuzuschreiben.«

»Was soll ich denn sagen?«, fragte ich missmutig.

»Erzähl ihr, was los war, und frag sie, was sie darüber denkt«, erwiderte Judith.

»Na, toll ...« Ich verdrehte die Augen und ging mit schleppenden Schritten zum Telefon, drückte die Kurzwahltaste für Frau Wittke und wartete.

Als sie sich meldete, zuckte ich kurz zusammen.

»Hallo Frau Wittke, hier ist Timm Flemming«, begrüßte ich sie und bemühte mich darum, möglichst selbstsicher zu wirken. »Ich sollte Sie anrufen.«

»Was ist los?«, wollte Frau Wittke wissen, und ich hätte schon kotzen können, wenn ich ihre grimmige Stimme nur hörte.

»Ich soll Ihnen erzählen, was gestern Nacht vorgefallen ist, und Sie sollen entscheiden, ob ich zur Schule gehen darf oder nicht.«

»Da bin ich ja mal gespannt.«

Also erzählte ich ihr von den Ereignissen der vergangenen Nacht. Sie hörte mir zu und schwieg eine ganze Weile.

»Hm, schlimm genug, dass das alles passiert ist«, sagte sie dann, »aber dass du Nadja da mit hineingezogen hast, war völlig unangebracht.«

Ich schluckte und konnte nicht glauben, was ich da hörte, es ging bei der Sache nicht um Nadja, sondern um mich. Ich steckte in der Krise, nicht sie. Ich hatte sie ja nicht gezwungen, etwas zu trinken. Im Gegenteil, sie hatte immer wieder Geld abgehoben, damit wir uns noch mehr Alkohol kaufen konnten.

»Es tut mir leid, wir waren betrunken.«

»Entschuldigt das etwas?«, fragte sie rhetorisch.

Ich versuchte das Thema zu wechseln und fragte erneut, ob ich in die Schule gehen dürfte. Sie verneinte, da sie dies erst mit Frau Dr. Hübner besprechen und die WG in die Entscheidung mit einbeziehen wollte. Ich sollte Judith das Telefon reichen und über den gestrigen Abend mit einem Betreuer sprechen. In diesem Moment betrat Christine das Betreuerzimmer.

»Tine«, rief ich. Sofort spürte ich ein schlechtes Gewissen und senkte den Blick.

»Was ist passiert?«, fragte Tine.

Ich wollte und konnte nicht antworten, denn ich schämte mich. Das übernahm Judith.

»Krisenbetreuung für Timm, er stand gestern Nacht völlig betrunken auf der Friedensbrücke.«

Tine schaute zu mir, und ich sah sie kurz an, bevor ich wieder zu Boden blickte. Ich hatte deutlich die Enttäuschung in ihrem Gesicht gesehen. Dennoch kam sie zu mir und nahm mich in den Arm.

»Ich mache uns einen Tee, dann können wir reden. Okay?«

Ich nickte. Judith bat mich, das Büro für die Dienstübergabe zu verlassen. Ich sollte in Begleitung von Silke zur Raucherecke vorgehen, damit ich nicht kurzerhand abhaute. Silke schien immer noch wütend auf mich zu sein, und so schwieg ich in ihrer Gegenwart. Jedes Wort hätte falsch sein können. Umso erleichterter war ich, als Tine endlich den Tee brachte. Silke verschwand, ohne sich von mir zu verabschieden, und wünschte Christine viel Glück.

Ich überlegte, was ich sagen könnte, um mein Verhalten zu erklären und nicht wieder in die Psychiatrie zu müssen.

»Es tut mir leid, wirklich.«

»Was?«, wollte sie wissen.

»Na das, was heute Nacht vorgefallen ist. Ich will nicht in die Psychiatrie.«

»Das habe ich nicht allein zu entscheiden«, sagte sie.

»Aber du kannst Einfluss darauf nehmen. Ich brauche jetzt euch und nicht diese unfähige Klinik.« Meine Stimme klang fast flehend.

»Was war denn eigentlich los?«

»Muss ich darüber reden?«

»Es könnte mich vielleicht dazu bringen, ein gutes Wort für dich einzulegen«, sagte sie ernst.

Ich überlegte einen Moment, aber was sie sagte, leuchtete mir ein. Wenn ich tat, was sie sagte, dann zeigte ich Bereitschaft. Wenn ich redete, dann war ich nicht mehr in Gefahr. Ganz im Gegenteil, es wäre sogar ein Fortschritt. Aber allein die Vorstellung, meinen Mund zu öffnen und Wort an Wort zu einer Erklärung zusammenzureihen, schien mir ein fast unüberwindbares Hindernis. Es machte mir Angst. Den wichtigsten Teil, den ich bisher eisern verschwieg, kannte bisher nur Leonie. Aber ich hatte keine Möglichkeit mehr, sie anzurufen, wenn mir das wieder zu schaffen machte.

Ich nahm Tine das Versprechen ab, dass sie für sich behielt, was ich ihr sagen würde. Dann erzählte ich ihr von Dirk, den Männern und den Drogen, von meinen Eltern und der Leere in mir, von dem viel zu großen Ehrgeiz und den unerreichten Zielen und der Lawine, die in diesem Jahr über mich hereingebrochen war. Nur Leonie sparte ich aus. Ich wollte einfach nicht erklären, was sie mir bedeutete und wie wir uns kennen gelernt hatten. Dafür hatten die Therapeuten und Betreuer ihre Akten, in denen ich solche Informationen vermutete. Leonie musste aus meinem Kopf verschwinden, zumindest für eine Weile.

Nach dreieinhalb Stunden, vielen Tränen und noch mehr Zigaretten fiel dann in der extra einberufenen Team-Besprechung die Entscheidung: Ich kam für drei Tage zur Krisenintervention auf die geschlossene Kinder- und Jugendstation der Psychiatrie.

Tine fuhr mich hin, und ich flehte, heulte und bettelte die gesamte Fahrt über, dass wir wieder umkehren würden. Aber ohne Erfolg. Aufgenommen wurde ich von Frau Dr. Hübner, anschließend musste ich in die Isolation. Dort war ich mir völlig selbst überlassen, nur mit einem stationseigenen Slip bekleidet. Mal wieder saß ich da drin und sollte mir Gedanken machen, weshalb. Vierundzwanzig Stunden nur mit den weißen Wänden, dem Bett und der Kamera. Mir war, als würde die Zeit stehen bleiben, und ich verlor jedes Gefühl und damit auch die Kontrolle über mich. Ich schrie und heulte. Ich wollte wegrennen, war aber eingesperrt. Ich schlug meinen Kopf gegen die Wand. Immer und immer wieder, bis es blutete, aber ich spürte dabei nichts, nur den Ekel vor dem Geräusch, das entstand, wenn Kopf und Wand zusammenprallten. Vier Pfleger und eine Schwester kamen, die mich festhielten. Ich wehrte mich, spuckte sie an und war doch der Schwächere, der schließlich ans Bett gebunden wurde. Ein Arzt kam und gab mir eine Spritze. Dann schlief ich ein.

Als ich wieder aufwachte, hatte ich Kopfschmerzen und war immer noch mit Lederriemen ans Bett gebunden. Draußen musste es schon dunkel sein, da die Milchglasfenster schwarz wirkten. Ich fühlte mich hilflos und schutzlos. Jeder, der ins Zimmer kam, hätte mit mir machen können, was er wollte, und ich konnte nichts tun.

Eine Schwester betrat das Zimmer und lächelte mich an. Ich kannte sie bisher nur vom Sehen, auf einer anderen Station.

»Wie geht es dir?«, fragte sie freundlich.

»Wie es einem so geht, der am Bett festgeschnallt ist«, antwortete ich ihr trocken.

»Also den Umständen entsprechend«, stellte sie fest, öffnete die Gurte und gab mir was zu trinken. »Rauchst du?«

»Ja.«

»Das ist gut, dann kannst du mir Gesellschaft leisten.«

»Gern, aber ich glaube, dass meine vierundzwanzig Stunden noch nicht um sind«, sagte ich.

»Ich bin grad allein, und es muss ja keiner erfahren. Mein Name ist übrigens Schwester Irina.«

»Ich bin Timm.«

»Ich weiß.«

Wir gingen raus in den ›Käfig‹, der auf den offenen Stationen immer als Affenkäfig bezeichnet wurde. Sie gab mir eine Zigarette, und es war nett, sich mit ihr zu unterhalten. Das berühmte Licht am Ende des Tunnels, dachte ich.

14. November 2002

Eingesperrt! Eingesperrt! Eingesperrt!

Den Käfig vor Augen, alle Türen abgeschlossen, jede Freiheit genommen, schuldig an allem, ich bin Dreck!

Manchmal muss man einfach springen und sich auf dem Weg nach unten Flügel wachsen lassen!

Ach, das versteht doch eh keiner!

Abgeschoben, im Stich gelassen, einsam, eingesperrt!

Was macht ihr mit mir? Ich hätte euch gebraucht, Tine, aber ihr seid über zwanzig Kilometer weit weg, und es gibt kein Zeichen von euch. Ich weiß nicht, was mich morgen erwartet. Ich weiß nicht, ob ihr immer noch wütend auf mich seid und ob ich es wagen kann, euch in die Augen zu schauen.

Das, was ich getan habe, habe ich doch nicht getan, um euch zu verletzen, und auch nicht, um wieder hierherzukommen! Aber alle scheinen das zu denken!

Es wird nicht immer so sein, auch wenn ich Borderliner bin!

Verdammte Scheiße, warum glaubt mir das keiner?

Mirjam, bevor du in den Urlaub gefahren bist, hast du zu mir gesagt, dass du bei deiner Rückkehr nicht im Dienstbuch lesen willst, dass ich wieder in der Psychiatrie bin. Nun habe ich es doch wieder geschafft. Bitte sei nicht böse auf mich!

Hab grad keine Ahnung, wie es weitergehen soll.

17. November 2002

Ich bin wieder frei, aber ich fühle mich nicht so!

Ich komme mir dick und abstoßend vor. Wie ich diese sechs Mahlzeiten hasse, man hangelt sich nur von Essen zu Essen!

Von Nadja bin ich enttäuscht. Ich glaube zwar schon, dass ich eine ganz große Schuld an den Geschehnissen vom Dienstag zu Mittwoch trage, aber ich bin auf keinen Fall alleine daran schuld.

Ich weiß nicht, was Freundschaft für sie bedeutet, aber für mich bedeutet es auch, für Sachen gemeinsam geradezustehen.

Mirjam, sei mir nicht ganz so böse, dass ich nur so wenig Tagebuch geschrieben habe. Ich kann es zurzeit nicht ertragen, wenn noch mehr Leute auf mich sauer sind!

Als ich in der Psychiatrie war, bin ich zu der Einsicht gekommen, dass ich nicht mehr wirklich gelebt habe, seit Mutti und Vati tot sind. Alles was ich tat, war einzig und allein dafür da, meine Existenz zu sichern oder ihr ein Ende zu setzen.

Vielleicht muss sich daran was ändern.

KAPITEL 21

Ziele in Sicht

Nach der Krisenintervention in der Psychiatrie änderte sich eine Menge. Ich hielt an meinem Vorhaben fest, an mir zu arbeiten, um endlich Fortschritte zu machen. Ich war sogar bereit, einen Essens- und Verhaltensvertrag zu unterschreiben, der von der Klinik empfohlen wurde. Einen Essensvertrag deswegen, weil ich in den letzten Monaten wieder stark abgenommen hatte und die Betreuer der Ansicht waren, dass mein Essverhalten zu einer Art Machtmittel geworden war, damit ich mich auf gewisse Weise kontrollieren konnte. In den Verträgen wurden mir beim Erreichen bestimmter Ziele Belohnungen zugesichert. Zerstörerisches Verhalten, Nahrungsverweigerung und Gewichtsverlust waren mit Sanktionen verbunden. Irgendwie schaffte es der autonome Timm, sich den neuen Gepflogenheiten anzupassen. Manchmal trickste ich dabei, vor allem beim Gewicht. Es gab viele Möglichkeiten, die Waage zu überlisten: Vor dem Wiegen konnte man noch schnell einen Liter Wasser trinken oder Batterien hinten reinschieben, um das Gewicht anzuheben. Meistens war dies aber nicht einmal nötig, weil ich beim Essen unter Beobachtung stand und daher zwangsläufig zunahm. In den ›Psycho- und Babybreistunden‹, wie ich die heilpädagogischen Stunden mit Christine nannte, arbeitete ich daran, meine Krankheit zu verstehen, um besser mit ihr umgehen zu können. Immer wieder wurde mir dabei deutlich, wie sehr vor allem meine destruktiven Verhaltensweisen in Zusammenhang mit meiner Kindheit standen. Borderline war also eine Art Kompensation von Extremen mit Extremen. Will heißen, dass ich ritzte, nicht aß oder sogar suizidal war, weil ich damit meine Kindheit verarbeitete und die durch Schläge, Worte oder Taten unterdrückte Selbstbestimmung auslebte. Als Kind kann man sich nicht dagegen wehren, weil man an der Kraft und Macht des Erwachsenen scheitert. Als fast Erwachsener hingegen kontrolliert man sich als Borderliner selbst. Man tut sich selbst das an, was man von klein auf gelernt hat. Man schadet nicht etwa, wie es vielleicht logisch wäre, den Eltern, denn die bleiben ein Leben lang Machtfiguren – und in meinem Falle schloss sich das ja sowieso aus.

Ich merkte, dass es mir Vorteile und mehr Freiheit einbrachte, wenn ich mitarbeitete. Von meinem Verhalten und meinem Gewicht hing auch der Besuch des Rosenstolz-Konzertes ab, für das ich an meinem Geburtstag die Karten geschenkt bekommen hatte. Außerdem konnte ich mir so die Beurlaubung zu Heike, unserem Vormund, verdienen.

Mein Leben schien endlich mal in geraden Bahnen zu verlaufen, alles war leicht, und ich fühlte mich gut. Ich blendete andere Dinge aus und machte Pläne. Ich nahm mir vor, im neuen Jahr alles besser zu machen. Ich konnte, wenn ich wollte, Mauern einreißen. Es war gar nicht so schwer, über meinen Schatten zu springen. Ich bekam neues Selbstvertrauen und lernte, dass ich, in bestimmten Situationen, nur meinen Verstand ausschalten musste, damit meine Angst schwand.

Mir wurde in diesen Zeit bewusst, wie sehr mir meine Angst manchmal Steine in den Weg legte und wie viel ich dadurch verpasste. Dinge, die anderen leicht erschienen, waren für mich riesige Herausforderungen und immer mit einem übermäßigen Kraftaufwand verbunden. Wenn ich wieder etwas geschafft hatte, dann war ich glücklich darüber, dass ich ein Stückchen

Normalität zurückerobert hatte. Es war ein stetiger Kampf, der Sieg aber, so schien es mir, war sicher.

Und so eilte die Zeit dahin. Denise machte einen Entzug und begann eine Langzeittherapie, um nicht ins Pflegeheim zu müssen. Auch Jessica, mit der ich nach dem Auszug von Denise in den Verselbstständigungsbereich des Betreuten Wohnens gezogen war, nahm keine Drogen mehr.

Aber nicht alles lief so toll, wie bei den beiden. Meine Schwester, die sich im Betreuten Wohnen gut eingelebt hatte, nahm immer mehr Drogen, und unser Kontakt riss fast gänzlich ab. Und mit Nadja wollte ich nach unserem Abend auf der Brücke nichts mehr zu tun haben. Die Traurigkeit darüber, nie mehr mit Leonie sprechen zu können und zu wissen, dass sie an meinem achtzehnten Geburtstag nicht noch einmal spontan vor der Tür stehen würde, blendete ich so gut es eben ging aus. Ich hatte ein Ziel, ich wollte zum Konzert und zu Heike. Das erlaubte es mir nicht, traurig zu sein und damit Gefahr zu laufen, mich erneut in eine Krise zu stürzen.

Der Tag, an dem die Weihnachtsfeier in der WG und das Rosenstolz-Konzert stattfanden, war gleichzeitig der Tag, an dem mein Vater geboren worden war. Den Geburtstag und damit verbundene Erinnerungen strich ich aus meinem Kopf, mit der Weihnachtsfeier wollte ich mich arrangieren, und das Konzert versprach einen genialen Abschluss des Tages. Ich war schon am Morgen aufgekratzt, als ich erfuhr, dass ich zum Konzert fahren durfte. Der letzte Tag vor den Ferien, an dem eigentlich schon kein richtiger Unterricht mehr stattfand, lenkte mich ein wenig ab. Aber auch meine Klassenkameradinnen bemerkten, dass ich sehr aufgeregt war. Meiner Meinung nach war dies nur allzu verständlich. Den meisten der Mädchen ging es auf die Nerven, aber sie wussten mich zu nehmen, vor allem dann, wenn ich mich nicht ganz ›normal‹ benahm. Manche ließen sich sogar von meinem Hochgefühl anstecken. Die Dozenten nahmen meine Aufregung ebenfalls hin, denn im Vergleich zu den Zeiten, in denen es mir schlecht ging, war ihnen diese Art schon wesentlich lieber.

Die Weihnachtsfeier war nichts Besonderes. Erst aßen wir alle zusammen im Gruppenraum, und jeder meiner Mitbewohner schien sich auf die Geschenke zu freuen. Die Betreuer hielten fröhlich gestimmte Reden, in denen von einem besinnlichen Weihnachtsfest die Rede war, und ich konnte es kaum erwarten, bald die Erlaubnis zu bekommen, mich für das Konzert zurechtmachen zu dürfen.

Dann klopfte es an die Tür und herein kam Frank, der als Weihnachtsmann verkleidet war. Im Schlepptau hatte er Ulf, der Knecht Ruprecht abgab. Beide waren schwer beladen mit Säcken und Koffern.

Willkommen zur Bescherung, dachte ich und schaute zu Kai hinüber, der mit acht Jahren der jüngste unserer Gruppe war. Ich kannte ihn noch aus dem Kinderheim. Dort hatte er dem als Weihnachtsmann verkleideten Hausmeister mitten in der Bescherung den Bart heruntergezogen.

Ehe ich mich versah, grinste Kai mich an und rief: »Schlechte Verkleidung, Frank!«

Wir mussten alle lachen.

Frank rettete sich, indem er erklärte, er sei der Beauftragte des Weihnachtsmannes, und nahm dann den Bart ab. »Der kratzt furchtbar«, gab er zu.

Ich wunderte mich über die vielen Geschenke, die ich bekam, und war mir nicht sicher, ob ich das verdient hatte. Ich freute mich jedoch, als Mirjam sagte, dass mir niemand etwas geschenkt hätte, ohne dafür nicht auch einen Grund zu haben. Nachdem wir dann noch zwei Weihnachtslieder gesungen hatten, durfte ich mich endlich von der Gruppe entfernen.

Gegen sieben Uhr abends wurde ich von Karin, meiner ehemaligen Psychologin aus dem Kinderheim, der ich die Konzertkarte zu verdanken hatte, abgeholt. Wir schwiegen fast die gesamte Hinfahrt über. Ich war schüchtern, da sie ihren Mann und erwachsenen Sohn mitnahm. Erst kurz vor dem Ziel kamen wir ins Gespräch, und ich fragte sie nach Neuigkeiten aus dem Heim, denn sie arbeitete dort. Es machte Spaß, sich ihre Erzählungen anzuhören und über die kleinen Marotten bestimmter Erzieher zu reden.

An der Konzerthalle angekommen, bahnten wir uns den Weg zum Einlass, vorbei an hunderten von Fans, die an der Abendkasse Schlange standen. Es war das Abschlusskonzert der ›Macht Liebe Tour‹. Die Halle füllte sich schnell, aber wir ergatterten gute Plätze mit freier Sicht zur Bühne und auf die riesige Leinwand. Ich wartete gespannt darauf, dass es endlich losging, aber die Minuten schienen zu Stunden zu werden. Ich rauchte eine Zigarette nach der anderen und merkte, wie mit der Anzahl der Zuschauer auch meine Anspannung wuchs. Es war das erste Konzert, das ich besuchte, und ich fühlte mich nicht wohl in dieser Menschenmasse. Ich hatte das Gefühl, von allen Seiten angestarrt zu werden und doch in dieser Menge unterzugehen. Irgendwann war ich vollkommen eingeschlossen von fremden Leuten, die mir die Luft zum Atmen zu nehmen schienen. Mir wurde abwechselnd heiß und kalt, und ich verspürte das Bedürfnis zu schreien und meinen Kopf gegen irgendetwas Hartes zu schlagen, meine Arme aufzuschlitzen oder wegzurennen. Ich hatte das dringende Bedürfnis, mich zu spüren und abzureagieren. Dann ging das Licht aus. Die Menge fing an zu grölen und auf die Bühne richtete sich ein Spot, Musik erklang und schließlich sprangen alle Scheinwerfer an.

Aus voller Kehle sangen die Leute mit, jeder schrie die Texte so laut, als wollte er den anderen übertönen. Das beeindruckte mich und ich entspannte mich, weil ich nicht mehr das Gefühl hatte aufzufallen. Ich wusste, dass mir nichts geschehen konnte, und beim Refrain von *Fütter deine Angst* schloss ich mich den anderen an und sang mit. Ich wusste gar nicht, wie befreiend dieses laute Mitsingen sein konnte, und so sang ich von Strophe zu Strophe und von Lied zu Lied immer lauter mit. Ich fühlte mich unendlich frei. In dem Moment hätte ich mir nichts Schöneres vorstellen können.

Das Konzert war viel zu schnell vorbei, aber ich genoss es in vollen Zügen. Dabei dachte ich an Leonie und wie schön es gewesen wäre, wenn sie neben mir gestanden hätte. Aber dafür war sie in meinem Herzen mit dabei, dachte ich auf der Rückfahrt, die wir in andächtigem Schweigen verbrachten. Es gab so viele Eindrücke, die es zu verarbeiten galt. Deswegen verlief auch der Abschied sehr kurz. Ein Tschüs und ein Dankeschön, und der Wagen fuhr davon. Mehr brachte ich nicht heraus, obwohl ich Karin gegenüber voller Dankbarkeit war.

Ich atmete tief durch und ging festen Schrittes zur Tür der Wohngemeinschaft, dann betätigte ich die Klingel. Was für ein Ungetüm. Ihr Geräusch durchschnitt die angenehme Ruhe der Nacht. Silke hatte Nachtdienst und öffnete die Tür.

»Na, wie war's?«, fragte sie freundlich.

»Geil!«

In meiner Stimme lag eine Euphorie, die ich bisher nicht von mir gekannt hatte. Ich nahm sie in den Arm und war glücklich. Sie schlug vor, dass wir zusammen noch einen Tee trinken könnten, bevor ich ins Bett müsste. Ich ging zuvor noch duschen, und wir trafen uns in der Raucherecke wieder, die von allen aus Mundfaulheit nur ›Raucher‹ genannt wurde. Viele Abende hatten wir dort schon zugebracht, viele Tränen hatte ich dort vergossen, wir hatten sie als Theaterkulisse missbraucht, dort gelacht und natürlich viel geraucht.

Für Silke und mich war das Rauchen mit einer Tasse Tee vor dem Zubettgehen zu einer Art abendlichem Ritual geworden. Für mich war es eine angenehme Gewohnheit, zu einem Becher mit Kirsch-Vanille-Tee den Rauch einer Zigarette zu inhalieren und leidenschaftlich wieder auszuatmen.

Silke setzte sich im Vergleich zu unseren anderen AsS-Kräften sehr für ihren Job ein. Sie war Mitte vierzig, hatte vier Kinder und einen Enkel und lebte mit ihnen in einem Haus. Sie war geschieden, hatte aber einen Freund. Sie war eine mollige Frau, hatte dunkelblonde lockige Haare, große grüne Augen, wunderschöne Hände und ein Lächeln voller Hingabe. Arroganz konnte sie nicht leiden, und so hörte sie immer auf ihr Gefühl. Sie sah uns als Menschen an, als Freunde, vielleicht auch als Kinder, darum brachten wir ihr schon bald großes Vertrauen entgegen. Wir erzählten ihr von uns und sie uns von sich. Das war ein cooles Gefühl, denn es bedeutete, dass sie uns ernst nahm. Sie konnte zwar auch streng sein, aber es fiel mir bei ihr leichter, dies anzunehmen, weil ich es eher als Rat eines Freundes, denn als Befehl eines Betreuers empfand.

Während ich ihr vom Konzert erzählte, tranken wir unseren Tee aus. Dann ging ich ins Bett und schlief sofort ein, obwohl ich vergessen hatte, wie sonst eine Schlaftablette zu nehmen.

Am darauf folgenden Morgen wachte ich früh auf. Es war der Tag, auf den es ankam, denn wenn ich mein Gewicht von 63 Kilogramm erreicht hatte, durfte ich nach Berlin zu Heike fahren. Mein Gefühl verhieß mir nichts Gutes. Deswegen schummelte ich und hob mein Gewicht, indem ich einen Liter Wasser trank. Zum Wiegen stieg ich im Schlafanzug auf die Waage, die jedoch trotzdem nur 62,8 Kilogramm anzeigte. Silke wollte das nicht gelten lassen, da ich nackt gewogen werden musste. Allerdings versuchte ich es immer zuerst so, in der Hoffnung, dass es ein Betreuer vergaß. Diesmal hatte es nicht funktioniert, also zog ich mich aus und stellte mich erneut auf die Waage: 62,6 Kilogramm.

»Das kann nicht sein, mit Schlafanzug hab ich 62,8 gewogen«, wehrte ich mich und durfte mich erneut wiegen, nachdem Silke die Waage auf null gestellt hatte. Ich atmete noch mal tief ein, versuchte mich schwer zu machen, und auf der Anzeige stand nun: 63,1 Kilogramm. Ich war erleichtert und schaute Silke bittend an.

»Schon gut, ich trage das jetzt so ein. Also darfst du fahren.«

Während der Zugfahrt malte ich mir die Tage in Berlin aus. Ich stellte mir vor, wie unsere Tour durch die Berliner Schwulenszene aussehen würde. Heike hatte mir vor ein paar Wochen versprochen, diese mit mir zu unternehmen, wenn ich mein Zielgewicht erreichte und sie besuchen käme. Ich schmunzelte innerlich: Meine gute, alte Heike, ihr Freund und ich erkunden die Schwulenszene. Was für ein abstruses Bild.

Heiligabend ließen wir ausfallen, zum Abendbrot gab es nur Salat mit Riesengarnelen, die Geschenke hatten wir schon einen Tag zuvor verteilt und unsere Abendunterhaltung bestand in dem Film *Der Grinch*. Weihnachten war seit dem Tod meiner Eltern für mich immer ein hartes Pflaster. Das Gequatsche über Weihnachten mit der Familie, Besinnlichkeit und Frieden hing mir zum Hals heraus. Aber in diesem Jahr hatte es besser als zuvor funktioniert, mich dem zu entziehen.

29. Dezember 2002

Berlin lebt!

Mirjam, es ist so toll hier, das Leben macht so unendlich viel Spaß, ich lebe!!!

Was mir das Rosenstolz-Konzert und die Zeit bis jetzt an sozialem Kompetenztraining gegeben haben, kannst du dir gar nicht vorstellen! Ich fühle mich frei, leicht, habe mich lieb, liebe die Welt, und es ist gerade so, als wäre all das, was vorher gewesen ist, einfach ausgeschaltet.

Mir geht es gut, so gut wie seit über drei Jahren nicht mehr – ach, wenn du mich nur so sehen könntest, keiner würde glauben, dass ich in eine Einrichtung gehöre, die nach Paragraph 35 a arbeitet! Vielleicht hat es ja jetzt Klick gemacht. Und mit dieser Power werde ich alles Kommende anpacken!

Übrigens, ich bin vielleicht verliebt. In den hübschesten Mann unter der Sonne, mit dem süßesten Lächeln der Welt. Er heißt Enrico, ist vierundzwanzig Jahre jung und arbeitet in einer Schwulenbar hier in Berlin.

Dort habe ich ihn auch kennen gelernt. Wir haben ganz lange miteinander geflirtet (stell dir mal vor, ich flirte!), fast den ganzen Abend, aber miteinander gesprochen haben wir nicht, außer wenn Heike, Ulrich oder ich etwas bestellt haben. Na, und als er dann immer noch nichts gesagt hat, habe ich ihn nach einem Stift und einem Zettel gefragt und darauf meine Telefonnummer (bei Heike) notiert. Daneben habe ich noch geschrieben, dass er mich ja mal anrufen könnte. Den Zettel habe ich ihm dann beim Bezahlen zugeschoben und vor lauter Aufregung auch noch fast neun Euro Trinkgeld gegeben.

Gestern Abend rief er tatsächlich an und sagte, dass er es echt cool fand, dass ich ihm meine Nummer gegeben habe. Jetzt hab ich mit ihm ein Date am Montag. Und er hat gesagt, er freut sich auf mich. Und er hat so eine liebe Stimme. Obwohl es eigentlich Winter ist, habe ich das Gefühl, es wäre Frühling. Ich bin so happy!!! Hilfe, ich habe Höhenflüge – aber ich fühle mich so gut, dieses Gefühl soll niemals vergehen.

Schon seit dem Rosenstolz-Konzert geht es mir super, weil da irgendwas passiert ist, das mir gesagt hat: »Siehste, wenn du jetzt tot wärst, dann hätteste das verpasst!« Und dabei gibt es so viele Dinge, die ich noch erleben möchte. Sterben ist doof. Leben ist geil! Auch mit Käfig, der aber größer wird, weil ich mich so gut fühle.

Und, Mirjam, die Leiter in dem Loch, in dem ich gesessen habe, ist verschwunden. Das Loch wird immer kleiner und bald ist es ganz zu.

Ich brauche keine Angst zu haben!

Selbst fremde Menschen machen mir nicht mehr so viel Angst. Eigentlich ist das ja normal, aber für mich ist es etwas ganz Besonderes. Ich traue mich hier Sachen, die ich mir vorher nie zugetraut hätte. Ich will so vieles ausprobieren, nachholen und einfach neugierig sein.

30. Dezember 2002

Heute ist das Treffen mit Enrico, ich bin ja so aufgeregt!

Ich wollte gestern unbedingt noch seine Stimme hören, habe mich aber erst nicht getraut anzurufen. Es dauerte fast eine halbe Stunde, bis ich mich dazu durchgerungen hatte.

Ich habe ziemlich viele Bedenken: Was, wenn ich ihm zu jung bin? Oder was, wenn er schon eine Beziehung hat? Aber dann hätte er vermutlich nicht angerufen, oder? Vielleicht ist er auch auf eine Affäre aus, aber dafür sieht er zu lieb aus! Was, wenn ich ihm nicht gefalle? Hätte er dann angerufen und gesagt, dass ich süß bin? Vielleicht sucht er ja auch gar keine Beziehung? Aber er hat mir seine Nummer gegeben. Ob ich ihn gestern genervt habe? Hoffentlich schweigen wir uns nicht die ganze Zeit an! Ich sollte nicht zu viel darüber nachdenken, das macht mich ja nur irre im Kopf.

31. Dezember 2002

Fünf Stunden noch, dann beginnt ein neues Jahr! Ich will so vieles anders machen, will wieder normal werden und die Störung besiegen!!!

Das alte Jahr lief nicht wirklich gut, und ich habe so viel Zeit unnütz vergeudet. Es fing schlimm an, muss es deswegen auch schlecht aufhören? Nach dem Rosenstolz-Konzert dachte ich, es wäre der schönste Tag des Jahres gewesen und das kann nichts mehr toppen, aber das Date mit Enrico war noch schöner. Es war so ein genialer Nachmittag, Abend und eine tolle Nacht. Ich habe so viele Leute kennen gelernt, die in der Berliner Schwulenszene wichtig sind. Wir sind in Schwulenkneipen, -clubs, -diskos und sogar in einem Schwulenkino gewesen. Wir waren essen, haben eine Schneeballschlacht gemacht, zugesehen, wie es schneit, geredet, geschwiegen, geflirtet, und Enrico war so lieb! Er ist genau so, wie ich mir meinen Traummann vorstelle, und sieht dazu noch verdammt gut aus! Er hat gesagt, eine Beziehung bräuchte Zeit, um sich zu entwickeln, und erst dann, wenn eine feste Basis da sei, würde er mit einem Typen auch schlafen wollen. Und das fand ich so toll! Eigentlich wollte er am Abend auch nur bis halb zehn mit mir um die Häuser ziehen, weil er heute nämlich schon um fünf Uhr morgens aufstehen musste, aber aus halb zehn wurde ein Uhr nachts.

Er bestand darauf, mir einen Cocktail zu mixen, und das war das Leckerste, was ich je getrunken habe – ich war aber nicht betrunken.

Mir ist ganz komisch, ich muss andauernd an Enrico denken, denn wenn ich mich zu schnell verliebe, habe ich Angst davor, dass er vielleicht nur mit mir spielt. Wenn er die Initiative ergreift, dann weiß ich, dass er es ernst meint. Hilfe, so ein Wirrwarr in meinem Kopf.

Er will mich heute Abend oder morgen Früh anrufen, und ich freue mich schon riesig darauf.

Vielleicht sollte ich der Sache auch erst mal Zeit lassen, sich zu entwickeln. Er will mich in der WG besuchen kommen.

Enrico hat mir zum Abschied sogar einen Kuss gegeben (und dabei dachte ich, mein Herz hört auf zu schlagen). Bestimmt klinge ich jetzt so wie ein unreifer Teenager, aber das ist mir jetzt auch egal, mir geht's halt so.

Heike, ihr Freund und ich hatten beschlossen, den Jahreswechsel bei der Megaparty eines Radiosenders auf einem großen Platz zu verbringen. Als wir losgingen, gerieten wir in einen Schneesturm, und es war scheußlich kalt, aber ich freute mich trotzdem, denn nichts hätte mir meine gute Laune verderben können. Auf dem Platz war eine riesige Bühne aufgebaut und tausende von Menschen feierten dort. Wir stürzten uns ins Getümmel, bereuten es aber sofort, als wir merkten, dass einige Idioten Raketen und Knaller in die Menge warfen. Ich musste da raus, an eine übersichtlichere Stelle. Heike und Ulrich nutzten die Gunst der Stunde und beschlossen, sich eine Bratwurst zu holen. Ich sollte auch eine essen, da ich noch kein spätes Abendbrot gegessen hatte. Dabei war mir überhaupt nicht nach essen zumute und schon gar nicht nach einer Bratwurst. Ich ließ daher immer ein Stückchen der Wurst unbemerkt fallen und schummelte mich so um meine letzte Mahlzeit im alten Jahr herum.

Als ich im neuen Jahr wieder in der WG war, drehte sich für mich alles um Enrico. Am Anfang war jeder zweite Gedanke von ihm bestimmt, und ich redete kaum über etwas anderes. Ich wünschte mir nichts mehr, als mit diesem Mann zusammen zu sein, obwohl ich ihn eigentlich kaum kannte. Aber das war mir egal. Er verkörperte für mich alles, was ich mir von einem Mann ersehnte – mal abgesehen davon, dass sein Interesse für mich abgekühlt war, nachdem ich Berlin verlassen hatte. Mein Tagebuch war voll mit Schwärmereien über ihn. Ich wartete stundenlang darauf, dass er anrief, um es letztlich dann doch selbst zu tun, obwohl ich es mir eigentlich verboten hatte. Mit den Mädchen aus meiner Klasse tüftelte ich Taktiken aus, wie ich ihn für mich gewinnen konnte. Die einen sagten, ich solle mich rarmachen. Die anderen meinten, ich sollte ihm zeigen, was ich fühlte, und um ihn kämpfen. Von manchen erhielt ich den Ratschlag, ich sollte ihn vergessen, weil er zu weit weg wohnte. Sie warnten mich davor, dass er in der Schwulenszene arbeitete und dass ich solchen Typen nicht trauen könnte. Bald wusste ich nicht mehr, was richtig und was falsch war. Deshalb packte mich das Berlin-Fieber und ich fuhr so oft es nur ging am Wochenende zu meiner Tante, die ebenfalls dort wohnte, um ihn sehen zu können. Wenn ich dann dort war, schien zwischen mir und Enrico alles okay zu sein. Dann brauchten wir keine Worte, um zu erklären, was zwischen uns war oder werden könnte. Wie selbstverständlich küsste er mich und schäkerte mit mir herum. Wir unternahmen viel zusammen. Ich hielt mich ihm gegenüber zurück, denn es war mir wichtig, einen guten Eindruck zu machen und ihn nicht so sehr spüren zu lassen, wie sehr ich mich freute, ihn zu sehen.

Hinter der Schwärmerei für Enrico trat alles andere zurück. Nichts war wichtiger, und selbst mein bisher ungebrochener Ehrgeiz, was die Schule anbelangte, war verschwunden. Therapieangebote nahm ich nur noch halbherzig wahr und trat den Betreuern leicht überheblich gegenüber. Und genau das sollte zum Problem werden. An der Schule begannen die Vorbereitungen auf die Abschlussprüfungen. Für den nächsten Monat war eine Vorprüfung im Fach Erziehungslehre angesetzt, und ich musste für drei Fächer, in denen ich nicht geprüft werden sollte, eine Abschlussbelegarbeit schreiben. Aber meine Motivation, etwas dafür zu tun, war eher gering. Auch die anderen Ziele, die ich mir am Ende des letzten Jahres gesteckt hatte, hatte ich aus den Augen verloren, und die ›Verträge‹, die ich mit der Einrichtung geschlossen hatte, ergaben für mich nur noch wenig Sinn. Das, was ich wollte und was mich interessierte, war mir wichtiger. Vermutlich war das für einen Siebzehnjährigen ganz normal. Es stellte sich nur die Frage, was man unter ›normal‹ verstand. Ich schien es jedenfalls nicht zu sein, denn zumindest liefen die endlosen Diskussionen mit den Betreuern immer wieder darauf hinaus, welche Gefahren mein Verhalten für mich und meine Stabilität barg. Im sozialpädagogischen und psychologischen Bericht an das Jugendamt, von dem auch ich eine Kopie erhielt, stand, dass mein Zustand immer noch labil sei und dass ich meine Prioritäten den Umständen anpassen müsste. Man bezweifelte, dass ich in einem Internat, geschweige denn in einer eigenen Wohnung, überleben könnte. *Mit freundlichen Grüßen, Thorsten Pelzer.*

Das Betreuer-Team entschied, mich vorübergehend bis nach der Vorprüfung im Fach Erziehungslehre und der Fertigstellung der Belegarbeiten nicht nach Berlin zu beurlauben. Da sich dies nur auf Berlin bezog, heckte ich mit einer Klassenkameradin einen Plan aus. Sie sollte vorgeben, ihren Geburtstag zu feiern, den wir kurzerhand von Anfang August auf das nächste Wochenende im Januar legten. Sie schrieb mir ganz offiziell eine Einladung für diese Feier, die das ganze Wochenende dauern sollte, und diese legte ich dann den Betreuern vor. Als meine Klassenkameradin auch noch persönlich vorbeikam, um zu bestätigen, dass sie mich wirklich eingeladen hatte, und um ihre Adresse zu hinterlegen, bekam ich die Erlaubnis, mitzufeiern. Sie wollte an dem bewussten Wochenende ebenfalls nach Berlin, und wir hatten beschlossen zusammen zu fahren. Der Plan sah außerdem vor, dass wir uns für den Freitag in der Schule entschuldigen lassen wollten, um so schon morgens nach Berlin fahren zu können. Und so taten wir es dann auch. Nur Tine erzählte ich von meinem Vorhaben, für den Fall, dass etwas Unvorhersehbares passieren oder ein Notfall eintreten würde. Ihr vertraute ich, und ich war mir sicher, dass sie mich nicht verraten würde.

17. Januar 2003

Ich bin frei, endlich unendlich, es ist so ein wunderbares Gefühl, das getan zu haben, wozu ich Lust hatte. Das ist es auf alle Fälle wert!

Ich nehme wieder aktiv am Leben teil und genieße es, da zu sein, es ist schön!!!

Wie lange hat das gedauert? Wie lange habe ich gebraucht, um diesen Schritt zu wagen? Es ist eine Ewigkeit her, dass mir dieses Gefühl normal vorkam.

Die Sonne scheint! Überall singen Vögel, die Luft riecht gut und alles sieht so sauber aus. In mir drin ist eine Wärme, wie ich sie nicht beschreiben kann. Ich bin wieder ich!
Und es ist besser als alles, was ich bis jetzt gekannt habe!!!

Wie lange könnte ich hier noch sitzen? Ich mag nicht mehr aufhören zu leben!

Ich habe die besten Freunde der Welt, eine nette Tante, eine kleine Schwester und noch ganz viele andere Menschen, die ich nie hergeben will.

Ich möchte fliegen, landen, möchte tanzen, lachen, Spaß haben, Schokolade essen, träumen, auf Dächern spazieren gehen, auf Bäume klettern, segeln, schwimmen, möchte reden, Geschichten erzählen und lauschen, meine eigene Geschichte schreiben, ein riesiges Bild malen, Blumen klauen, zärtlich sein, Danke sagen, möchte schneller als der Schall sein, möchte Fensterbilder basteln, Liebe machen, Musik hören, mit Kindern spielen, Schuhe kaufen, mich schön machen, arrogant sein, möchte durch Wälder spazieren gehen, verreisen, die Welt sehen, Klingeln putzen, Menschen kennen lernen, Geld verdienen, anderen helfen, möchte Stunden im Bad verbringen, Theater spielen und Theater erleben, möchte berühmt werden, möchte rennen und schreien, möchte ausschlafen, Kuchen essen, Partys feiern, möchte einen Tierpark besuchen, die ganze Nacht um die Häuser ziehen, Ruhe genießen, Freiheit erleben, unendlich sein, möchte mit meinen Tränen eine Badewanne füllen, Kerzen anzünden, Auto fahren, mich austoben, mich auspowern, möchte liebe Menschen umarmen, möchte ins Kino gehen, möchte Stars kennen lernen, die Tür hinter mir zuschließen und sagen können: »Das ist meine Wohnung – mein Zuhause!«

Ich bin frei und an niemanden gebunden.
Dieses Wochenende bestimme ich selbst – ohne Plan ... eine coole Vorstellung! Juhu!!!!

Das Gefühl war schön, aber es war die Mühe nicht wert, denn das, was ich tatsächlich wollte, nämlich Enrico, stellte sich als Seifenblase heraus.

KAPITEL 22

Der Philosoph

»Sieh mal!« Meine Klassenkameradin Karen strahlte übers ganze Gesicht und hielt mir eine Zeitung unter die Nase.

»Was denn?«, fragte ich.

»Na hier.« Sie zeigte ungeduldig auf eine, dem Anschein nach wichtige Stelle in dem Magazin.

»Lies endlich!«, drängte sie mich, und ich kam ihrer Bitte nach.

Karen war klein, dick, und sie erinnerte mich immer an eine Perserkatze. Trotzdem fand ich sie schön, und ich schaute gerne in ihr freundliches Gesicht.

Ich las den Absatz, auf den sie zeigte, und war etwas verdutzt, denn in der Zeitschrift war eine Kontaktanzeige von mir geschaltet, mit meinem Namen und der Adresse. Nur leider konnte ich mich nicht mehr daran erinnern, dass ich eine Anzeige aufgegeben hatte.

»Karen, was soll das?«, fragte ich sie.

»Na ja, ich dachte mir, dass du vielleicht einen neuen Freund suchst, wegen der Sache mit Enrico.«

Sie setzte einen unschuldigen Blick auf, und ich musste lachen. Trotzdem war ich nicht sehr begeistert von ihrer Idee, vor allem nachdem sie schon zuvor gemeinsam mit einer anderen Klassenkameradin für mich auf eine Anzeige geantwortet hatte, was mir den Besuch im Knast eingebracht hatte. Aber irgendwie fand ich es auch süß, wie besorgt sie um mich war.

Als ich ein paar Tage später aus der Berufsschule nach Hause kam, lag ein Brief für mich im Büro. Es stand kein Absender auf dem Umschlag, und ich ahnte schon, dass es vielleicht mit der Annonce zusammenhängen könnte. Mich packte nun doch die Neugier, da ich eigentlich gedacht hatte, dass sich sowieso niemand darauf melden würde. Doch plötzlich hatte ich Post. Ich öffnete den Brief.

Eine gewisse Janine schrieb mir, ihr bester Freund sei schwul und er wisse, dass sie mir schreiben würde. Sie erzählte in ihrem Brief jedoch nicht viel über ihn. Er sei ›irgendwie ein Denkertyp‹ hieß es und würde mit ihr in dieselbe Klasse gehen. Ich sollte ihm doch mal schreiben.

Ich überlegte nicht lange und nahm Papier und Stift zur Hand. Auf einmal hatte ich doch Lust, jemand kennen zu lernen, vor allem nach der Pleite mit Enrico. Es bestand zumindest die Chance, dass ich mit ihm bessere Erfahrungen machen könnte, wenn wir uns mochten.

Zwei Tage später kam schon eine Antwort von ihm mit Bild. Er sieht nett aus, dachte ich. Noch am gleichen Tag rief ich ihn an, denn er hatte seine Telefonnummer mitgeschickt.

Die Kirche gleich neben dem Busbahnhof sah ich schon von weitem. Ich schritt zügig aus, weil ich spät dran war. Ich hatte ein wenig zu lange vor dem Spiegel gestanden, um das Lippenpiercing zu desinfizieren, das ich mir vor ein paar Tagen selbst gestochen hatte.

Als ich auf dem Platz vor der Kirche ankam, erkannte ich ihn sofort, trotzdem ich ihn bisher nur auf einem Passbild gesehen hatte. Das war schon mal gut, mal ganz davon abgesehen, dass ich diesmal zum Blind Date nicht in den Knast musste. Er kam auf mich zu und gab mir die Hand. Dann setzten wir uns auf eine nahe gelegene Parkbank und überlegten gemeinsam, was wir unternehmen könnten. Wir entschlossen uns, ins Elegance, ein lauschiges Café mitten in der Stadt, zu gehen. Mich faszinierte dieser Ort, den ich erst ein paar Tage zuvor durch Tine kennen gelernt hatte. Neben der Einrichtung, die aus scheinbar wild zusammengewürfelten Möbeln und Nippes bestand, war das Besondere an dem Café eine Art riesiges Terrarium. In diesem Terrarium lebten Totenkopfäffchen, die sich dort drinnen sogar vermehrten.

Als wir ankamen, war das Café völlig leer, und so hatten wir freie Platzwahl, was sonst ungewohnt war für diese Lokalität. Wir nahmen einen Tisch zwischen Fenster und Klavier, in der Hoffnung, dass es wie an anderen zahlreichen Nachmittagen noch Live-Musik geben würde. Leider wurden unsere Erwartungen enttäuscht. Ich hatte den Kellner, der uns bediente, bei meinem ersten Besuch durch Christine flüchtig kennen gelernt. Sie hatte sich köstlich darüber amüsiert, dass er so offensichtlich schwul war. Er begrüßte mich freundlich mit der Bemerkung, dass ich ja schon wieder da sei, und Rob schaute mich verwundert an. »Kennst du den?«, fragte er mich.

»Nicht wirklich. Ich war vor ein paar Tagen zum ersten Mal mit einer Betreuerin hier, und die benahm sich so daneben, dass ich ihm wohl im Gedächtnis geblieben bin.«

»Der ist doch schwul«, stellte er fest.

»Zumindest würde ich ihn nicht auf den ersten Blick für eine hetero halten.«

Er stimmte mir zu, und dabei bemerkte ich, wie er immer wieder versuchte, mir in die Augen zu sehen. Ich wollte mich eigentlich wegdrehen, da ich nicht sehr gekonnt darin war, den Blick zu halten, aber irgendetwas faszinierte mich. Als ich ihn auf dem Platz vor der Kirche zum ersten Mal sah, sah er zwar dem Passbild ähnlich, das er mir geschickt hatte, aber es war schon etwas anderes, ihn dann auch in Lebensgröße zu sehen.

Aber irgendwas stimmte nicht. Mir gefiel sein Gang nicht, und die Art, wie er seine Schultern vorstreckte, und die Kleidung, die er trug. Er wirkte wie ein Streber, der vermutlich nie aus sich herausging. Aber dann, als wir im Café saßen und er versuchte, mir in die Augen zu schauen, gefiel er mir doch. Er wirkte dort entspannter, auch wenn die Situation alles andere als das war.

»Was liest du gerade?«, fragte er mich. Ich las zu dieser Zeit zum dritten Mal das Buch *Sofies Welt* von Jostein Gaarder, das ich von Patricia zu meinem siebzehnten Geburtstag bekommen hatte. Ich zögerte einen Moment, bevor ich darauf antwortete, weil ich keine Ahnung hatte, wie er darauf reagieren würde. Zumal ich das Buch auch nur so oft las, weil ich nicht alles nachvollziehen konnte. Aber dann sagte ich es ihm doch und lag damit völlig richtig. Er erzählte mir, dass er durch dieses Buch seine Leidenschaft für Philosophie entdeckt hatte, und dabei klang in seiner Stimme Begeisterung mit. Er nannte, so schien es mir, unendlich viele Philosophen und ihre Theorien, stellte mir Grunddaseinsfragen und bohrte so lange nach, bis ich selbst zu einer möglichen Antwort kam. Er war voll und ganz in seinem Element und strahlte über das ganze Gesicht, wahrscheinlich aus Freude einen interessierten Zuhörer gefunden zu haben. Ich durfte einen Streifzug durch die Geschichte der Philosophie erleben. Er erzählte mir Dinge, die nicht im Buch *Sofies Welt* zu lesen waren und die mich faszinierten. Seine Begeisterung steckte mich an. Wir diskutierten den gesamten Nachmittag über unterschiedliche Theorien und unsere Ansichten dazu. Bis wir viele Stunden später das Elegance verließen und durch die Stadt schlenderten. Unterwegs traf ich eine Freundin, die ich aus der Psychiatrie kannte und die sich uns anschloss. Es erstaunte mich, dass auch sie ein großes Wissen über philosophische Theorien besaß. Ich nahm mir vor, mich intensiver mit dem Thema auseinanderzusetzen.

Den Abend verbrachten wir bei Freunden von Rob. Als wir uns nach Mitternacht verabschiedeten und für den nächsten Tag verabredeten, meinte Rob noch zu mir:

»Ich hätte mir gewünscht, dass du ein Zyklop bist, die klammern sich nämlich an jeden Strohhalm.«

Dann ging er, ohne dass ich ihn hätte fragen können, was er damit meinte.

Das holte ich am darauf folgenden Tag nach. Wir liefen schon etwa eine Stunde durch den Park und unterhielten uns gerade über *Herr der Ringe*, als mir wieder seine Bemerkung von letzter Nacht einfiel.

»Was meintest du gestern mit dem Zyklopen?«, fragte ich ihn.

»Überleg selbst. Wie sieht ein Zyklop aus?«

»Na, das ist halt ein einäugiger Riese«, antwortete ich.

»Schon, aber das ist zu allgemein.«

»Zu allgemein? Ich weiß nicht, worauf du hinauswillst«, gab ich zu.

Er lächelte. »Ein Zyklop ist nicht schön, sondern …?«

»Hässlich«, sagte ich automatisch.

Er nickte. »Genau.«

»Und was willst du damit sagen?«

»Na, schau dich doch mal an«, meinte er verlegen. »Du siehst gut aus.«

»Findest du?«

Er sah mir in die Augen. »Du bist schön!«

»Danke ... und warum hättest du dir gewünscht, dass ich hässlich bin?«

»Na ja, weil sich hässliche Menschen an jeden Strohhalm klammern und ich dann vielleicht eine Chance bei dir gehabt hätte«, sagte er leise.

»Und warum denkst du, dass du keine Chancen bei mir hast?«, fragte ich.

»Weil ich ein Zyklop bin.«

»So ein Müll!«

»Ist nun mal so.«

»Das finde ich nicht. Ich hätte eher gedacht, dass meine Chancen schlechter bei dir stehen«, gab ich zu.

»Nö ...« Er lächelte und ergriff meine Hand.

Wir kamen zu einem Teich und setzten uns dort auf eine Bank.

»Wie fandest du es gestern?«, fragte er mich nach einer Weile.

»Schön, und du?«

»Ich fand es auch schön.«

Mit einsetzender Dämmerung traten wir den Heimweg an, er versprach, mich am nächsten Tag anzurufen. Dann gab er mir noch eine Diskette mit. Als ich fragte, was da drauf sei, meinte er, dass ich es einfach lesen sollte. Dann ging er.

Zu Hause schaute ich sofort nach, was er geschrieben hatte. Der Text begann mit der Überschrift »Athen ist so groß wie ein Fußball und dennoch größer als das Universum. Was ist Athen?«, und natürlich ging es darin um Philosophie.

Wir trafen uns am nächsten Tag in der Stadt, nachdem er mich am späten Vormittag angerufen hatte, und beschlossen in einem Bistro einen Kaffee trinken zu gehen. Doch er war anders als in den Tagen zuvor. Er war in Gedanken versunken, und wenn ich wissen wollte, woran er gerade dachte, meinte er, es wäre nicht so wichtig. Aber wenn er mich ansah, dann schmolz ich dahin, und es fiel mir oft sehr schwer, der Versuchung zu widerstehen und ihn nicht zu küssen. Wie gern hätte ich ihm gesagt, wie schön ich die letzten beiden Treffen gefunden hatte und dass etwas mit mir passiert war, was ich nicht erklären konnte. Ich tat es nicht, weil ich Angst hatte, er könnte mich auslachen. Ich wollte nichts aufs Spiel setzen, und so wartete ich ab. Unsere Gespräche waren nach wie vor sehr anregend – wenn es denn zu welchen kam und Rob nicht gerade seinen Gedanken nachhing. Die Diskussionen über Philosophie schienen nicht zu enden. Wenn uns jemand zugehört hätte, hätte man uns vermutlich für völlige Spinner gehalten. Vielleicht waren wir das auch?

Gegen Mittag musste ich wieder in die WG. Wir verabredeten uns noch für denselben Nachmittag im Diego's.

»Warte mal kurz«, sagte er, als ich mich auf den Weg machen wollte, kramte in seiner Tasche, holte einen Briefumschlag heraus und gab ihn mir mit den Worten:

»Wahrscheinlich ist es zu zeitig, und ich werd alles kaputt machen.«

»Danke!« Ich lächelte ihm aufmunternd zu und ging. Meine Hände zitterten, und ich nahm mir vor, den Brief erst in der WG zu öffnen. Im Brief schrieb er mir das, was ich nicht gewagt hatte auszusprechen. Er hätte sich in mich verliebt und würde gern mit mir zusammen sein. Ich strahlte über das ganze Gesicht und sang vor mich hin »Ich habe einen Freund, ich habe einen Freund…« Diesmal war ich mir sicher, dass er nicht so schnell wieder aus meinem Leben verschwinden würde. Auch wenn es nicht die große Liebe war, genoss ich das Gefühl, verliebt zu sein.

Zum ersten Mal küssten wir uns an diesem Nachmittag im Diego's.

Wir sahen uns fast täglich, und es erstaunte mich, dass neben zärtlichen Worten auch Platz für andere Themen war. Ich befasste mich unterdessen immer mehr mit Philosophie, holte mir aus der Bücherei alles, was ich dazu finden konnte, und war begeistert, wie spannend Zeitgeschichte war, wenn man sie an den großen Philosophen festmachte. Nichts beschäftigte mehr meine Gedanken als die Suche nach dem allumfassenden Sinn. Es faszinierte mich, dass sich Menschen schon vor tausend Jahren dieselben Fragen gestellt hatten, wie ich es heute tat. Wirkliche Antworten fand ich jedoch nicht.

Nach knapp vierzehn Tagen endete die Beziehung zu Rob. Er küsste mich und sagte dann plötzlich, dass er sich noch immer seinem Exfreund verpflichtet fühlte. Erst verstand ich nicht, was er mir damit sagen wollte, aber dann wurde mir klar, dass es eine Abfuhr war. Er wollte, dass wir Freunde blieben, aber das konnte ich nicht.

Was mir blieb, war das Interesse für Philosophie. Ich begann außerdem einen Selbstlernkurs Latein. Das war wie eine Mauer, die mich arrogant und unnahbar wirken ließ. Aber insgeheim sehnte ich mich nach Liebe und Nähe. Ich wünschte mir einen Freund, der nicht von meiner Seite wich, wenn ich ihn brauchte, und dem ich blind vertrauen konnte. Ein Freund ist ein Verlobter ist eine Hochzeit ist ein Mann ist mein Mann, dachte ich und stellte mir vor, wie es wäre mit jemanden zusammenzuleben, ohne dass der Alltag Überhand gewann. Ich malte mir aus, wie wir im Alter mit einer Pfeife im Mundwinkel im Schaukelstuhl sitzen und füreinander da sein würden.

Aber ich hatte nicht lange Zeit, darüber nachzugrübeln, denn dann kam Amelie.

KAPITEL 23

Amelie

Ich lernte Amelie durch Jessica kennen, die mit ihr eine Zeit lang in der Psychiatrie verbracht hatte. Wir trafen sie zufällig in einer Videothek, dort sahen sich die beiden das erste Mal nach ihrer Entlassung wieder. Ich fand Amelie sehr aufgetakelt. Sie war in Begleitung ihrer Mutter, die einen gekünstelten Eindruck auf mich machte und sofort begann, Jessica von der Tanzgruppe zu erzählen, die sie leitete. Sie fragte, ob Jessica nicht Lust hätte, mitzumachen. Jessica war begeistert, denn auch sie hatte, genau wie ich, nur wenige neue Bekanntschaften außerhalb der WG schließen können.

Deshalb ging sie von nun an jeden Freitag zu der Tanzgruppe. Wer Jessica nicht kennt, der wird sich kaum vorstellen können, wie absurd das war. Neben Rhythmusgefühl fehlte es ihr an Coolness und an der nötigen Lockerheit, damit die Bewegungen geschmeidig aussahen. Aber es machte ihr offensichtlich Spaß, und ich erlebte sie zum ersten Mal richtig ehrgeizig. Das Verhältnis zwischen ihr und mir war schon immer etwas gespalten gewesen. Wenn ich Kippen brauchte, schlauchte ich mich oft bei ihr durch. Sie fluchte und schimpfte dann, gab mir aber trotzdem welche ab. Ich glaube, sie hatte mich ziemlich gern. So dumm wie sie manchmal zu sein schien, so gütig war sie auch. Für die Probleme anderer hatte sie immer ein offenes Ohr. Manchmal kam sie mir vor wie eine Übermutter, die versuchte, mich zu beschützen. Als ich sie kennen gelernt hatte, war sie fast verhungert gewesen, man hatte die Knochen unter der Haut sehen können. Ihre Bewegungen waren steif und träge gewesen, und ihr hohles Lachen hatte nie wirklich fröhlich gewirkt. Im Laufe der Zeit hatte sich das geändert. Die einst Magersüchtige wurde zur Ernährungsbewussten und schließlich zur Ewighungrigen. Sie ging in kürzester Zeit auf wie ein Hefekuchen und bekam Fettpölsterchen, die sich unproportional am Körper verteilten.

Egal was sie tat, ich konnte ihr nicht lange böse sein. Auch sie verzieh mir schnell. Ich hatte sie gern, weil ich wusste, woran ich bei ihr war, und weil mir klar war, dass ihr Herz am rechten Fleck schlug. Sie erwartete keine Gegenleistungen für das, was sie tat, vielleicht, weil sie gebraucht werden wollte und sich davor fürchtete, allein zu sein.

Dadurch, dass Jessica in der Tanzgruppe ›Sonnenschein‹ tanzte, bekam sie nun häufig Besucher in die WG, die ihr zwischen den Tanzstunden flüssige Bewegungen und Schrittfolgen beibringen wollten. Ich zog mich dann meist auf mein Zimmer zurück, weil mich das alles nicht interessierte und ich mich nicht anstarren lassen wollte, als käme ich vom Mars, nur weil ich der erste Schwule war, den sie in ihrem Leben sahen.

Eines Tages stand plötzlich das Mädchen aus der Videothek ohne anzuklopfen in meinem Zimmer.

»Hey, kannst du uns mal drei Kippen drehen, Jessica bekommt das nicht hin«, fragte sie.

»Schon mal was von Anklopfen gehört?«, fuhr ich sie an.

»Nö, ihr seid hier doch alle eine ›Familie‹, dachte ich. Du solltest mal dein Zimmer aufräumen. Was ist nun? Drehst du uns die Kippen?«

Sie war mir unsympathisch, nicht nur, weil sie so frech und vorlaut war. Was ging sie mein Zimmer an? Sie musste ja nicht darin wohnen. Als Jessica dann aber mit einem weiteren Mädchen im Schlepptau hinzukam und mich bat, ihr doch die Kippen zu machen, ließ ich mich dazu überreden. Die drei Mädchen setzten sich auf mein Bett und meinten, mich belehren zu können, wie ich sie drehen sollte.

»Bist du wirklich schwul?«, fragte Amelie nach einer Weile.

»Geht dich zwar überhaupt nichts an, aber ja«, antwortete ich ihr. So kamen wir ins Gespräch. Jessica musste ihr viel über mich erzählt haben, denn am nächsten Tag kam sie mit ihrem Tagebuch an und meinte, ich sollte ein paar Einträge daraus lesen und ihr sagen, was ich davon halte. Darin ging es, unter anderem, um die berühmte Frage, ob ein umfallender Baum ein Geräusch von sich geben würde, wenn niemand da wäre, um ihn zu hören. Und es ging um das Glück. Damit hatte sie mich. Ich schrieb ihr einen langen Brief über Philosophen, die sich darüber den Kopf zerbrachen, schilderte ihr meine Ansichten dazu und forderte sie heraus, selbst Antworten zu finden, so wie es Rob bei mir getan hatte.

Fortan kam sie nicht mehr in die WG, um mit Jessica tanzen zu üben, sondern um mit mir zu philosophieren. Bald schon konnte ich mir mein Leben nicht mehr ohne sie vorstellen. Wir erzählten uns von unserem Leben. Sie stellte mir ihre Freunde vor, die auch meine Freunde wurden, und ich lernte Jens Teichmann kennen. Angeblich waren sie mal zusammen gewesen, aber meiner Meinung nach war er schwul. Er wusste es nur noch nicht. Wie sich herausstellte, hatte ich Recht, denn wir kamen nach einiger Zeit zusammen. Jens war das genaue Gegenteil von dem, was ich mir als Partner an meiner Seite vorstellte. Nach der neunten Klasse war er von der Förderschule geflogen. Er hatte eine sehr weibliche Art und schien beschützt werden zu wollen. Darauf hatte ich eigentlich keine Lust. Aber ich wollte einen Freund, und dafür nahm ich einiges in Kauf. Die Beziehung zu ihm war ein ständiges Hin und Her und voller Unentschlossenheiten. Zeitweise war ich mir noch nicht einmal mehr sicher, ob ich wirklich schwul war, und bändelte mit Amelie an. Aber das gab sich immer wieder. Ich konnte mir seiner sicher sein, und dadurch wurde er zum Opfer. Es machte mir auf seltsame Weise Spaß, ihn von mir wegzustoßen, um dann wieder mit ihm Mitleid zu bekommen und ihn erneut an mich heranzulassen. Er spielte das unbegrenzt mit, ohne darauf zu achten, dass er sich damit selbst kaputtmachte. Keiner verstand das. Und mir tat es auch leid, dass ich so mit ihm umging, aber ich konnte es nicht steuern.

Irgendwann erhielt ich einen Brief von Burkhard Graf von Kiesburg. Der Name sagte mir nichts, sollte aber einen Stein ins Rollen bringen und einen Kreis schließen. Graf von Kiesburg war ein Mann von etwas über fünfzig Jahren. Als eine Betreuerin nachforschte, fand sie heraus, dass er sich den Adelstitel gekauft hatte. Dies fand ich sehr lustig, in Anbetracht seines Anliegens: Er schrieb, er wolle mich als seinen ›Bengel‹ engagieren und habe durch Heiko Rosch von mir erfahren, den ich im Knast besucht hätte. Heiko und er seien gut befreundet, schrieb er mir. Es sei zwar blöd, dass dieser eingesperrt wäre, aber es ließe sich nun mal nicht ändern. Das käme davon, wenn man mit zu jungen Jungs anbändelte, erklärte der Graf. Ich war überrascht, das zu lesen, denn mit allem hätte ich gerechnet, nur nicht damit. Denn Heiko Rosch hatte damals ja beteuert, dass er wegen eines Komplotts säße – und nun behauptete ein Freund von ihm, an den er mich auch noch ›empfohlen hatte‹, dass er wegen eines Vergehens an Minderjährigen einsaß. In diesem Zusammenhang erklärte mir der Graf dann auch gleich, wie die Rechtslage in unserem speziellen Fall aussehen würde. Dann pries er sich an. Er sei gut situiert und durch seine Adern fließe blaues Blut. Er könnte mir Haus und Hof bieten und würde mich sogar heiraten, wenn ich darauf bestünde. Und sollte ich kein Interesse haben, dann würde er sich freuen, wenn ich ihn an einen anderen ›Bengel‹ weiterempfehlen würde, denn er vermute, dass ich wahrscheinlich ausreichend andere ›Gay-boys‹ kannte. Ich war sehr amüsiert, wenn auch etwas empört, weil er mich als ›Bengel‹ bezeichnete, und dachte, dass es nicht schaden könne, ihm zurückzuschreiben. Schließlich hatte er mir extra für diesen Fall auch eine Briefmarke beigelegt. Also schrieb ich ihm, dass ich nicht an ihm, dafür aber an seinem Wohlstand interessiert wäre, und wenn ihn das nicht stören würde, dann müsste ich ihn auch nicht weiterempfehlen. Natürlich war dies eher ironisch gemeint, denn mir war nie wirklich klar, was ein so alter Mann von einem jungen Menschen wie mir wollte. Ich fand es seltsam, dass Heiko Rosch mich ›weiterempfohlen hatte‹, da das wie ein Geschäft klang. Vielleicht glaubte Heiko, dass der dumme Timm sehr einsam und allein sein musste, wenn er sogar einen Typen im Knast besuchen geht.

Als ich Amelie den Brief des Grafen zu lesen gab, nahm sie mich mit zu ihrer Mutter, und ich erfuhr dort, dass Heiko Rosch inzwischen rechtskräftig wegen mehrfacher Vergewaltigung von minderjährigen Jungs verurteilt worden war. Die Leute, die er vermutlich gemeint hatte, als er von dem ›Komplott‹ erzählte, waren Amelies Mutter, der Manager der Tanzgruppe und die Eltern der Kinder, die nicht ohne Schaden daraus hervorgegangen waren. Es war unglaublich: Zwei zukünftige Kinderpflegerinnen hatten für mich auf die Kontaktanzeige eines Mannes geantwortet, der angeblich wegen eines Komplotts im Knast saß. Naiv wie ich war, hatte ich ihm das geglaubt und ihn hinter Gittern besucht. Und ganz plötzlich stellte sich heraus, dass dieser Mann im Gefängnis saß, weil er sich an Kindern vergangen hatte. Mir wurde schlecht bei der Vorstellung. Er war nicht mehr nur einfach äußerlich ungepflegt und ekelhaft, sondern seine gesamte Person war es. Ich war so schockiert und berührt von dem, was ich erfahren hatte, dass ich im Unterricht davon erzählte. So erfuhr die Dozentin für Praxis- und Methodenlehre der Sozialpädagogik davon, dass Dagmar und Karen für mich eine Kontaktanzeige beantwortet hatten, die ein Pädophiler aufgegeben hatte. Die Klasse schaute etwas verdutzt drein, und wir unterhielten uns daraufhin über ein Thema, das bisher im Unterricht immer ausgespart worden war. »Wie geht man mit Kindern um, die solche Erfahrungen machen mussten?«

Danach war für Amelie und mich klar, dass es keine Zufälle im Leben gibt. Es musste Fügung gewesen sein, die wollte, dass ich erfuhr, was Heiko Rosch getan hatte, und dass Heidi, die Mutter von Amelie, mitbekam, dass er auch noch aus dem Knast heraus versuchte, mit Minderjährigen Kontakt aufzunehmen. Er selbst hätte vermutlich nie gedacht, dass ich diese Menschen kennen lernen würde, deren Arbeit und Leben er fast zerstört hatte, dass ich mich mit ihnen anfreunden und er darum nur noch einen Brief von mir erhalten würde. Den schrieb ich zusammen mit Karen und Dagmar. Fast die gesamte Klasse unterschrieb diesen Brief, in dem wir ihm mitteilten, wie abscheulich wir das fanden, was er getan hatte. Auf den Brief bekamen wir nie eine Antwort, und ich weiß nicht einmal, ob er von den Sozialarbeitern im Gefängnis weitergeleitet wurde.

Amelie und mich schweißte diese Erfahrung noch mehr zusammen, denn da wir glaubten, dass das Schicksal vorbestimmt hatte, dass wir uns kennen lernten, pflegten wir die Freundschaft stärker als zuvor. Sie zeigte mir nun auch ihre Welt. Amelie behauptete, sie und ihre Mutter wären Hexen. Ich sollte das nicht weitererzählen. Anfangs dachte ich, das wäre nur ein Scherz. Ich hatte noch nie eine Frau kennen gelernt, die von sich behauptete, eine Hexe zu sein. Aber ihre Zauberbücher überzeugten mich recht schnell. Auf den Philosophiewahn, den ich mit Rob erlebt hatte, folgten nun die Hexenkünste. Ich ließ mich von Amelie anstecken. Wenn ich etwas tat, dann verwendete ich meine ganze Kraft darauf. Also verfluchten wir Jens Teichmann, wenn er uns nervte, die Betreuer, wenn sie Amelie mal wieder Hausverbot erteilten, und alle, die uns sonst noch störten. Wir trafen uns zum Gläserrücken und schauten in die Zukunft, wünschten uns die große Liebe herbei und rührten Tränke an, deren Rezepte aus dem Buch *Liebeszauber* stammten. Nach einer Weile hielt das keiner mehr für gesund. Selbst ich zweifelte daran, dass Amelie mir gut tat, weil ich schon wieder in eine Manie abzurutschen drohte. Die Grenzen zwischen Wirklichkeit und Phantasie verwischten sich zunehmend. So redeten wir uns zum Beispiel ein, dass wir uns auf einem Massengrab vor einer alten Ruine gesonnt hätten, weil Amelies Mutter erzählt hatte, dass in dieser Gegend ein Massengrab aus der Zeit der Hexenverbrennung lag. Diese Vorstellung verfolgte mich bis in meine Träume, aber wenn jemand etwas gegen meine Hexe sagte, dann wurde ich wütend. Den Betreuern machte das Sorgen. Thorsten Pelzer und ich verstanden uns überhaupt nicht mehr. Wir wollten zwar das Gleiche, aber jeder von uns meinte, es auf eine andere Art und Weise besser erreichen zu können. Ich wollte stabil werden. Thorsten war der Überzeugung, dass ich weit davon entfernt wäre. Ich war mir sicher, dass er damit Unrecht hatte. Als es Ende März hieß, ich sollte den Antrag auf Verlängerung der Hilfeleistung nach § 35 a SGB VIII unterschreiben, weil ich bald volljährig werden würde, zerriss ich ihn vor Thorsten. Damit war mein Entschluss gefallen. Mit achtzehn wollte ich erwachsen sein und musste darum hinaus in die Welt.

KAPITEL 24

Der Weg aus der WG

Meine erste eigene Wohnung war für mich ein erster Schritt in ein neues Leben, abseits von der seelischen Behinderung, den Betreuern und der Gefahr, wieder in die Hölle zurückzumüssen. Die Frau von der Hausverwaltung gab mir die Schlüssel, als wir aus der Tür traten. Ich nahm sie fest in die Hand, auf keinen Fall wollte ich sie verlieren. Es waren meine Schlüssel zur Freiheit.

Nachdem wir uns verabschiedet hatten, tat ich so, als würde ich wieder zurück zur WG gehen. Ich ging sehr langsam, den Blick auf das Auto geheftet, und hoffte, dass sie möglichst schnell abbiegen würde, damit ich aus ihrem Blickwinkel verschwand. Als das geschah, ging ich zurück, immer noch langsam, aber mit einem aufgeregten Kribbeln im Bauch. Am Briefkasten und an der Klingel war schon mein Name angebracht. Die Haustür war nur angelehnt. Ich stieg die Treppen nach oben in mein neues Zuhause. Das erste Mal steckte ich selbst den Schlüssel ins Schloss, drehte ihn um, trat ein und atmete tief durch. Es roch nach frischer Farbe. Die Sonne schien ins Wohnzimmer, und das Licht drang bis auf den Flur. Ich hatte das Gefühl, angekommen zu sein. Auf dieses Gefühl, so bildete ich mir ein, hatte ich die ganzen Jahre gewartet. Es war die Mühe wert zu kämpfen und jeden Morgen aufgestanden zu sein. Meine Zukunft begann in diesem Augenblick, als ich die Wände berührte, mich auf den Boden hockte und über die Auslegeware strich, aus dem Fenster schaute und wusste, dass ich diesen

Ort für mich zu etwas Besonderem machen würde. Es war nur noch ein Tag, bis ich volljährig war. Der letzte Tag in der WG.

Ich rief Amelie an, um ihr zu sagen, dass ich in meiner Wohnung sei und sie vorbeikommen könnte, wenn sie wollte. Gedacht habe ich aber, dass sie vorbeikommen *muss*, damit ich hörte, wie die Klingel klang, und spürte, wie Besuch sich anfühlte. Ich wollte mich in dieser leeren Wohnung zu Hause fühlen, die ganz bestimmt bald Farbe haben würde.

Amelie war es, die für den ersten Brandfleck auf dem Teppich sorgte. Sie drückte ihre Kippe nicht im Bierdeckel, sondern daneben aus. Zwei Stunden, nachdem ich die Kaution gezahlt hatte. Aber es war nicht schlimm. Hier konnte nichts schlimm sein, dachte ich. Amelie hatte Jens und Sonja mitgebracht. Wir spielten Flaschendrehen und kauften zuvor Bier, um das nötige Werkzeug zu haben und unsere Hemmungen zu verlieren. Im Schneidersitz saßen wir in einem angedeuteten Kreis. Die Flasche bestimmte, wer eine peinliche Frage beantworten musste, eine unangenehme Tat vollbringen sollte oder aber den Joker nutzen konnte. Der Joker bedeutete, dass man ein Kleidungsstück ausziehen musste. Schuhe und Socken zählten nur im Paar als eins. Wir lachten so viel, und alles war gut. Keinen von uns interessierte es, dass wir jetzt eigentlich in der Schule hätten sein sollen. Das war nicht wichtig. Was zählte, war, dass wir zusammen sein konnten und Spaß hatten. Meine Schulden, Amelies Probleme mit ihrer Mutter, der Stiefvater von Jens und Sonjas Liebeskummer, all das war egal, und so zogen wir, jeder für sich, nach und nach unsere Klamotten aus, bis Amelie und ich schließlich völlig nackt waren und Jens und Sonja jeweils nur noch im Tanga bekleidet waren und ihre Arme schützend vor die Brust hielten. Die Scham der beiden brachte Amelie und mich dazu, noch freizügiger mit der Situation umzugehen. Wir stellten uns selbst die Aufgaben, nackt durch die Wohnung oder das Treppenhaus zu laufen und schließlich auch zusammen duschen zu gehen. Vermutlich war dies der einzige Moment in meinem Leben, in dem ich meine Scham vollkommen verlor und mich rundum sicher fühlte. Ich liebte, vertraute und hoffte auf diese Menschen, auch wenn es nicht immer einfach war. Ich fühlte mich angenommen, genoss es, Freunde zu haben, und fühlte mich sogar manchmal verliebt, wenn ich an Jens dachte, obwohl er nicht mein Typ war.

Den Rest des Tages verbrachten wir damit, zusammen mit Heidi die Kisten und Säcke aus der WG in meine Wohnung zu schaffen und die Wohnung ein wenig anheimelnd einzurichten. Gegen Abend kam schließlich auch noch ein Bekannter von Amelie, der die versprochene Sitzgruppe und den Esstisch mitbrachte. Alles fühlte sich an diesem Tag toll an. Es war so neu und aufregend. Ab morgen, dachte ich, bin ich mein eigener Herr, dann gibt es keine Grenzen mehr.

Noch bevor die Sonne unterging, schleppten wir eine Matratze aus Amelies Keller zu mir. Es ist mir unvergesslich, wie wir die Matratze zu dritt über unseren Köpfen an der stark befahrenen Hauptstraße entlangtrugen. Wir schwitzten und fluchten, und eigentlich lachten wir immer, über uns und die Matratze und weil wir gut gelaunt waren. Vom Fenster meiner Wohnung aus beobachteten wir den Sonnenuntergang und planten den nächsten Tag.

»Wir müssen einkaufen gehen«, stellte Amelie fest und schaute mich an. Mir war klar, dass sie wissen wollte, ob ich noch Geld aus der WG hatte, weil ich am nächsten Tag meinen Geburtstag feiern wollte.

»Knapp dreihundert Euro müsste ich noch haben, ich hoffe, das reicht.«

»Wer kommt denn morgen?«, wollte Jens wissen, aber ich hatte keine Ahnung und zuckte nur mit den Schultern.

»Es werden schon welche kommen«, sagte Amelie und griff im selben Moment nach meiner Schachtel Zigaretten, um sich eine zu nehmen.

Mir war danach, irgendetwas dazu zu sagen. Aber es kam nichts raus. Sie soll sich ruhig bedienen, dachte ich, denn es war ja auch ihr Verdienst, dass ich nun hier saß und in die aufsteigende Nacht schauen konnte. In den letzten Tagen hatte ich viel darüber nachgedacht, wie es an diesem Ort sein würde. Das Gefühl dabei war nicht immer angenehm. Viele Ängste mischten sich darunter, auch wenn die Vorstellung an sich mir gefiel. Meine größte Befürchtung war die, dass es lange dauern würde, bis ich angekommen sein würde. Ich musste an etwas denken, das eine Freundin gesagt hatte, als wir zusammen im Urlaub gewesen waren: Es dauert zehn Tage, bis die Seele nachgereist ist. Aber nun, da ich diesen Ort als mein Zuhause erklärt hatte, schien das schneller zu gehen. Die Zeit und die Umstände mussten für mich gesprochen haben. Ich hatte die WG verlassen wollen, das hatte ich erreicht und war erstaunlicherweise damit auch zufrieden.

»Danke«, sagte ich und riss Amelie und Jens damit aus ihren Gedanken.

»Wofür?«, wollte Amelie wissen.

Und Jens zog wie üblich bloß die Augenbrauen nach oben.

»Dass ihr mir geholfen habt«, antwortete ich.

Sie nickten darauf nur, ohne etwas zu sagen.

Ich wünschte mir, dass es immer so hätte sein können.

Ich ging an diesem Abend nicht zurück in die WG, und Jens und Amelie gingen nicht nach Hause. Wir setzten uns zu dritt auf die Matratze, ich baute meinen Computer auf, und wir schauten darauf *Der Glöckner von Notre Dame*. Jens forderte regelmäßig seine Liebkosungen von mir ein, und das war mir ein wenig lästig. Aber es war auch gut zu wissen, dass da jemand war. Der Schein zählte, auch wenn ich wusste, dass unsere Beziehung keine Zukunft hatte und diese Einsicht am nächsten Tag nur noch bestärkt werden sollte.

Wir warteten bis Mitternacht, und plötzlich war ich volljährig. Es fühlte sich nicht anders an als vorher, aber ich spürte dennoch, dass eine Last von mir fiel, weil ich zuvor nur unerlaubt in meiner Wohnung gewesen war. Nun war ich offiziell aus der WG entlassen. Niemand außer mir hatte jetzt noch das Recht, über mein Leben zu bestimmen. Es schlief sich gut mit dieser Gewissheit, die mir auch am nächsten Morgen noch Sicherheit gab.

Den Vormittag meines Geburtstags verwendete ich dazu, um bei der Bank einen Antrag für einen Dispo-Kredit zu unterschreiben. Ich freute mich über meine neu gewonnenen Freiheiten. Nun würde es nur noch ein paar Tage dauern, bis ich die dreitausend Euro ausgeben konnte. In meinem Kopf spielten sich Szenarien ab, was ich alles mit dem Geld anstellen könnte, und ich dachte nicht mehr daran, dass ich davon ein paar Monate im Voraus meine Miete hatte bezahlen wollen.

Ich machte mich auf in die WG und wurde dort freundlich empfangen. Es gab keine Standpauken wegen meines Fernbleibens am letzten Tag. Ich war erwachsen. Keiner kann mir mehr etwas sagen, dachte ich und vermutete, dass auch die Betreuer das so sahen. Thorsten Pelzer gab mir zwei Geburtstagsgeschenke, eins von der WG und ein weiteres von Mirjam und ihm. Und ich bekam einen Umschlag. Darin waren das restliche Bekleidungsgeld und die Zusage vom Jugendamt, dass es die Erstausstattung meiner Wohnung übernehmen würde.

Ich begann sofort damit, das Geld auszugeben. Ein Kühlschrank musste her und ein Herd, eine Waschmaschine, ein Bett und alles, was man noch brauchte, um eine fast leere Wohnung einzurichten. In den Kleinbus der WG passte zwar einiges, aber nicht alles hinein, und der Rest sollte in den nächsten Tagen nach und nach angeliefert werden. In Vorbereitung auf meinen Auszug hatten Thorsten und ich eine Liste gemacht, auf der alles stand, was ich benötigte und wo ich es am günstigsten bekommen konnte. Meine Tante wollte für die Ausstattung meines Wohnzimmers sorgen.

»Deine Planungen scheinen ja richtig durchdacht zu sein«, sagte Thorsten auf der Fahrt zu meiner Wohnung.

»Was denkst *du* denn?«, fragte ich ihn.

»Nun, die Aktion war ein wenig spontan, da kann man nicht damit rechnen.«

Ich sagte nichts zu ihm. Ich wusste, wie er darüber dachte. Er traute es mir nicht zu, selbst für mich zu sorgen, und ich konnte es nicht vergessen, dass er einmal gesagt hatte, ich würde kein Vierteljahr allein überleben. Ich werde es dir beweisen, dachte ich. Er hätte niemals gedacht, dass ich den Antrag für das Jugendamt zerreißen würde, dessen war ich mir sicher. Ich wollte ihm gegenüber keine Schwäche mehr zeigen und war froh, als er sich verabschiedete, nachdem wir die Küchengerätschaften, mein Bett und die anderen Möbel in der Hitze der Mittagssonne in meine Wohnung getragen hatten.

Die Stunden bis zum Abend, an dem ich Amelie, Jens und Sonja und deren Freunde erwartete, verbrachte ich damit, mein Bekleidungsgeld in CDs und einen CD-Player zu investieren. Ich schloss meinen ersten eigenen Handyvertrag ab und beantragte einen ISDN-Anschluss.

Ich holte Amelie ab und wir trafen uns mit Sonja, Jens und Jessica zum Einkaufen. Ich hatte nach meiner ersten Shoppingtour noch 250 Euro und beschloss, dass jeder einpacken sollte, was er gern an dem Abend essen, trinken und oder rauchen wollte. In kürzester Zeit füllte sich der Wagen mit Chips, Getränken, Süßigkeiten und was man noch so alles brauchte, damit sich die Gäste wohl fühlten. Amelie versuchte mich immer wieder zu bremsen und wollte wissen, ob mein Geld auch ausreichen würde, packte dann aber doch ein, was ihr zusagte. Geld hatte mir bisher nichts bedeutet, aber dieser Tag brachte die Erkenntnis, dass alles gut und sorgenfrei war, wenn man es hatte. Es war schön, nicht auf die Preise achten zu müssen und keinen Kassenbon einzustecken, damit man das Verpflegungsgeld richtig abrechnen konnte. Das gab es nun nicht mehr.

Der Abend brachte eine Wendung in mein Leben. Abgesehen von der neuen Freiheit, die ich in vollen Zügen auskostete, hatte ich nie zuvor so ausgiebig gefeiert und mich dabei so wohl gefühlt. Laut war es. Und feuchtfröhlich. Aber das war nicht das Entscheidende. Zwei Brüder, die mit ihrer Mutter in der Nachbarwohnung wohnten, kamen uneingeladen zu meiner Geburtstagsfeier. Sie wollten wissen, wer hier eingezogen sei, man hätte im Haus schon viel gemunkelt. Sie fragten, ob es stimmte, dass ich schwul sei. Amelie und ich schauten uns an. Der eine von den beiden, Jarno, gefiel uns auf Anhieb. Und da wir ihn nach diesem Abend fast jeden Tag sehen würden, schlossen Amelie und ich einen Pakt, dass keiner von uns beiden mit ihm etwas anfangen würde. Ganz abgesehen davon wussten wir ja auch nicht, ob er in einer Beziehung steckte und ob er auf Frauen oder auf Männer stand. Außerdem war ich immer noch mit Jens zusammen, auch wenn mir diese Beziehung zunehmend weniger bedeutete.

KAPITEL 25

Freiheit

Sie war ein einziges Abenteuer, die Freiheit und all ihre bittersüßen Konsequenzen. Und genau die wollte ich spüren. Als der Dispo-Kredit auf meinem Konto eingerichtet war, hob ich sofort tausend Euro ab. Davon verlieh ich sechshundert an Marco und Carmen, zwei Freunde, die ich über Jens kennen gelernt hatte und die ohne dieses Geld aus ihrer Wohnung geworfen worden wären. Ich kannte sie damals kaum vierzehn Tage, machte mir weder Gedanken darum, ob ich ihnen vertrauen könnte, noch ob ich jemals auch nur einen Cent davon wiedersehen würde. Ich gab es ihnen einfach, ohne darüber nachzudenken und ohne, dass sie mich lange darum baten. Den Rest verprasste ich für Klamotten. Jens war sauer, weil er nichts bekam. Amelie war aufgebracht, weil sie mich ins Unheil stürzen sah. »Tausend Euro an einem Tag, das ist doch nicht normal!«, schrie sie mich an. Und ich beschwichtigte sie mit der Aussage, dass ich doch jetzt genug hätte.

Ob sie das aber tatsächlich beruhigte, wusste ich nicht. Wir sprachen danach nicht mehr über das Geld. Unser Verhältnis war schwierig geworden. Sie hatte unseren Packt gebrochen und mit Jarno geflirtet. Daraufhin hatte er sich von mir zurückgezogen. Ich fand das nicht fair und unternahm viel mit seinem Bruder Oliver, um zu sehen, wie er darauf reagierte, wenn wir so viel Zeit miteinander verbrachten. Olli wurde zum Freund, Jarno aber schien immer unerreichbarer zu werden und zog inzwischen auch über seinen ›schwulen‹ Bruder her, obwohl dieser keine Absichten hatte, etwas mit mir anzufangen. Ich erreichte genau das, was ich erreichen wollte: Jarno war zu mir nett, und Oliver bekam seine Wut zu spüren. Somit war der Beweis erbracht, dass ich Jarno nicht egal war.

Nicht einen Cent von den dreitausend Euro hob ich für Miete oder andere Verpflichtungen auf. Freiheit bedeutete für mich, tun zu können, was ich wollte. Ich plante nicht, sondern genoss nur das Gefühl von meinem Geld das kaufen zu können, was ich wollte und dadurch Anerkennung zu bekommen. Damals lernte ich, dass man ganz anders behandelt wird, wenn man in ein Geschäft geht, um Beratung bittet und sagt, dass Geld keine Rolle spielt. Die neuen Dinge gaben mir Selbstbewusstsein. Ein neuer Computer erhöhte meinen Wert. Ein Internetanschluss, den jeder benutzen konnte, der zu mir kam, machte mich begehrt. Neue teure Markenklamotten steigerten meine Attraktivität. Und wenn ich dann noch Freunde zu einem Cocktail-Abend im Diego's einlud, war ich der Beste. Wer was hat, der ist was. Wer nichts hat, der ist nichts. Mir war durchaus klar, dass es keiner meiner neu gewonnenen ›Freunde‹ ernst meinte. Es war mir auch egal, dass meine alten Freunde mich erst belehren wollten, dann aber gern annahmen, wenn ich sie einlud. Warum darüber nachdenken, wenn der Moment so viel besser schmeckt?

Erst drei Tage war es her, dass ich auf das Geld aus dem Dispo zugreifen konnte, und ich hatte noch fünfhundert Euro, drei Stangen Zigaretten und ein paar Muntermacher, die ich zu dieser Zeit zwar nicht regelmäßig schluckte, aber für schlechte Zeiten aufhob und als ein Symbol für Freiheit betrachtete. In meiner Wohnung musste ich keine Angst haben, dass mein Zimmer gefilzt werden würde. Jeden vorangegangenen Abend hatte ich mit Freunden im Diego's verbracht. Dies sollte vorerst der letzte werden. An den vergangenen Tagen hatten wir ausreichend Zeit gehabt, die Karte zu studieren, und wir hatten uns immer vor der wohl teuersten Bestellung gedrückt, die man dort tätigen konnte. Eine Magnumflasche Champagner.

Als ich die Flasche an diesem Abend bestellte, schauten mich der Kellner, aber auch meine Freunde sehr überrascht an. Es war ein unvergessliches Gefühl – eine Mischung aus Genugtuung und Unverschämtheit. Jeder an diesem Tisch war darauf angewiesen, dass ich die Rechnung auch bezahlen konnte. Freilich, es zweifelte keiner daran, denn in den letzten Tagen war ich ja auch mehr als großzügig mit meinem Geld umgegangen. Aber die Bestellung des Champagners war ein anderer, größerer Schritt, den ich wagte. Keiner von meinen Freunden hatte ein eigenes Einkommen, entweder lebten sie im Hotel Mama oder bezogen Sozialhilfe. Und ich war nur ein kleiner, übergeschnappter Kinderpfleger in der Ausbildung, der keine Grenzen kannte. Aber man zollte mir Achtung, weil ich mutig genug war, nicht darüber nachzudenken, was in den nächsten Monaten auf mich zukommen würde. Ich sprach eben nicht nur davon, nur das zu tun, was ich wirklich tun wollte. Ich tat es einfach. Und war dabei so glücklich, dass alles andere dahinter zurücktrat. Erst recht, als der Barkeeper mit der Flasche, den Gläsern und einem weißen Tuch über dem Arm ankam und uns einschenkte. Und er kam immer wieder. Er goss uns nach, fragte, ob alles nach unserem Belieben sei, und wir konnten uns ungeniert danebenbenehmen. Es wies uns niemand zurecht, selbst dann nicht, als wir zur späten Stunde begannen, uns mit Eiswürfeln aus dem Champagner-Kühler zu bewerfen. Bis wir irgendwann gegen drei Uhr noch zwei Flaschen Sekt zum Mitnehmen bestellten und gingen. Nie zuvor und nie wieder danach habe ich jemals eine so hohe Rechnung für Getränke in einer Bar gehabt. Ich grämte mich keinen Augenblick, auch danach bereute ich diesen Abend und die Nacht nie. Ich muss heute noch grinsen, wenn ich daran denke.

Wir liefen noch Ewigkeiten durch die sonst so ruhige Stadt. Der Mond schaute dabei zu, wie wir unsere Köpfe im Springbrunnen kühlten und kleine Schnapsfläschchen, die ich unterwegs in einem Dönerimbiss kaufte, auf der Straße zerschlugen.

Bald darauf lernte ich Georg kennen. Für ihn trennte ich mich von Jens. Ich kannte Jens Teichmann inzwischen und wusste, wie er austicken konnte, wenn ihm etwas nicht gefiel. Nach einer unserer Trennungen hatte er zunächst versucht, um mich zu kämpfen. Er stand damals tagtäglich vor meiner Tür, belagerte mich mit Anrufen, ließ mir Briefe zustecken oder Grüße ausrichten. Und als er das Gefühl hatte, dass das alles vergeblich war, versuchte er es auf einem anderen Weg: Er zeigte mich wegen Vergewaltigung an. Ich erfuhr davon erst ein paar Wochen später, da die Betreuer mich schützten. Nachdem sie bei der Polizei, ohne dass ich davon wusste, eine Aussage für mich gemacht hatten, musste Jens Teichmann zum Gutachter, der an seiner Glaubwürdigkeit zweifelte. Es kam nie zu einem Verfahren. Jens behauptete damals, ich hätte ihn an meinem Bett in der WG festgebunden. Das Bett war eine Matratze und bot gar keine Möglichkeit, jemanden daran festzubinden. Ich hätte mein ›Geschäft‹ an ihm erledigt, zwei Stunden lang. Und ich hätte die Tür abgeschlossen. Dabei hatte ich gar keinen Schlüssel, und die Betreuer sahen tagsüber stündlich in jedes Zimmer, um nachzuschauen, ob alles in Ordnung war. Jeder von Jens' Vorwürfen konnte widerlegt werden, und dennoch war es ein eigenartiges Gefühl zu wissen, wozu er in der Lage war. Trotzdem kamen wir nach dieser Episode erneut zusammen. Ich konnte es nicht ertragen, dass er einen neuen Freund hatte, mit dem er nur zusammen war, um mich eifersüchtig zu machen. Wir versöhnten uns, aber nach kurzer Zeit ging das alte Spiel von vorne los, und ich stieß ihn von mir. Dabei wollte ich ihn doch gar nicht verletzen. Jedes Mal, wenn er mit diesen traurigen Augen ankam, nahm ich mir vor, es ab jetzt besser zu machen. Es war ja meine Schuld, dass er traurig war. Ich hoffte, ihn irgendwann doch einmal lieben zu können.

Wahrscheinlich hätte das Spiel mit Jens und mir noch Ewigkeiten angedauert, wenn ich nicht irgendwann beschlossen hätte, dass es keinen Platz mehr in meinem Leben für ihn geben durfte, weil wir uns beide nicht gut taten. Obwohl ich davon überzeugt war, dass die Trennung der richtige Schritt war, hatte ich Angst, dass Jens sich wie beim letzten Mal an mir rächen würde. Und da ich nicht mehr in der WG lebte, hatte ich niemanden, der mich davor beschützen konnte. Bis ich im Internet auf Georg traf.

Georg war ein einfacher, kräftiger, aber nicht dicker Mann, mit fettigen Haaren und hübschen Augen. Er war drei Jahre älter als ich. Schon bei der zweiten Verabredung wollte er über Nacht bleiben, und ohne, dass das besprochen wurde, waren wir zusammen. Er überschüttete mich mit Liebesbekundungen per Mail, und ich freute mich, so etwas zu lesen. Zwischen zwei ›Ich liebe dich‹ fragte er mich, ob ich für ihn einen Handyvertrag abschließen könnte. Und selbstverständlich tat ich das. Im nächsten Monate trudelte eine Telefon- und Internetrechnung über zweitausend Euro ein. Wie sich herausstellte, musste ich oder einer von den Leuten, denen ich erlaubt hatte, meinen Computer zu benutzen, sich mit einem Dialer verbunden haben, einem Programm, das hohe Kosten verursachte. Aber das war mir egal, denn ich konnte es ja ohnehin nicht bezahlen. Dies wurde die erste Rechnung, die auf einem immer größer werdenden Stapel von Zahlungsaufforderungen landete, die ich nicht beglich. Ich fühlte mich dabei nicht sonderlich gut und hatte Angst vor dem, was passieren würde. Aber es geschah nichts, bis irgendwann die erste Mahnung eintrudelte, schließlich die zweite und so fort.

Ab und zu nahm ich eine der Spaßpillen und bekam leider im ungünstigsten Moment Besuch von einem Betreuer aus der WG. Thorsten war entrüstet und besorgt, als er davon erfuhr. Er rief Heike an und beriet mit ihr, was sie tun könnten. Er behauptete, ich wäre abhängig, und Heike beschloss, mich für zwei Wochen nach Berlin einzuladen, damit ich in dieser Zeit nicht mit Drogen in Kontakt kam und mir in der Firma ihres Freundes etwas dazuverdienen konnte. Das muss sie sehr schnell bereut haben, denn wir stritten uns häufig. Ich wollte weder in Berlin sein noch in der Firma ihres Freundes arbeiten, viel wichtiger waren mir meine Freunde und meine Freiheit. Nach der Hälfte der Zeit fuhr ich zurück, nachdem für Heike feststand, dass ich nicht drogenabhängig war.

KAPITEL 26

Jarno

In meiner Abwesenheit hatte es einige Veränderungen gegeben. Jarno und Amelie hatten sich getrennt. Amelie erzählte mir, dass Jarno in der Zeit, in der ich weg war, immer nur von mir gesprochen hatte. Und von Carmen erfuhr ich, dass Georg mich im Wald mit zwei Typen betrogen hatte und ihr ebenfalls ein eindeutiges Angebot gemacht hatte. Ich merkte, dass mir das nicht wichtig war. Viel wichtiger war mir Jarno. Ich schrieb Georg eine Mail, in der ich behauptete, Jarno geküsst zu haben. Daraufhin berichtete ich Jarno per SMS, dass ich Georg diese Mail geschrieben hatte und dass er es Georg bitte bestätigen sollte, falls dieser mal danach fragen würde. Von Jarno kam als Antwort, dass wir es dann wenigstens auch mal getan haben sollten. Diese SMS löste ein Kribbeln in meinem Bauch aus. Fünf Minuten später klingelte es an meiner Wohnungstür. Mir war klar, wer dahinter stand, und ich öffnete mit einem Grinsen. Wir umarmten uns und ich war dabei nicht wenig verwundert, wie stürmisch er war.

»Na dann mal los«, sagte er, und ich gab ihm einen ganz schnellen Kuss. Jarno gegenüber war ich schüchtern und verlegen. Ich hatte Angst, etwas falsch zu machen und war furchtbar aufgeregt.

Georg meldete sich noch am gleichen Abend per SMS. Er wollte wissen, ob das ein Scherz gewesen sei, aber ich antwortete nicht. Dann versuchte er mich anzurufen, aber auch das ignorierte ich. Später rief er Jarno auf dem Handy an, der den

Anruf entgegennahm. Georg ging in die Luft, als er mitbekam, dass ich neben Jarno saß und es sich nicht um einen Scherz handelte. Darauf folgten einige SMS, in denen er uns erst Schläge, später dann den Tod androhte, und eine weitere, in der stand, dass wir ›Schwuchtelpack‹ zukünftig auf der Straße aufpassen sollten. Seine seltsame Reaktion amüsierte uns jedoch nur und sie sorgte dafür, dass Jarno und mir der Gesprächsstoff nicht ausging, weil ich sonst vor lauter Aufregung nichts zu sagen gewusst hätte.

Später schlug ich vor, dass wir uns aufs Bett setzen und fernsehen könnten. Wir schauten VIVA PLUS, und es kam uns vor, als liefe ständig das Lied *Für dich* von Yvonne Catterfeld. Die Stunden rannen dahin, während wir einfach nur nebeneinanderlagen, lächelnd an die Decke blickten oder die Augen geschlossen hatten. Manchmal schielte ich zu ihm hinüber. Eigentlich hätte ich ihn küssen und später neben ihm einschlafen wollen, aber daran war gar nicht zu denken, weil ich mich innerlich so sehr über diesen Moment freute, dass ich gar nicht einschlafen konnte. Jarno würde die nächsten Tage bei seinem Vater verbringen, und der wollte ihn gegen acht abholen. Wir wären gar nicht mehr zum Schlafen gekommen, wenn er bei mir geblieben wäre, deswegen sagte ich ihm gegen fünf Uhr morgens, dass ich hundemüde sei und ob es schlimm wäre, wenn er jetzt rübergehen müsste. Wir verabredeten uns am Abend im Chat, umarmten uns und dann war er weg. Ich war nicht wehmütig, sondern glücklich, dass wir nichts überstürzt hatten. Nur das Unausgesprochene fehlte noch. Über den Chat sollte uns beiden das wohl gelingen, dachte ich und schlief schnell ein.

Ein paar Stunden später wurde ich von Amelie geweckt. Ich erzählte ihr von der Nacht und fragte, ob sie das stören würde. Sie hatte kein Problem damit, glaubte aber fest, dass ich mir vergeblich Hoffnungen machte, weil Jarno der Mut fehlen würde, sich auf eine schwule Beziehung einzulassen. Schon diese Bemerkung genügte, um meine Sicherheit ins Wanken geraten zu lassen. So wartete ich den ganzen Tag darauf, dass es bald Abend werden würde und im Chatfenster sein Name auftauchte.

Eigentlich hätte ich mich auf meine letzten drei Prüfungen vorbereiten sollen, die wegen einer Krankschreibung in den August verschoben worden waren. Ich hatte noch ungefähr einen Monat Zeit, aber keine Lust dafür zu lernen. In meinem Kopf spielte ich alle Möglichkeiten durch: Vielleicht käme ich tatsächlich mit ihm zusammen, dann hätte ich gar keine Zeit mehr. Oder auch nicht, dann wäre sie zur Genüge vorhanden …

Als er dann endlich im Chat auftauchte, redeten wir die gesamte Zeit um den heißen Brei herum, bis ich den Mut fand, ihm zu schreiben, dass ich ihn in der vergangenen Nacht gern richtig geküsst hätte und wie schön ich es fand, als wir dagelegen und Musik gehört hatten. Er schrieb, dass es ihm genauso ginge, und ich wollte wissen, was das nun bedeutete.

Ich habe mich in dich verliebt, das habe ich schon gemerkt, als du in Berlin warst.

Wie ein kleiner Herzinfarkt fühlten sich diese Zeilen an, und als er dann noch schrieb, dass er mich am folgenden Tag besuchen wollte, war ich wohl der glücklichste Mensch auf der Welt.

Als er am nächsten Tag vor der Tür stand, begrüßte er mich mit den Worten »Hallo, Schatz«. Ich legte zwar keinen großen Wert auf solche Kosenamen, aber aus seinem Mund klangen diese Worte einfach nur wunderbar.

Keiner von uns beiden wollte den ersten Schritt wagen. Ich hoffte, dass ich den Mut fand, ihn zu küssen. Aber wir brauchten eine ganze Stunde, bevor wir uns aneinanderlehnten und Händchen hielten. Als schon eine Ewigkeit vergangen war, fragte er, ob er mich küssen dürfte. Wir lachten beide, und ich sagte ja. Er küsste gut und es fühlte sich so richtig an. Ab diesem Augenblick war es entspannt. Wir versprachen uns, dass es immer so bleiben sollte – neu, spannend und mit Vorsicht zu behandeln. Wie naiv. Aber in diesem Moment war es eine schöne Vorstellung.

Jarno erzählte noch am selben Abend seiner Mutter, dass wir nun zusammen wären. Sie war zwar nicht gerade begeistert, es schien sie aber auch nicht sonderlich zu stören. Sein Vater reagierte etwas anders, fand sich aber damit ab. Unsere Freunde hielten es zunächst für einen Scherz, und Amelie gab zu, dass sie ein Problem damit hatte. Das legte sich aber, als auch sie einen neuen Freund hatte. Meine Beziehung zu Jarno entwickelte sich schnell zu etwas sehr Bedeutendem in meinem Leben. Wir hatten eigene Rituale und gaben uns unmögliche Kosenamen. Er war ›Püppi‹ und ich sein ›Baby‹. Bald waren wir in den Köpfen unserer Freunde kaum noch einzelne Personen, sondern wurden nur noch zusammen wahrgenommen. Und wir stritten heftig und laut, denn wir beide waren stur, und ich war eifersüchtig. Wir brauchten dann meist ein bis zwei Stunden. Einer lenkte immer ein und legte dem anderen dann ein Briefchen vor die Tür. Was so kindisch klingt, schätzte ich sehr an dieser Beziehung, weil wir Konflikten damit einen Schlusspunkt setzten, bevor es zu spät war. Man machte seine Wut mit sich selbst aus und gab mit dieser Geste zu verstehen, dass alles wieder gut war. Am Ende konnten wir immer darüber lachen.

Ende Juli erhielt ich einen Anruf aus dem Heim meiner Schwester. Sie sei schon seit einigen Tagen verschwunden, und man fragte mich, ob sie bei mir wäre. Ich versprach mich zu melden, wenn sie auftauchen sollte. Nathalie verschwand von Zeit zu Zeit aus der Einrichtung, war ein paar Tage lang nicht auffindbar und tauchte dann wieder auf. Keine Seltenheit bei Drogensüchtigen, wie ich wusste. Dennoch hatte ich ein ungutes Gefühl in der Magengegend.

Drei Tage darauf gingen Jarno und ich zusammen mit Amelie einkaufen. Wir hatten uns vorgenommen, am Abend etwas zu kochen. Als wir zurückkamen, sah ich auf dem Telefon einen Anruf in Abwesenheit mit einer Berliner Vorwahl. Mir wurde schlagartig anders, und ich zog das Telefonkabel aus der Dose. Amelie und Jarno wollten wissen, was los sei, und ich sagte, dass da ein Anruf aus Berlin gewesen wäre, als wir einkaufen waren. Es war nicht die Nummer von Heike oder die meiner Tante, und sonst gab es niemanden, den ich in Berlin kannte und der meine Nummer haben könnte. Nur das Heim meiner Schwester.

Ich tat so, als sei nichts und räumte die Lebensmittel aus den Tüten in den Kühlschrank. Jarno und Amelie drängten mich, das Telefonkabel wieder einzustecken. Irgendwann tat ich das auch, wartete eine Viertelstunde, dass es klingelte, und hielt es schließlich nicht aus. Ich rief selbst zurück.

Es war tatsächlich die Einrichtung, in der meine Schwester lebte. Die Betreuerin klang gestresst, als sie abhob, änderte aber sofort ihre Stimmlage, als ich sagte, wer ich war. Sie schwieg einen Moment. Dann wollte sie wissen, ob jemand bei mir sei oder zu mir kommen könnte. Andernfalls würde sie bei mir vorbeikommen, das sei alles geklärt und abgesprochen. Ich hatte trotzdem keine Ahnung, wovon sie eigentlich redete.

»Deine Schwester ist tot«, sprach sie dann die Worte aus, vor denen ich mich so gefürchtet hatte. Sie würde mich am Abend noch mal anrufen, und wenn irgendetwas sei, dann sollte ich mich bei ihr melden. Dann legte sie auf. Ich saß auf dem

Fensterbrett meines Schlafzimmers und starrte das Telefon an. Was sollte ich jetzt machen? Konnte nicht einfach mal alles gut sein?

Ich begann zu lachen und konnte nicht aufhören. Es brach einfach aus mir heraus, weil ich mich so hilflos fühlte. Es war, als hätte man erneut ein Stück aus mir herausgebrochen, und es blutete und schmerzte so sehr. Ich weiß nicht, wie lange ich am Fenster saß. Ich weiß auch nicht mehr, ob Amelie und Jarno zu mir kamen oder ob ich zu ihnen ging. Sie waren bei mir und schwiegen mit mir. Es gab ja auch nichts zu sagen. Nur ab und zu die Bitte um eine Kippe oder um Feuer. Das war's. Sie wollten mich nicht allein lassen.

Das Ausmaß dessen, was passiert war, verstand ich erst später. Ich schrieb Peter, einem Bekannten aus dem Chat, und an die Infoadresse der Borderline-Plattform, was passiert war, und hoffte darauf, dass es etwas in mir auslösen würde. Die Organisation, die sich für Menschen mit dieser Störung einsetzte, kannte ich schon seit einer Weile, doch dies war das erste Mal, dass ich Kontakt zu diesen Leuten aufnahm.

Ich bekam Beileidsbekundungen und Hilfsangebote zurück. Peter, der mich gar nicht kannte, setzte sich einen Tag später ins Auto und fuhr über fünfhundert Kilometer, um mir zu helfen und einfach nur da zu sein. Bisher waren Jarno und Amelie abwechselnd bei mir geblieben. Aber selbst wenn ich nicht allein war, konnte man mich kaum davon abhalten, mir selbst zu schaden. Als Peter eintraf, hatte ich gerade Besuch von einigen Freunden. Ich wusste nicht, ob sie vom Tod meiner Schwester wussten, aber das war mir auch egal. Ich betrank mich, die anderen becherten fleißig mit, und irgendwann war die Stimmung locker und entspannt.

Sie hatte sich erhängt, daran musste ich immer wieder denken, seit ich es von der Betreuerin erfahren hatte. Gleichzeitig fragte ich mich, warum es alle in meiner Familie geschafft hatten, nur ich nicht. Warum funktionierte das bei mir nicht? Ich sprang auf und kramte im Verbandskasten nach einer Mullbinde, bildete zwei Schlaufen und steckte das eine Ende durch das andere. Dann stieg ich auf den Sessel und befestigte die obere Schlaufe an einem Deckenhaken, der für eine Lampe gedacht war, und das andere legte ich um meinen Hals. Dann sprang ich vom Sessel. Einige schrien voller Entsetzen meinen Namen, der Großteil aber lachte. Konnte doch nichts passieren, ist doch nur eine Mullbinde, rechtfertigte ich mich gegenüber Peter, der mir sagte, dass er nach Hause fahren wollte, weil ihm klar geworden wäre, dass er mir nicht helfen könne. Ich ließ ihn gehen.

Die nächsten Wochen verliefen ähnlich. Ich half dabei, die Beerdigung zu organisieren, konnte dann aber nicht dabei sein, weil mich meine Tante nicht abholte, wie sie es versprochen hatte.

Ich lud Leute ein und betrank mich mit ihnen. Ich nahm Drogen und war unausstehlich. Vor allem zu Jarno. Danach tat es mir immer sofort leid. Er war für mich da, nahm sich Zeit und ging auch dann nicht weg, wenn ich meine Wohnung verkommen ließ oder kein Geld hatte. Er half mir sogar Aufräumen und besorgte mir etwas zu essen. Wenn er da war, dann brauchte ich keine Drogen. Dann war ich mir einfach sicher, dass da jemand war, der nicht verschwand.

Die letzten drei Prüfungen machte ich nicht mehr. Kurz vor dem Ende brach ich die Ausbildung ab. Ungeöffnete Post stapelte sich, und mein Telefon wurde gesperrt. Ich war immer einen Monat mit der Mietzahlung im Rückstand und hatte keinen Überblick über meine Einnahmen und Ausgaben. Immer häufiger fanden Amelie oder Jarno mich blutüberströmt vor, weil ich mal wieder zu sehr ritzte. Ein anderes Mal nahm ich eine ganze Packung Tabletten, die ich gegen die Depressionen bekommen hatte, auf einmal, oder ich schnitt die Federkissen auf, zerschlug Gläser, verstreute Blumenerde und mischte alles mit Wasser. Regelmäßig sah mein Wohnzimmer verwüstet aus. Ich selbst vermutlich am wenigsten. Um überleben zu können oder um an Drogen zu gelangen, schlief ich mit Typen, die mir dafür Geld gaben. Zigaretten drehte ich mir aus Tabakresten von Kippenstummeln.

Irgendwann ging es nicht mehr. Ich war kurz davor, meine Wohnung zu verlieren, und ich besaß keinen müden Cent mehr. Ich hatte Glück im Unglück, und Ulf, ein Betreuer aus der WG, bot mir seine Hilfe an. Als Erstes ging er mit mir zum Sozialamt und füllte mit mir den Antrag auf Sozialhilfe aus. Er bestand gegenüber der Sachbearbeiterin darauf, dass ich noch am gleichen Tag Geld bekäme. Wir sortierten gemeinsam die ungeöffnete Post und rechneten meine Schulden aus. Auch mein Wohnungsproblem konnten wir lösen: Die Hausverwaltung ließ mit sich reden, jetzt, da es die Sicherheit gab, dass jeden Monat Geld vom Sozialamt kommen würde. Und endlich sah ich einen Ausweg aus all dem Chaos.

Es machte mich unendlich traurig zu wissen, dass Nathalie nicht mehr da war. Aber ich durfte nicht die ganze Zeit daran denken. Ich musste meine Beziehung zu Jarno halten und kitten. Er war zwar sehr geduldig mit mir, aber die vergangene Zeit hatte an ihm gezehrt. Außerdem übernahm ich die Leitung einer Theatergruppe für Kinder und Jugendliche innerhalb eines Projektes der damaligen Tanzgruppe ›Sonnenschein‹. Ich sollte mit den Kindern und Jugendlichen ein Weihnachtsstück erarbeiten und einstudieren. Amelie und Jarno halfen mir dabei, indem sie an dem Stück mitwirkten. Auch Jarnos Bruder Oliver machte in der Theatergruppe mit. Wir hatten zwanzig Tage Zeit, nicht viel in Anbetracht der Situation, dass ich zwar fast eine abgeschlossene Ausbildung zum Kinderpfleger hatte, aber noch nie ein Projekt dieser Größe betreut hatte und die gesamte Verantwortung allein trug. Wir entschieden uns gemeinsam für eine Abwandlung von Charles Dickens' *Weihnachtsgeschichte*. Bei uns hieß das Stück *Die Parkbank,* und anstatt eines Mannes, der Weihnachten hasste, war es bei uns eine Frau, die von Amelie gespielt wurde. Mit viel Applaus und einem kleinen Bericht in einer regionalen Zeitung feierte die Theatergruppe ihren ersten Erfolg.

Leider schien dieser meine Beziehung zu kosten, denn Amelie entdeckte während der Proben, dass sie immer noch etwas für Jarno empfand, und er konnte nicht ausschließen, dass er noch Gefühle für sie hatte. Ich konnte nicht einfach zulassen, dass ich ihn verlor, und bemühte mich mehr denn je. Wir legten uns Wüstenspringmäuse zu, die als Zeichen unseres Zusammenhaltes dienen sollten, und machten *Love's Divine* von Seal zu unserem Lied. Auch er versuchte augenscheinlich an unserer Liebe festzuhalten. Bis zum Tag vor Heiligabend. Wir bestellten uns Pizza, machten Kerzen an und kuschelten. Dann klingelte es an der Tür. Es war seine Mutter, die ihn ans Telefon rief. Er ging hinüber und kam den ganzen Abend über nicht mehr zurück. Stattdessen war er bei Amelie, wie ich später erfuhr.

KAPITEL 27

Die Entscheidung

Ich hatte nicht den Mut, mich Heiligabend im Vollbesitz meiner geistigen Kräfte auszusetzen. Ich dachte, wenn ich etwas Hochprozentiges trinken würde, dann könnte ich gut schlafen und Weihnachten wäre vorbei. Es gab keinen Grund zu feiern. Mein Freund war kurz davor, etwas mit meiner besten Freundin anzufangen, meine Eltern und meine Schwester waren unter der Erde, und ich war allein mit Pauline und Anastasia, den Mäusen. Ich besorgte mir bei Edeka eine Flasche Korn und zwei Schachteln Kippen. Dabei kam ich mir vor wie ein Penner, der schon am Morgen beginnt sich zu besaufen. Und so fühlte es sich auch an. Der Korn war widerlich. Er brannte und hatte einen bitteren Nachgeschmack. Bei jedem Schluck musste ich würgen, doch die betäubende Wirkung war schnell zu spüren. Schließlich war nur noch eine Viertelflasche übrig. Ich konnte nicht mehr grade gehen, aber ich war wütend und verzweifelt, und das wurde durch den Alkohol verstärkt. Ich wollte alles kurz und klein schlagen und fing mit dem Glastisch an. Die Platte brach recht leicht, und die Scherben sahen verführerisch aus. Deswegen wollte ich ausprobieren, ob sie auch scharf waren. Das waren sie nicht wirklich, aber durch eine unachtsame Bewegung steckte eine Scherbe plötzlich in meinem Handrücken fest. Ich zog sie wieder raus, zerlegte die Scheibe der Vitrine, riss die Lampe von der Decke, zerstörte den Spiegel im Bad und zog die Gegensprechanlage aus der Wand. Ich blutete mittlerweile immer mehr und wusste nicht mehr, was ich tun sollte, weil meine Bewegungen immer schwerfälliger wurden. Deshalb entschied ich mich, in die WG zu gehen. Mit der Flasche Korn in der Hand überquerte ich die Straße, ging an den stillgelegten Eisenbahngleisen entlang und unter der Brücke hindurch. Thorsten Pelzer hatte Dienst. Er sagte, ich solle nichts anfassen, und ab diesem Zeitpunkt habe ich keine Erinnerungen. Ich erinnere mich nur, dass ich Stunden später aufwachte und am Bett festgeschnallt war. Draußen wurde es langsam dunkel, und ich konnte im Licht der Laterne den fallenden Schnee sehen. Es war immer noch Heiligabend. Ich war wieder in der Klinik. Im ›Container‹, der Erwachsenenstation, die man von der Kinder- und Jugendstation aus sehen konnte. Das konnte nicht sein, es durfte nicht sein. Ich dachte an Jarno und daran, wie ich an den Notknopf kommen könnte, damit man mich losmachte. Aber ich erreichte ihn nicht. Also versuchte ich meine Hände durch die Lederriemen zu ziehen. Auch das funktionierte nur bedingt. Meine Hände waren nur ein klein wenig zu breit. Ich biss so lange auf der Stelle des Gurtes herum, bis ich ihn etwas beschädigt hatte. Es war anstrengend, aber eine Hand hatte ich frei bekommen, und nun konnte ich nach einer Schwester klingeln. Sie war erstaunt darüber, dass es mir gelungen war, meinen Arm aus dem Gurt zu befreien.

»Gleich kommt ein Arzt, der nimmt Ihnen die Gurte ab«, sagte sie und ging.

Vier Tage verbrachte ich in der Klinik. Ich dachte ständig an Jarno und vermisste ihn. Amelie hingegen verfluchte ich. Doch sie besuchte mich, genau wie ihre Mutter und die halbe Theatergruppe. Das war mir unendlich peinlich. Am liebsten hätte ich mich verkrochen.

Man stellte mich in der Klinik auf neue Medikamente ein, empfahl mir eine fortführende Therapie, konnte mich aber nicht länger dort behalten, weil ich mich kooperativ zeigte und beteuerte, dass ich mir nicht das Leben hatte nehmen wollen. Ich war froh, als ich das Gebäude verlassen konnte. Die Patienten auf der Erwachsenenstation zu sehen hatte mir Angst gemacht, denn sie wirkten ausgelaugt und kaputt, und ich hoffte, dass ich noch weit davon entfernt war, wie sie zu sein. Es musste was passieren. Tine und Ulf holten mich aus der Klinik ab und halfen mir in meiner Wohnung bei der Schadensbeseitigung. Es sah wüst aus. Aber zwei Stunden später konnte man dort wieder leben.

Im Januar trennte sich Jarno dann von mir. Er behauptete, es wäre nicht wegen Amelie, doch ein paar Tage später war er schon mit ihr zusammen. Dann hatten wir, obwohl wir Tür an Tür wohnten, einen Monat lang keinen Kontakt, bis er mir durch Oliver ausrichten ließ, dass er mich vermisste. Er fehlte mir auch, aber es war ein unerträglicher Zustand für mich, dass er nicht wusste, was er wollte. Mal belog er Amelie, dann wieder mich. Über Monate hinweg ließ er uns beide zwischen den Fronten stehen und war zu keiner Entscheidung bereit, und wenn, dann waren es nur halbherzige Entschlüsse, die er nach ein paar Tagen rückgängig zu machen versuchte. Ich spielte sein Spiel mit, weil ich dachte, ich bräuchte ihn, und weil ich glaubte, nur mit ihm glücklich sein zu können. Außerdem wusste ich auch, wie groß der Druck von außen auf ihn war. Seine Mutter wollte, dass er normal wäre. Mit Amelie als Freundin war er das in ihren Augen. Und Amelies Mutter sah ihn quasi schon als Schwiegersohn. Von seiner Entscheidung hing auch die Frage ab, ob er die Freunde behielt, die ihm wichtig waren – denn sie standen entweder auf Amelies oder auf meiner Seite. Ich tat den ganzen Tag nichts anderes, als auf ihn zu warten. Ich wollte nur ihn. Für immer und ganz, und deswegen war es für mich logisch, dass ich mich dieser Situation aussetzte, die mich eigentlich kaputtmachte und darauf hinauslief, dass aus einem Scherbenhaufen ein Berg aus Problemen würde, den ich bald nicht mehr allein abtragen konnte. In der Zwischenzeit lernte ich durch Freunde Alexander kennen, einen jungen gut aussehenden Mann, der mit beiden Beinen fest im Leben stand und scheinbar dazu fähig war, mir aus diesem Stillstand herauszuhelfen. Alexander reichte mir die Hand, und ich ergriff sie zunächst, um ihm fast heuchlerisch zu bestätigen, dass auch ich in ihn verliebt sei. Doch in Wirklichkeit benutzte ich ihn nur dazu, Jarno eifersüchtig zu machen. Und das gelang. Jarno ertrug es nicht zu sehen, dass es da jemand anderen gab. Er schrieb mir Briefe, verunsicherte mich, gestand mir immer wieder, noch etwas für mich zu empfinden, und ging anschließend doch zu Amelie. Alexander hingegen glaubte unterdessen, dass unsere Beziehung sich langsam aber sicher weiterentwickeln würde. Ich hatte ihn zu Beginn darum gebeten, dass wir mit Intimitäten warten würden, da ich diese eigentlich nicht wollte. Weder mit ihm noch mit sonst jemandem.

13. Februar 2004

»Mila kann fliegen wie die Schwalben über Fudschijama.«

Diese Zeile aus dem Lied im Vorspann eines Trickfilms fiel mir gerade ein. Mir ist schlecht, mir dröhnt der Kopf, und ich bin wieder mal allein. Wahrscheinlich ist das gut so, weil ich niemanden ertragen würde, aber irgendwie habe ich das Bedürfnis, mit jemandem zu reden, allem Luft zu machen, zu heulen und in den Arm genommen zu werden. Aber ich würde es nur bei Jarno zulassen, und Jarno weiß nichts davon, was auch gut so ist, weil ich eine erneute Zurückweisung oder die Wiederholung des ganzen Theaters nicht durchstehen würde.

Ich vermisse unsere guten Zeiten, als das Wir noch so einfach, so schön und völlig unbeschwert war. Was ist denn jetzt noch davon übrig? Ich gehe an ihm vorbei wie an einem Fremden, ignoriere ihn und will stark, vielleicht sogar kühl wirken. Wo hat uns das alles nur hingeführt? Was ist aus dem ›Für immer‹ geworden? Ziemlich kurze Zeit, so ein ›Für immer‹.

Alexander hat gestern, als ich schon im Vollrausch war, angerufen. Ich weiß nicht, was ich gesagt habe, weil ich zu betrunken war und einen völligen Blackout hatte. Ich glaube, es war nichts Nettes, denn er hat sich bis jetzt noch nicht gemeldet. Aber auch das kann mir nur recht sein. Ich weiß, es ist nicht fair, wie ich über ihn denke und ihn behandle.

14. Februar 2004

»Ersteigerung der Bundesregierung bei Ebay – Bundesagentur für Arbeit gibt es gratis dazu.«

Diese Nachricht habe ich aus dem Radio. Soll echt passiert sein: Ein Verein oder eine Vereinigung zur Wahrnehmung von irgendwas versteigerten bei Ebay die Regierung. Das Mindestgebot von 1 Euro wurde nicht überschritten.
Die Nachricht hellte mein Gemüt auf, und irgendwie geht es mir gut, solange ich nicht an Jarno denke. Der hat gestern wegen mir geweint, das hat mir Olli erzählt. Sieht so aus, als würde ich ihm noch was bedeuten, aber gerade das macht alles so schwierig. Ich möchte nicht, dass alles wieder von vorne beginnt, und doch will ich in seinen Armen liegen, ihn küssen. Aber ohne Bedingung, einfach nur so.

Jarno war heute hier und kommt am Abend wieder. Das freut mich, wird aber wohl in einer Katastrophe enden, denn Alexander kommt auch. Als Alex gestern zuerst nicht schrieb, tat es irgendwie weh. Und als er eine SMS schickte, war ich wütend und hilflos, weil ich dachte, dass es nicht sein kann, dass er mein Verhalten einfach so hinnimmt und tut, als wäre nichts gewesen. Es fühlt sich so an, als sei ich ihm ziemlich egal. Bin wieder mal auf die Liebesmasche reingefallen.

Ich befürchte, Alexander könnte was merken, wenn Jarno heute Abend hier ist. Ich will ihn nicht verletzen.

Amelie meinte später, dass es nicht gut für sie gewesen wäre, zu mir zu kommen, weil sie wusste, sie würde wieder schwach werden. Was auch immer das zu bedeuten hat.

Vielleicht bilde ich mir ja auch alles nur ein, und Jarno liebt Amelie. Wäre höchstwahrscheinlich das Beste, es dabei zu belassen, wie es ist. Ganz sicher. Andererseits sagt Jarno, er sei nicht glücklich mit ihr und sie würden sich nur noch streiten …

Einige Stunden später schrieb ich erneut ins Tagebuch.

Alexander ist weg (für immer?), und Jarno hat mich versetzt. War auch besser so, denn mit Alexander war es fast richtig schön. Er ist unheimlich lieb, weiß was er will und schafft es, mir das Gefühl zu geben, ihn aufrichtig gernzuhaben. Das fühlt sich gut an und macht mich doch so traurig, weil mir klar geworden ist, dass es keine Zukunft mit ihm geben wird.

15. Februar 2004

Kriegsfisch!

Manchmal ist das Wasser so getrübt, dass man den Grund nicht sehen kann. Aber irgendwann wird es sich wieder aufhellen und man kann den Boden erkennen.

Werde ich langsam zum Optimisten? Wahrscheinlich nicht, und ich bin nur zynisch. Zumindest kann ich mich damit schützen. Unter anderem vor den Tränen, die ich nicht haben will und nicht gebrauchen kann. Ich bin nicht mehr fähig, einen klaren Gedanken zu fassen, aber immerhin weiß ich jetzt, sicherer als jemals zuvor, dass ich Alexander nicht liebe und nie dazu in der Lage sein werde.

Und Jarno? Der war den gesamten Nachmittag hier, und es war schön. Vielleicht zu schön. Ist eigentlich auch egal, denn es würde nichts daran ändern, dass er mit Amelie zusammen ist. Sie sind zwar angeblich unglücklich, aber er liebt auch sie. Jedenfalls sagt er das zu ihr, und zwar genau so – mit dem ›auch‹.

Wir haben viel geredet und Kaffee getrunken. Und wir waren bei der Brücke. Ich hab ihn gefragt, warum es ihm gestern so schlecht ging. Er lächelte und meinte, es hätte an seiner allgemeinen Verfassung gelegen. Ich hab mich gefragt, was Olli mir da für einen Dreck erzählt hat und wie dämlich ich sein muss, wenn ich mir daraufhin Hoffnungen mache. Und Jarno wollte wissen, wie ich Alexanders Frage beantwortet hätte, was ich noch für ihn, Jarno, empfinden würde. Alex hatte ich geantwortet, dass ich es nicht wüsste. Jarno sagte ich, dass meine Antwort nicht von Bedeutung sei. Und das war es auch: In dem Moment mit Alex war es egal, mit Jarno auf der Brücke war es egal – nur jetzt ist es das vermutlich nicht mehr. Wenn ich mich entscheiden würde, dann würde vielleicht alles noch schlimmer werden. Wer nicht wagt, der nicht gewinnt? Ich will nicht wagen, weil mir die Zurückweisung sicher ist, und dennoch möchte ich gewinnen, weil ich Vergangenes nicht ruhen lassen kann. Ich kann nicht mal mehr sagen, ob ich Jarno noch liebe. Vielleicht ist es auch die Zeit, die ich zurückwill. Ist das jetzt eigentlich ein Fortschritt oder ein Schritt zurück im Vergleich zu den vergangenen Tagen? Ich kann nichts, überhaupt nichts mit Sicherheit sagen, nur dass es schön war mit Jarno. Bis Amelie dazukam und sich die Situation schlagartig verkrampfte. Jarno war kalt und abweisend zu ihr. Sie liebt ihn sehr.

Ich bin ein Kriegsfisch: Olli meinte, er sei ein Raub- und ich ein Friedfisch. Oliver ist Angler. Ich belehrte ihn, dass ich ganz und gar nicht friedlich sei. Deswegen der Kriegsfisch.

Alexander hatte irgendwann genug von diesem Hin und Her. Mir ging es ähnlich, deswegen trennten wir uns, ohne Groll aufeinander zu hegen. Ich dachte, dass Jarno es wert sei zu warten.

Mit Jens Teichmann söhnte ich mich aus, und ließ ihn bei mir einziehen, weil er es zu Hause nicht mehr aushielt. Es war eine Wohngemeinschaft, die zwangsläufig scheitern musste. Aber erst einmal setzte Jens alles daran, mich wieder mit Jarno zusammenzubringen. Diesen selbstlosen Einsatz, der seiner Freundschaft mit Amelie zuwiderlief, verstand ich zwar nicht, aber ich dachte, dass Jens mir gegenüber etwas gutzumachen hätte. Olli half ihm dabei, und so verliebte sich Jens in Olli. Der wiederum wollte gar nichts von ihm wissen, und Jens bekam eine Abfuhr nach der nächsten. Bis auf eine Nacht, in der die Bemühungen von Jens und Olli scheinbar Früchte trugen und Jarno mir sagte, dass er mich immer noch liebte. Jens und Olli verbrachten diese Nacht gemeinsam in einem Bett. Ein paar Tage lang war zwischen Jarno und mir alles in Ordnung, dann flog vor Amelie alles auf. Sie setzte Jarno unter Druck, und er ging zu ihr. Immer wieder geschah das so oder so ähnlich. Von meiner Freundschaft zu Amelie war bald nichts mehr übrig. Wir machten uns, wo es nur ging, gegenseitig schlecht, und jeder von uns hatte ein Lager von ehemals gemeinsamen Freunden um sich geschart. Es war wie im Krieg, nur setzten wir statt Bomben Worte ein, die dem anderen wehtun sollten und die uns an den Rand des Wahnsinns trieben.

Jens zahlte bei mir keine Miete, sondern gab sein Geld stattdessen schon am ersten des Monats für den Friseur und neue Klamotten aus. Er hielt es für selbstverständlich, dass ich die paar Kröten, die ich vom Sozialamt bekam, auch für seine Verpflegung aufbrachte. Deswegen packte ich seine Sachen eines Tages in Müllsäcke und warf diese aus dem Fenster. Den Schlüssel hatte ich Jens schon einen Tag zuvor abgenommen, unter dem Vorwand, ich hätte meinen verloren und müsste den Schlüssel nachmachen lassen. Wegen der aus dem Fenster fliegenden Tüten bekam ich eine Abmahnung durch die Hausverwaltung. Jens wechselte auf die Seite von Amelie.

Etwas Gutes hatte das Chaos, denn ich hatte keine Zeit, über meine Schwester nachzudenken. Das Leben hielt mich im Bann, ohne dass ich es bemerkte. Und gleichzeitig trat ich auf der Stelle, weil mein Blick auf andere Dinge von der Sehnsucht nach Jarno verstellt wurde. Ungeöffnete Rechnungen, Mahnungen und Bescheide türmten sich. Ich ging nicht zu den Terminen beim Sozialamt oder immer nur dann, wenn ich merkte, dass mir nichts anderes übrig blieb. Und auch dort merkte man irgendwann, dass mein Leben mir gerade aus den Händen zu gleiten drohte. Man schickte mich zum sozial-psychiatrischen Dienst, in der Hoffnung, ich würde beim zweiten Anlauf dem Gutachten für die Berufsunfähigkeit zustimmen. Einmal war ich bereits dort gewesen. Ich hatte zugestimmt, dass mich ein Gutachter besuchen dürfe, hatte ihm dann aber nicht die Tür geöffnet. Immer wieder hatte ich auch körperliche Beschwerden, durch die ich für eine Weile Waffenstillstand schließen musste oder zumindest nicht in der Lage war, mich mit Jarno, Amelie, Jens und meinen Problemen auseinanderzusetzen.

Peter und Simon, ein neu gewonnener Freund, den ich durch Peter kennen gelernt hatte, beäugten mein Leben skeptisch und drängten schon seit einiger Zeit darauf, dass ich die Stadt verlassen sollte. Peter bot mir an, zu ihm zu ziehen. Aber irgendetwas in mir sträubte sich dagegen. Ich wollte nicht weg aus meiner Heimat. Ich wollte meine Wohnung nicht aufgeben, in der ich die Tür hinter mir abschließen konnte, und ich wollte an dem Zustand des Wartens nichts ändern. Dabei war es eigentlich egal, worauf ich wartete. Und ich wollte greifbar bleiben für Jarno, der sich immer noch nicht zwischen mir und Amelie entschieden hatte. Zwischenzeitlich waren wir sogar einen Monat lang zusammen – und wäre da nicht die Bedingung gewesen, das geheim zu halten, dann wäre es fast wie früher gewesen. Jarno war es, der mich in dieser Stadt hielt. Ich dachte, dass es sich seinetwegen lohnte zu bleiben, wo ich war, und trotzdem hatte ich das Gefühl, dass mir das nicht ausreichte. Wie so oft konnte ich mein Gefühl nicht genau definieren. Später erst wusste ich, was mir diese Regungen sagen wollten: Ich wollte geachtet werden, mich begehrt und geliebt fühlen, und Jarno konnte mir das wegen seines Doppelspiels nur zeitweise vermitteln. Keiner verstand wirklich, was es mir bedeutete, wenn er so wie früher zur Wohnungstür hereinkam und sagte: »Aber Baby«, und ich darauf mit »Hallo Püppi« antwortete. Es war so eine schöne Erinnerung, in der ich lebte und die mein Herz erblühen lassen konnte. Es war der Traum von einer heilen Welt, die es damals für mich nicht gab und die mit jedem Tag weiter von mir wegrückte. Ich war nicht fähig zu sehen, auf welcher Klippe ich stand. Ich hatte kein wirkliches soziales Leben mehr. Und schließlich war ich auch in Geldnöten. Peter unterstützte mich hin und wieder, aber das reichte bei weitem nicht aus. Ich belebte alte Kontakte neu, um zu überleben. Sex im Austausch für Geld und Drogen, damit es annähernd erträglich war und damit ich nicht spüren musste, wie kaputt ich war. Ich arbeitete immer weiter daran, diesen Zustand noch zu verstärken. Manchmal aß ich puren Zucker, um überhaupt etwas zu essen. Der Kühlschrank war leer. Ich nahm Waschmittel statt Duschgel, um mich zu waschen, denn davon hatte ich genügend. Scherben hielten zum Ritzen her. Mein Körper veränderte sich, streikte und wurde hässlicher. Ständig kränkelte er herum. Und immer häufiger gab es die Tage, an denen ich allein war. Ich musste lernen, das zu ertragen.

Irgendwann nahmen Peter und Simon mich mit, weil sie beschlossen hatten, dass mir eine Auszeit bei Simon und seiner Familie guttun würde. Ich stand dem auch gar nicht mehr so widerwillig gegenüber, da Jarno und ich uns erneut getrennt hatten, bevor unser erneutes Zusammensein bei Amelie wieder aufflog. Aber in der fremden Umgebung hatte ich Heimweh. Olli rief mich fast täglich an, und ich hielt mich anfangs daran fest, dass zumindest er bemerkte, dass ich nicht da war, und sagte, ich würde ihm fehlen. Ich brauchte und suchte diesen Schein, dass meine Heimatstadt meine heile Welt war und dass nur dort alles gut werden konnte. Aber mit jedem Tag, den ich länger bei Simon verbrachte, schwand dieses Gefühl. Ein paar Tage, bevor ich wieder zurückfahren wollte, fragten sie mich, ob ich nicht doch zu Peter ziehen wolle. Und ich entschied mich spontan dafür.

Mir wurde klar, dass es mir fern von meiner Stadt und meinen Freunden und Bekannten besser ging. Ich fuhr noch einmal zurück, packte ein paar Sachen zusammen und erledigte noch einen Termin mit dem Gerichtsvollzieher, dann setzte ich mich wieder in den Zug, ohne mich zu verabschieden, und kehrte der Stadt den Rücken.

KAPITEL 28

Auf neuen Wegen

Die ersten Schritte in meinem neuen ›Zuhause‹ waren alles andere als lustig. Ich hatte erneut Heimweh und vermisste meine Freunde und Bekannten, die ich trotzdem verfluchte. Ich war zu Peter gezogen, der mit seinen zwei erwachsenen Kindern und seiner Tante in einem Haus wohnte. Für die Freundschaft zwischen uns war diese Entscheidung nicht immer gut, weil er erst im Alltag bemerkte, was es bedeutete, mit einem Borderliner zusammenzuleben, der sich aufgegeben hatte und immer nur daran dachte, wie es an dem Ort war, von dem er kam. Vor allem Jarno war es, der mir fehlte und um den all meine Gedanken kreisten. Zumindest bis zu dem Punkt, als ich zwei junge Männer kennen lernte. Der eine davon hieß Hari. Seinen indischen Namen hatte er einer esoterischen Phase seiner Mutter zu verdanken. Und so ausgefallen wie der Name war auch der Mensch Hari. Ich hatte ihn in einem schwulen Chat kennen gelernt, in dem wir fast sechzehn Stunden am Stück gechattet hatten. Danach war klar, dass wir uns kennen lernen mussten. Ich sollte danach noch einige Männer treffen, aber nie mehr war ein Blind Date so faszinierend und überraschend wie mit Hari. Ich hatte zuvor noch kein Foto von ihm gesehen, deswegen verabredeten wir uns in der nächstgrößeren Stadt an einem Platz, an dem wir uns nicht verfehlen konnten. Ich rechnete mit vielem. Vor allem ging ich davon aus, dass der Grund dafür, dass es kein Foto von ihm in seinem Online-Profil gab, der war, dass er nicht sonderlich gut aussah. Peter brachte mich zu dem

Treffen, und wir verabredeten, dass er so lange im Auto warten sollte, bis ich entweder zurückkam oder ihm ein Zeichen gab. Hari saß auf einer Treppe und dachte gar nicht daran aufzustehen, als ich auf ihn zukam. Wir gaben uns auch nicht die Hand, da wir dies zuvor so abgemacht hatten. Ich setzte mich neben ihn und irgendwann sagte er »Hallo« und dass er froh sei, dass meine Nase nicht so groß wäre, wie es auf den Bildern den Anschein hatte. Ich lachte und erinnerte mich daran, dass ich früher mal ein ›Nasenproblem‹ gehabt hatte und deswegen Amelie einmal sehr beleidigt hatte, indem ich ihr sagte, dass ihre Nase gar nicht wie eine Nase aussehen würde, sondern eher einer Steckdose ähnelte. Diese Geschichte erzählte ich ihm, und so hatten Hari und ich sofort ein Gesprächsthema. Mit einem Winken bedeutete ich Peter, dass er fahren könnte. Hari war ein schöner Mann. Er gefiel mir so gut, dass ich mich kaum traute, ihn anzuschauen. Und er war fordernd. Als wir in einem alternativen Café saßen – seinem Lieblingscafé – meinte er, ich soll ihn doch endlich mal ansehen, er würde mir in die Augen schauen wollen. Das war seltsam, und ich hatte Mühe dabei trotzdem noch einen vernünftigen Satz herauszubringen. Hari war ein bisschen kleiner als ich, ansonsten aber makellos. Er hatte braune Haare mit blonden Strähnchen, und es wirkte fast so, als wäre jedem Haar der richtige Platz auf dem Kopf zugeteilt worden. Seine großen Augen musterten mich aufmerksam, glitten aber immer wieder zurück zu meinen, wo sein Blick dann hängen blieb. Besonders seine Lippen fielen durch seine helle Gesichtsfarbe auf. Sie waren weder zu groß noch zu schmal, und ich fragte mich, wie er wohl küsste, ohne ihn wirklich küssen zu wollen.

Er trug ausgefallene Klamotten, mischte den Stil der zwanziger Jahre mit dem der fünfziger und siebziger und kombinierte dies mit der heutigen Mode. Und auch hier schien es, als würde alles passen. So als ob er schon allein durch seine Kleidung eine Geschichte erzählen wollte. Ihm gegenüber fühlte ich mich wie eine kleine graue Maus, die sich nicht mit ihm messen konnte. Alles, was er sagte, wirkte überlegt, und jedes Wort schien so bedächtig gewählt, als ahnte er meine Unsicherheit und meinen Unfrieden mit den Menschen und dem Leben. Und alles, was er tat, wirkte so, als müsste er mir beweisen, wie toll es war, wie bunt und spaßig diese Welt sein konnte. Als es dunkel wurde, brachte er mich dazu, mit ihm über eine Mauer in den bereits geschlossenen Botanischen Garten zu klettern. Und wieder musste ich an zu Hause denken, an Amelie, an Oliver und andere Freunde, und zwar daran, wie wir in meiner Stadt am frühen Morgen, nach einer durchfeierten Nacht über die Zäune einer Kleingartenanlage geklettert waren, um dort Kirschen zu essen und einfach etwas Verbotenes zu tun.

Hari und ich setzten uns im Garten auf eine Bank. Er bestand darauf, dass ich seine und nicht meine Zigaretten rauchte, und er spielte mir seine Lieblings-CD vor. Wir saßen eine ganze Weile dort, und als es begann zu regnen, kletterten wir wieder über die Mauer. Hari wollte etwas essen, deswegen fuhren wir zu McDonald's, holten im Drive-in zwei Junior-Tüten und stellten uns auf den Parkplatz. Es regnete immer noch, und auf seiner CD, die er mir schon im Botanischen Garten vorgespielt hatte, lief ein Lied von Portishead an. Es war ein trauriges Lied, in dem es um den Krieg ging, den man gegen sich selbst führt und den niemand sieht. Und genau dieser Niemand hätte das Recht erhalten, an der Seite des Kriegers mitzukämpfen. Und die Sängerin fragte, gerade als ich in meinen Cheeseburger biss, wie es sich anfühlte, in diesem Moment das Falsche zu tun. Hari wiederholte diese Frage, nachdem ich den Bissen heruntergeschluckt hatte: »Und, wie würde es sich anfühlen?« Ich begriff damals die Frage nicht, meine Englischkenntnisse hielten sich in Grenzen, und deswegen zuckte ich nur mit den Schultern. Hari lächelte. Er wollte wissen, was wir noch unternehmen könnten. Auch darauf wusste ich keine Antwort, deswegen schlug er vor, zu einem nahe gelegenen Turm zu fahren, das sei ein Ort, an dem er gern wäre.

Der Turm war der Überrest einer alten Burg und diente nun als Aussichtsplattform. In einem Seitengebäude war ein kleines Restaurant untergebracht, in dem die Angestellten gerade die Stühle auf die Tische stellten. Wir schlichen unter den Fenstern vorbei und betraten den Turm, der noch aufgeschlossen war. Von oben konnte man auf die ganze Stadt sehen, die erleuchtet war, durch tausende von Lichtern. Wir legten uns auf den Boden, Kopf an Kopf, und schwiegen. Ich fand den Moment so berauschend, dass ich mir wünschte, er würde nicht vergehen und Jarno könnte mich sehen. Zumindest einer der beiden Wünsche wurde erfüllt, denn als wir wieder zurück zum Auto wollten, bemerkten wir, dass der untere Ausgang des Turms abgeschlossen war. Also blieben wir die ganze Nacht dort.

Von Hari lernte ich, Töne und Momente mit Geschmäckern in Verbindung zu bringen. *Roads*, das Lied, das wir im Auto gehört hatten, schmeckte nach Vanilleeis mit Erdbeeren. Die Nacht auf dem Turm nach Irish Coffee. Die Zeit mit Hari nach Zartbitterschokolade und Chili. Und von Hari lernte ich noch etwas ganz Entscheidendes, nämlich, dass ich vielleicht alles andere als perfekt war, dafür jedoch mehr als die Einzigartigkeit besäße, die jedem Menschen mit dem Zeitpunkt seiner Geburt zuteil wurde. Ich sei aber etwas Besonderes, weil ich einzigartig *und* anders wäre. Hari gab mir das Gefühl, begehrenswert zu sein, und er sagte, dass er bereit wäre, alles für mich zu tun, wenn mir nur eines bewusst wäre: Wie verletzlich er sich machte, wenn er mich an sich heranließ und von *dem* Gefühl sprach. Hari war schneller als ich. Zu schnell für mich. Er schlug ein wie eine Rakete, platzte in mein Leben und war von Anfang an ein besonderer Mensch, der mich reizte, der in mir ein seltsames, unbekanntes Gefühl auslöste, das nach Campari schmeckte … erst süß und im Nachgeschmack schrecklich bitter. Sein Selbstbewusstsein war jedoch nur vorgetäuscht. Er brauchte diese Maskerade, um sich vor Verletzungen zu schützen. Wenn diese zu ihm durchdrangen, konnte er sie nicht ertragen. Zwischenzeitlich dachte ich, dass es das Schönste auf der Welt sein müsste, das Leben mit ihm zu teilen. Er war perfekt, weil er mir so ähnlich war, aber die Verantwortung, die er mir aufbürdete, war viel zu groß. Ich konnte dem nicht standhalten, wenn er zu mir sagte, was er noch zu keinem anderen gesagt hatte. Das betonte er stets und warnte mich: »Wenn du das verbockst, musst du dich warm anziehen.« Er bat mich ständig darum ihm nicht wehzutun und wollte, dass ich ihm das verspreche. Er war fest davon überzeugt, ich hätte nach vierzehn Tagen sein ganzes Leben auf den Kopf gestellt, und ich sei es wert, dass er das getan hätte. Ich sah das anders. Er bedeutete mir viel, aber er schaffte es nie, Jarno aus meinem Kopf zu drängen. Deswegen beendete ich das, was zwischen uns war. Ich glaube, ich hatte Angst vor diesem Spiegel, den er für mich darstellte. Außerdem hielt ich ihn tatsächlich für etwas Besonderes und wollte ihn nicht verletzen. Das geschah natürlich zwangsläufig dabei, und er reagierte erst mit Unverständnis, dann mit Wut. Schließlich riss der Kontakt ab.

Der andere Mann war Christian. Christian war das komplette Gegenteil von Hari. Er sah nicht sonderlich gut aus, kam aus einfachen Verhältnissen und war der Meinung, wer auf solche Dinge wert lege, sei oberflächlich. Genau diese Einfachheit mochte ich an ihm. Er war gerade dabei sein Abitur zu machen und hatte nebenbei noch ein großes Interesse für Fantasy-Kartenspiele. Wie genau es funktionierte und warum es ihn faszinierte, verstand ich nicht. Er versuchte es mir beizubringen, doch damit scheiterte er stets.

Christian waren Körperlichkeiten sehr wichtig. Er schien körperliche Nähe als selbstverständlich anzusehen, was für mich immer wieder zu einem Problem wurde. Wäre es nach mir gegangen, dann hätte ich kein Geschlechtsteil gebraucht und wäre gern als geschlechtsloses Wesen durch die Welt geirrt. Aber ich dachte, dass es eben dazugehörte. Dafür musste ich in seiner Gegenwart nicht darüber nachdenken, was ich sagte. Er nahm alles einfach so hin. Ähnlich wie Alexander kam er bestens mit meiner Störung klar und sah über vieles hinweg. Meine Beziehung zu Christian hielt relativ lange. Das lag wohl auch daran, dass wir uns meist nur an den Wochenenden sahen, weil er in Köln lebte. Ich war nicht bereit, mein ganzes Leben zu ändern und umzuziehen, weil ich dies gerade erst getan hatte. Und ich war auch nicht wirklich bereit, mich ganz auf Christian einzulassen, das merkte ich immer dann, wenn er in den Ferien da war und sein Besuch länger als zwei Tage dauerte. Ich stellte dann ernüchternd fest, dass er nicht wie Jarno war. War ich hingegen in Köln, dann hielt mich die Stadt so auf Trab, dass ich keine Zeit hatte darüber nachzudenken, ob er dem Vergleich standhalten könnte. Letztlich belog ich mich selbst, aber das konnte ich mir nur eingestehen, wenn ich mal wieder zu viel getrunken hatte. Dann heulte ich, weil es sich in Wirklichkeit ganz schrecklich anfühlte, Dinge zu tun, die ich nicht tun wollte, und so weit von meiner Heimat entfernt zu sein – über fünfhundert Kilometer entfernt von Jarno, meinem Jarno. Manchmal reichten Tränen nicht aus, dann beschimpfte ich Peter und sagte, dass er schuld sei, dass es mir so schlecht ging, weil er und Simon unbedingt gewollt hatten, dass ich meine Stadt verließ. Oder ich schnürte mir die Luft mit einem Schal ab, bis ich umkippte. Oder ich schnitt mich. Ich wollte Bilder dafür finden, wie es war nicht dort zu sein. Und ich hoffte, dass mir irgendjemand dabei helfen würde, damit klarzukommen und den Schalter zu finden, der dieses Gefühl auslöste.

Auch Christian war bald Geschichte, aber er, wie auch Hari, waren Wegbereiter. Sie boten mir die Zuflucht, die ich bei Jarno nicht mehr fand, die ich aber brauchte, um mein Leben irgendwann wieder in den Griff zu bekommen. Durch beide lernte ich, dass ich fähig war, Jarno zu vergessen und für andere Menschen etwas zu fühlen, wenngleich es vielleicht nicht das war, was man von mir erwartete. Und ich verstand, dass ich mir mehr wert sein sollte, als hinter einem Menschen herzulaufen, der sich nicht entscheiden konnte, und das vielleicht auch nie gewollt hatte. Ich gewann durch Hari und Christian neues Selbstbewusstsein und Vertrauen. Sie gaben mir Zuspruch für die Dinge, die ich tat und künftig machen wollte. Und dadurch wurde ich mutig und war sicher, dass ich meinen Weg finden würde. Ich fing an mein erstes Buch zu schreiben und erstellte eine eigene Homepage. Ich hatte vorher keine Ahnung davon und brachte mir alles selbst bei. Und weil es dabei so viel zu lernen und auszuprobieren gab, wechselte das Design der Seite fast alle zwei Wochen, bis ich jede Spielerei ausgetestet hatte und einige Programmiersprachen beinahe im Schlaf beherrschte. Ich hatte etwas gefunden, das mir lag und woran ich so eine Freude hatte, dass ich nächtelang vor dem PC saß, mein Zimmer vollqualmte und zum ersten Mal Beständigkeit erlebte. Es war auch der Grund dafür, dass ich durch Simon Elke und Stephan kennen lernte, die von mir in die Geheimnisse der Homepage-Erstellung eingeweiht werden wollten. Dadurch konnte ich mir mein erstes eigenes Geld verdienen. Im Nachhinein war mir dies wesentlich weniger wichtig als die Tatsache, dass dadurch zwei wunderbare Menschen in mein Leben getreten waren, die mich bedingungslos annahmen, in ihr Herz schlossen und deren Tür für mich immer offen stand.

Irgendwann hörte es auf wehzutun, dass ich von zu Hause fort war. Peter, Simon und Amelie halfen mir dabei meine Wohnung auszuräumen und endgültig mit der Vergangenheit in meiner Heimatstadt abzuschließen. Jarno ging mir an diesem Wochenende aus dem Weg. Amelie und er trennten sich kurz nachdem ich die Stadt verlassen hatte, und Amelie begriff, wie viel diese Beziehung zwischen uns zerstört hatte. Wir versöhnten uns und begannen am Telefon die Zeit gemeinsam aufzuarbeiten. Dabei stellte sich heraus, wie oft Jarno uns gegeneinander ausgespielt und wie häufig er uns angelogen hatte. Ich merkte, dass es sich nun anders anfühlte und dass ich manche Dinge an ihm auch kritisch betrachten konnte. Bevor ich mich endgültig von meiner Stadt verabschiedete, besuchte ich Tine. Nach vielen Versicherungen der Ärzte, dass sie nie schwanger werden könnte, und einer Fehlgeburt, hatte sie nun doch ein gesundes Baby auf die Welt gebracht.

Ich erfuhr, dass Dea sich das Leben genommen hatte und dass Denise nach ihrer Langzeittherapie nun in einem Kindergarten arbeitete und in einer eigenen Wohnung wohnte. Zwar werde sie noch betreut, erzählte mir Tine, aber sie habe es geschafft.

Mit vielen unterschiedlichen Eindrücken und Gefühlen verließ ich die Stadt meiner Freunde dann schließlich. Und irgendwie war es okay.

Die Borderline-Störung habe ich noch nicht überwunden. Immer noch bluten meine Arme, wenn scheinbar alles zu viel wird. Und immer noch teste ich meine Grenzen aus. Aber ich habe mich mit der Störung angefreundet. Sie ist ein Teil von mir, der nicht nur Nachteile mit sich bringt, sondern dem ich einen Großteil meiner Kreativität zu verdanken habe. Und sie ist ein Teil von mir, über den ich auch lachen kann, wenn es angebracht ist. Ich mag mein Leben, so wie es heute ist, recht gern. Probleme gibt es überall, aber ich bin dabei, die Steine, die ich mir selbst in den Weg gelegt habe, wieder wegzuräumen. Das dauert alles seine Zeit, doch ich habe Freunde und einen festen Freund, die immer bereitstehen, wenn es gilt, die Ärmel hochzukrempeln. Mit meinem Freund lebe ich seit zwei Jahren, zusammen mit unserem Hund, in einem alten Fachwerkhaus, das wir gemeinsam sanieren. Auch das ist eine Baustelle, wie viele anderer Projekte und vielleicht auch das Leben an sich. Ich ahne, dass es womöglich das ist, was das Leben spannend macht, auch wenn man es in bestimmten Situationen verflucht und gern wegwerfen möchte.

Mein neues Leben soll auch *mein* Leben bleiben, aber in meinem Online-Tagebuch (www.timm-flemming.de) können Sie, wenn Sie möchten, ein wenig daran teilhaben.

NACHWORT

Als die Idee zu diesem Buch entstand und ich das Konzept zusammen mit meiner Agentin entwickelte, wusste ich noch nicht, durch wie viele Täler es mich beim Schreiben schicken würde.

Sich in dieser Form mit dem Geschehenen auseinanderzusetzen, ist etwas gänzlich anderes, als wenn man beim Psychologen auf der Couch liegt und darüber spricht. Man ist an einen Vertrag gebunden und an Abgabetermine. Beim Therapeuten kann man Stopp sagen, beim Schreiben nicht. Man muss im Fluss bleiben, sich immer und immer wieder damit auseinandersetzen, auf Details achten und sich auf eine andere Art viel intensiver mit der Vergangenheit beschäftigen. Das ging in diesem Falle so weit, dass Bilder, die ich eigentlich schon fast vergessen hatte, wieder ganz klar vor meinem inneren Auge standen, und dass ich Erinnerungen heraufbeschwor, um möglichst genau umreißen zu können, wie etwas wann und wo geschah.

Das ist eine interessante Erfahrung, kann ich Ihnen sagen, und mit ganz anderen Gefühlen verbunden, als wenn man eine Geschichte oder einen Roman schreibt, in dem die Figuren und Geschehnisse nur ausgedacht sind.

Und noch etwas war seltsam bei der Entstehung des Buches. Es wurde für mich zu einem Konflikt, dass ich das Gefühl hatte, mich und meine Geschichte zu verkaufen. Jetzt, da ich an den letzte Sätzen sitze, habe ich ein anderes Gefühl dabei.

Meine Geschichte aufzuschreiben hat für mich etwas Symbolisches. Es kann der Punkt sein, an dem man aufhört zurückzuschauen. Ich stecke meine Erinnerungen zwischen zwei Buchdeckel – und sie sind dort sicher verwahrt.

ANHANG

Notrufnummern

Deutschland:

Rettungsdienst/Notarzt: 1 12
Vergiftungszentrale: 1 92 40
Telefonseelsorge: 08 00-1 11 01 11/08 00-1 11 02 22
Opfernotruf: 0 18 03/34 34 34

Schweiz:

Notarzt : 1 11
Sanitätsnotruf: 1 44
bei Vergiftung: 01/2 51 51 51
externer psychiatrischer Dienst: 0 52/7 22 11 05
Die dargebotende Hand: 1 43

Österreich:

Rettung: 1 44
Ärztefunkdienst: 1 41
bei Vergiftung: 4 06 43 43
Telefonseelsorge: 1 42
Rat auf Draht: 1 47
Psychosozialer Notdienst: 3 10 87 80/3 10 87 79
Notruf für vergewaltigte Frauen: 5 23 22 22

Internetadressen mit weiterführenden Informationen, Links und Auflistungen sowie Therapieeinrichtungen

Für Selbsthilfe- und Skillgruppen:

www.borderline-plattform.de
www.borderline-netzwerk.de
www.grenzposten.de
www.borderline-community.de
www.borderline-selbsthilfe.de
www.borderlinetrialog.de

Für Angehörige:

www.borderline-angehoerige.ch
www.borderline-partner.de
www.angehoerige.borderline-plattform.de

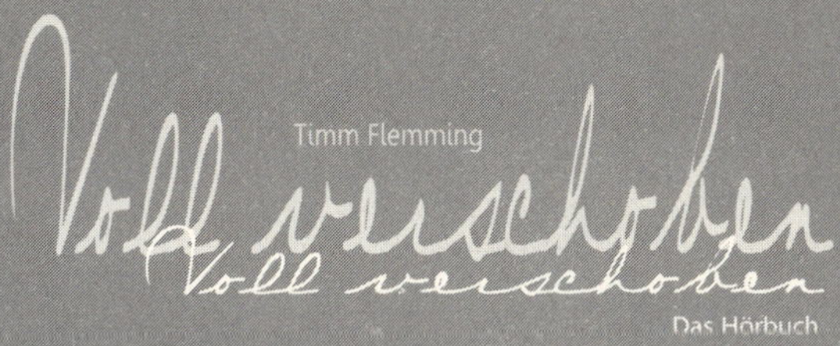

Timm Flemming
Voll verschoben
Das Hörbuch

Man nehme zehn Texte experimenteller Lyrik und Kurzprosa, stelle fünf Menschen, die unterschiedlicher nicht sein könnten, in ein Tonstudio – und heraus kommt ein abwechslungsreiches und authentisches Hörbuch, voll gepackt mit Emotionen ...

Die sensible Atmosphäre des Hörbuchs, das zugunsten von *Borderline-Plattform.de* produziert wurde, wird von Regy Clasen und Christian Daniel Koch musikalisch abgerundet.

Das Hörbuch erscheint im Mai 2007 in der Edition Octopus des Verlagshauses Monsenstein und Vannerdat.

www.voll-verschoben.de
www.edition-octopus.de

ISBN 3-86582-189-8

EDITION OCTOPUS

Für Spenden an das Projekt der Borderline-Plattform:
Berliner Sparkasse · Kontonummer: 1526650297 · BLZ: 100 500 00

Die Angst, mein ständiger Begleiter

Anna Klasen
SCHATTENGEFÄNGNIS
Leben mit Angst- und
Panikattacken
Erfahrungen
240 Seiten
ISBN 978-3-404-61564-3

Anna ist jung verheiratet. Eigentlich müsste sie glücklich sein. Aber sobald sie alleine ist, beginnt »es«: Die Beine kribbeln, der Atem geht flach und schnell, eine unerträgliche innere Unruhe plagt sie. Nach der Geburt ihres ersten Kindes rutscht sie endgültig ins Dunkel. An manchen Tagen kann sie nicht einmal das Haus verlassen, sie schaut sich ständig und überall nach Fluchtwegen um, traut sich in keinen Bus mehr, in keine Bahn. Ein Neurologe stellt schließlich die Diagnose: Anna leidet an einer Angststörung. Ihre Welt schmilzt auf einen winzigen Radius zusammen. Mit Hilfe einer Therapeutin tastet sie sich endlich wieder Schritt für Schritt ins normale Leben zurück.

Bastei Lübbe Taschenbuch